John Harris, 1916 in Rotherham/England geboren, arbeitete nach der Schule als Reporter an einem Provinzblatt. Lange Zeit fuhr er als Seemann auf einem Tanker. Im Zweiten Weltkrieg diente er zunächst als Pilot bei der Royal Air Force, später auf Schnellbooten an der Küste Afrikas und im Ärmelkanal. Seit 1954 ist er Schriftsteller. Mit »The Sea Shall Not Have Them« (»Sie sollen nicht untergehen«), das in 15 Ländern als Buch, Film und Fernsehsendung erschien, errang er Welterfolg. John Harris lebt mit seiner Familie in der Nähe von Chichester.

Vollständige Taschenbuchausgabe
Droemersche Verlagsanstalt Th. Knaur Nachf. München
Lizenzausgabe mit freundlicher Genehmigung
des Econ Verlags GmbH, Düsseldorf
Titel der Originalausgabe: »Without Trace«

Aus dem Englischen von Erika Ifang

Umschlaggestaltung Franz Wöllzenmüller
Umschlagabbildung Bildarchiv Preußischer Kulturbesitz
Gesamtherstellung Clausen & Bosse, Leck
Printed in Germany · 1 · 8 · 1184
ISBN 3-426-03745-9

1. Auflage

John Harris: Auf letzter Fahrt

Rätselhafte Schiffsunglücke

Mit zahlreichen Abbildungen

Knaur®

Erebus
und Terror
Mary Celeste
Cyclops
Maine
Teignmouth
Electron
N

Joyita
Waratah
Meilen am Äquator
0
1000
2000
3000
NSH

Inhalt

Einleitung

Wie Legenden entstehen

Als der fünfmastige Schoner *Carroll A. Deering* am 31. Januar 1921 an den Diamond Shoals auf der Höhe von Kap Hatteras in North Carolina gesichtet wurde, aufgelaufen, trotz des stürmischen Wetters unter allen Segeln und ohne eine Menschenseele an Bord, außer zwei Katzen, da begann eines der klassischen Rätsel der See.

Keinerlei Notzeichen waren empfangen worden. Drei Tage zuvor hatte das Kap-Feuerschiff den vorbeisegelnden Schoner angerufen, anscheinend war noch alles in Ordnung. Doch bei der Untersuchung des Wracks stellte sich heraus, daß sein Kapitän, William Wormell, das Schiff nur bis zu einem bestimmten Zeitpunkt der Reise geführt hatte und daß danach, nach den Schriftzügen auf der Karte zu urteilen, jemand anderes das Kommando übernommen hatte. Allem Anschein nach waren gerade Anstalten zum Essen getroffen worden, als die Besatzung das Schiff verließ, aber unter der Back fanden sich kaum Kleidungs- und Gepäckstücke; die Truhe des Kapitäns war weg, und seine Kajüte war offenbar von jemand anderem belegt worden.

Hier und da spülte eine Flaschenpost an den Strand, und man tippte auf Seeräuberei oder Schmuggelgeschäfte. Beides war damals gang und gäbe infolge der Prohibition in den Vereinigten Staaten, wo sich Gangster gegenseitig ihre Schiffsladungen mit Schwarzhandelsschnaps abjagten. Es gingen auch Gerüchte um, bolschewistische Agenten hätten das Schiff angegriffen: Die russische Revolution war erst vier Jahre vorbei, und die Amerikaner glaubten, es könne über Nacht mit der Demokratie zu Ende sein, wenn nicht alle Bolschewiki hinter Schloß und Riegel kämen. Obwohl nicht ein einziger Spion, Proletarier oder Bolschewik auf frischer Tat ertappt wurde, überschwemmten Intoleranz, Bigotterie und Hysterie das Land. Viele glaubten, die Besatzung der *Carroll A. Deering* sei in einem russischen Hafen untergetaucht.

Erwiesen hat sich nie etwas. Das einzige Vernünftige, was bei der ganzen Affäre herauskam, war wohl der Kommentar des früheren Schiffsführers Kapitän William Merritt: »Es ist so schwierig, irgend etwas zu beweisen, was auf See passiert ist.«

Diese Feststellung hat sich wiederholt bewahrheitet, bedenkt man die erstaunliche Zahl ungelöster Rätsel, die das Meer bisher aufgegeben hat. Ganze Schiffsbesatzungen sind verschollen, und jedesmal war es schier unmöglich, Genaues nachzuweisen. Ein einziger Überlebender, und das Rätsel war gelöst.

In früheren Zeiten standen die Chancen häufig schlecht genug für die Seeleute, und selbst die seetüchtigeren Schiffe des 19. Jahrhunderts waren nur zu oft auf die Gnade von Wind und Wellen angewiesen. Mittlerweile ist die See durch den technischen Fortschritt sicherer geworden, aber auch heute noch gehen Schiffe verloren, verschwinden spurlos ohne ersichtlichen Grund.

Seeleute waren schon immer abergläubisch. Bis vor kurzem noch gab es starke Bedenken dagegen, eine Frau an Bord zu nehmen oder an einem Freitag in See zu stechen, und man glaubte allgemein, Möwen seien die Geister von Ertrunkenen. Solchem Denken entspringen die unzähligen übernatürlichen Phänomene auf See, von denen manche einem tatsächlich einen Schauer über den Rükken jagen. Landratten erscheint das Meer fremd und unheimlich, und die Männer, die seinem Ruf folgen, sind alle geheimnisumwittert, vom abgebrühtesten alten Seebär bis hinunter zum grünen Schiffsjungen.

Der größte Teil der Erdoberfläche ist mit Wasser bedeckt, und diesen grenzenlosen leeren Weiten ist die Entstehung zahlloser Legenden, Rätsel und Katastrophen zuzuschreiben. Es geht dabei um verschwundene Kontinente, Seeräuberei und Halluzinationen, um Reichtum, Mord, Meuterei, Wahnsinn und sogar Kannibalismus, um Erfahrungen von Männern an den Grenzen der physischen und psychischen Belastbarkeit. Man hört von verlorengegangenen Expeditionen und verschollenen Schiffen, von Geistermannschaften und Gespensterschiffen und den Geistern der Toten, die zum Land der Lebendigen zurückkehren. Ungeheuer tauchen auf, politische und finanzielle Machenschaften und viele unerklärliche Ereignisse sind im Spiel, und so ist es kaum verwunderlich, daß Seeleute an verhexte Schiffe glauben und möglichst alles meiden, was von Unheil überschattet zu sein scheint.

Die Geschichten sind ohne Zahl. Ich selbst kannte einen Seemann, der seinen Tod vorausahnte und der genauso starb, wie er es geahnt hatte. Und in Südafrika fand ich mich einmal in eine gespenstische Geschichte verwickelt. Während des Zweiten Weltkriegs wurde ich mit meiner Einsatzgruppe auf eine 1923 stillgelegte Walfangstation versetzt. Wir kamen in einzelnen Grüppchen auf der Station an, und allen ohne Ausnahme passierte am Tag der Ankunft irgendein Unglück. Einer fiel von der Mole, ein anderer zerschnitt sich böse den Fuß, ein dritter stürzte von den Felsen hinab, und ich selbst wurde über Bord gespült und verletzte mich schwer am Knie. Erst später hörte ich von dem Fluch, der über der Station lag. Ein älterer Mann, dessen kleiner Schoner in der Nähe lag, war als Junge von hier aus auf See gegangen. Er erzählte mir, wie er Ende des letzten Jahrhunderts, als die Nachfrage nach Tran im Steigen begriffen war und auf die Walfänger immer mehr Druck ausgeübt wurde, auf See zu bleiben, statt längsseits zu liegen, kurz vor dem Auslaufen seines Schiffes mit Fieber von Bord gebracht wurde. In der Nacht, die er auf der Station verbrachte, hörte er die geisterhaften Stimmen seiner Mannschaft, die, wie sich später herausstellte, zu der Zeit bereits ertrunken war. Von da an war es, als gehe von der Station eine Warnung zur Wachsamkeit aus, denn andere Schiffe, die vor Anker gingen, verloren immer einzelne Besatzungsmitglieder, sei es durch Ertrinken, Unfall oder Mord. Nach dem Aufkommen von Fabrikschiffen wurde die Station schließlich stillgelegt und blieb bis zum Eintreffen unserer Einsatzgruppe Ende 1942 unbewohnt. Auffallend aber war die Ähnlichkeit zwischen den Unglücksfällen in der Blütezeit der Station und denen, die unserer Gruppe zustießen. Ob eine Verbindung bestand? Fest steht, daß sich 1942 vier Männer durch eine Reihe merkwürdiger Unfälle Verletzungen zuzogen.

Mit der Verbreitung des elektrischen Lichts sind Geisterschiffe anscheinend verschwunden. Vielleicht haben abergläubische Seeleute, die in einer Welt voller trügerischer Schatten und flackernder Laternen Nachtwache schieben mußten, all die Geschichten erfunden. Aber wenn ihn auch die Erscheinungen vor seinen Augen zutiefst entsetzt haben mögen, gewundert darüber hat sich der Seemann von Anno dazumal keineswegs. Und schließlich gibt es ja die verbürgten Geschichten vom U-65, dem deutschen Spuk-U-Boot im Ersten Weltkrieg, von Geisterschiffen auf der Seine, im Solway

Firth, im Sankt-Lorenz-Golf und im Long-Island-Sund. Selbst der mit allen Wassern gewaschene Weltumsegler Joshua Slocum behauptete, er sei auf seiner Reise, als er todkrank war, von einem geheimnisvollen gespenstischen Besucher gerettet worden, der die Führung seines Schiffes übernahm.

Die Angewohnheit der Seeleute, während der Hundewache ihr Garn zu spinnen und ihre Geschichten an Land gegen ein paar Gläschen Schnaps noch auszuschmücken, wie auch die Gewalt der Elemente haben das Meer für alle Zeiten zur Legendenquelle geprägt. Einige dieser Legenden sind recht fragwürdig, zum Beispiel die vom Fliegenden Holländer, den einige Cornelius Vanderdekken oder van der Straaten nennen und andere mit dem Piraten Störtebeker gleichsetzen und der von Gott dazu verdammt war, auf einem Geisterschiff ununterbrochen ums Kap der Guten Hoffnung zu segeln. Solche Geschichten könnten durch das Elmsfeuer, dieses seltsame elektrische Naturphänomen an den Spitzen von Schiffsmasten, oder durch Luftspiegelungen, wie sie vor jener Küste vorkommen, eine Erklärung finden. Ich habe dort mit eigenen Augen Schiffe auf Positionen gesehen, wo sie unmöglich sein konnten, und ich habe die eigenartig steilen Seen an der ostafrikanischen Küste erlebt. Aber die Legenden bestehen fort ... wie die von Atlantis, dem riesigen Kontinent, der vor christlicher Zeitrechnung im Mittelatlantik gelegen haben und durch ein Erdbeben zerstört worden sein soll, oder die vom Sargassomeer, einer Ansammlung von schwimmendem Tang vor der Küste Floridas, von der man glaubte, sie sei der Friedhof Hunderter von Schiffen. Nachdem Kolumbus seine gespenstische Atmosphäre beschrieben hatte, waren die Seeleute von dieser Vorstellung wie besessen. Die Tangmassen beschworen Geschichten herauf, bei denen den Kammerstewards das Blut in den Adern gefror; es hieß, Handelsschiffe seien unter wuchernden Schlingpflanzen begraben worden und ihre Besatzungen wären Hungers gestorben oder verdurstet.

Jeder Seemann kennt die Geschichten und hat für viele sogar eine logische Erklärung. Trotzdem wurde der Fliegende Holländer noch im Jahre 1881 deutlich von der Brigg *Bacchante* aus gesehen, unter deren Passagieren als junger Mann der spätere König Georg V. weilte.

Auch von Seejungfrauen waren die Seeleute fasziniert. Das waren für gewöhnlich verführerische Mädchen mit langem Haar und

Fischschwanz. Schon die alten Griechen verehrten Meernymphen, und die Römer glaubten, daß an den italienischen Küsten Sirenen seevogelgleich in Nestern aus Knochen ertrunkener Seeleute lebten. Immer wieder regten sie die Einbildungskraft an. Odysseus hat sie gesehen, und auch Gerard Manley Hopkins schrieb über sie. Edgar Allan Poes *Annabelle Lee* handelt von einer Jungfrau »aus einem Königreich unter der See« , und Heine beschrieb die Sirene, die am Loreleyfelsen Schiffe anlockte und stranden ließ. Sogar Shakespeare vergaß sie nicht. Kolumbus und Henry Hudson wußten von ihnen zu berichten, und 1403 soll eine gar im holländischen Edam gefangen worden sein, die, nachdem sie dazu genötigt worden war, vor dem Kreuz zu knien, angeblich noch fünfzehn Jahre in Haarlem gelebt hat. Auch in Neufundland und Westindien sind Seejungfrauen gesehen worden. 1797 behauptete ein angesehener, gottesfürchtiger Schulmeister in Thurso, er habe eine erblickt. Als er seine Geschichte 1809 erneut zum besten gab, hatten die Nachbarn sie mit einemmal auch gesehen. In Wirklichkeit sind die übernatürlichen Erscheinungen vielleicht auf Seehunde, Walrosse oder Seekühe zurückzuführen, die, wenn sie Junge säugen, möglicherweise entfernt an eine Frau erinnern. Es ist denkbar, daß sexhungrige Seeleute solche Beobachtungen ausgeschmückt haben, um ein besonders gutes Garn zu spinnen.

Wer niemals den Pazifik oder Südatlantik befahren hat, kann sich keine Vorstellung machen von der Leere des Ozeans oder der Größe der Bewohner jener fernen Weiten – Walen, gigantischen Tintenfischen, riesigen Haien, Albatrossen, Fregattvögeln und sogar lebendigen Geschöpfen, die man für seit Jahrtausenden ausgestorben hielt. Es geht die Rede von Ungeheuern, die so riesenhaft waren, daß sie Schiffsmasten abknicken konnten. Verschiedene Male wurde selbst im vergangenen Jahrhundert noch von gewaltigen Polypen berichtet; einen hatte man zwischen Madeira und Teneriffa gesehen und andere vor der Küste Neufundlands. In einigen Fällen wurden Stücke von Fangarmen, die kühne Besatzungsmitglieder einem Ungeheuer bei seinem Angriff auf ihr Schiff abgeschlagen hatten, mit zum Hafen gebracht. Einmal war ein halber Fangarm über 5 Meter lang, der Krake mußte also einen Durchmesser von etwa 24 Metern gehabt haben. Und der Schoner *Pearl* wurde 1874 angeblich von einem gigantischen Polypen unter Wasser gezogen – bei dieser Geschichte sollte man allerdings Vorsicht walten lassen, denn sie ist vielleicht von einem pflichtvergessenen Kapitän aufgebracht worden, der damit den Verlust seines Schiffes zu bemänteln versuchte.

Auch Seeschlangen sind oft gesehen worden. Im letzten Jahrhundert hat ein derartiges Geschöpf angeblich den Atlantik zwischen Schottland und Neuengland hin und zurück durchquert. Aber dann, im Jahre 1840, entpuppte sich eines der Ungeheuer als monströse Alge von über 30 Metern Länge und gut 1 Meter Durchmesser, deren Wurzel aus der Ferne wie ein Kopf aussah und so auf den Wellen schaukelte, als sei sie lebendig. Trotzdem schworen Augenzeugen, was sie gesehen hätten, sei *keine* Alge gewesen. Immer mehr Naturwissenschaftler halten das Monster von Loch Ness für eine Realität, und es ist eine unbestreitbare Tatsache, daß die 1,5 m langen Quastenflosser aus der Gattung *Coelocanthidae* entgegen der früheren Annahme, sie seien ausgestorben, Millionen Jahre überlebt haben. Gelegentlich haben Leute ein Ungeheuer aus solcher Nähe gesichtet, daß sie sich kaum getäuscht haben können. 1875 folgte die Besatzung der Jacht *Princess* einem Ungeheuer zwei Stunden lang, und es gelang ihr, nahe genug heranzukommen, um in seinen Schlund zu blicken. Ein anderes Monster wurde mehrmals von der Jacht *Valhalla* aus, die dem Earl of Crawford gehörte, vor der brasilianischen Küste an einer Stelle beobachtet, an der das Wasser über 1300 Faden tief ist, und zwar von zwei Mitgliedern der Königlich-Englischen Zoologischen Gesellschaft, die eigentlich genau gewußt haben müssen, wovon sie sprachen. Es erscheint unglaubhaft, daß alle Augenzeugen gelogen haben sollen, insbesondere wenn man bedenkt, daß sie bereit waren, auf die Bibel zu schwören, und man weiß, wie ernst damals ein Eid auf die Bibel genommen wurde. Sie waren mit Sicherheit nicht allesamt betrunken, und als Seeleute kannten sie Seehunde, Haie, Tümmler und Tintenfische zu gut, um sich zu irren.

Es besteht durchaus die Möglichkeit, daß seltsame Geschöpfe in den Tiefen des Meeresgrundes überlebt haben. Ich selbst habe vor der südafrikanischen Küste in der Nähe der verlassenen Walfangstation einen Hai gesehen, der so groß war, daß ich ihn zuerst für einen Wal hielt. In meinem eisernen Boot kam ich so nahe an das Tier heran, daß ich meinen Bootshaken hineinstoßen konnte. Einige Zeit später erblickte ich, wieder aus einer Entfernung von nur wenigen Metern, vor der westafrikanischen Küste etwas, das wie zwei Windungen einer Seeschlange aussah. In der Annahme, es handle sich um vom Regen herabgespülte Baumstämme, die unter Umständen den Flugbooten gefährlich werden konnten, mit denen ich damals im Einsatz war, hielt ich darauf zu, um ein Seil daran zu befestigen und sie fortzuziehen, aber da verschwanden die beiden »Windungen«, als wären sie miteinander verbunden. Ich sah das gleiche Ding ein paar Tage später noch einmal, und ich war nicht der einzige. Die »Windungen« könnten zwei Walhaie gewesen sein, riesenhafte, im Grunde harmlose Geschöpfe – Farbe und Größe stimmten –, aber Walhaie haben Rückenflossen, während die Gebilde, die wir sahen, keine Rückenflossen hatten.

Die Erfindung des Radios, die bessere Bildung der Seeleute und die höhere Geschwindigkeit der Schiffe, durch die sich die Reisedauer verkürzt hat, haben die Zahl der Rätsel verringert und ihnen etwas von ihrem Nimbus genommen. Von denen, die weiterbestehen, sind viele nur deshalb geheimnisvoll geworden, weil sich die Schriftsteller ihrer angenommen haben. Für viele sogenannte »Rätsel« gibt es eine vernünftige Erklärung, und nur zu oft ergab eine Untersuchung der Vorkommnisse durch Experten, daß die Sache alles andere als rätselhaft war.

Trotz alledem bleibt eine Handvoll ungelöster Rätsel übrig, die das Meer uns aufgegeben hat, und sie haben bis zum heutigen Tag nichts von ihrer Faszination eingebüßt. Wie viele Erklärungen man auch fand, es blieb immer ein unerklärbarer Rest. Dieses Buch untersucht sieben solcher Geheimnisse, sieben der interessantesten Fälle. Wenn auch in den Legenden, die sich um diese sieben Beispiele ranken, Geisterschiffe, Ungeheuer, Seejungfrauen und Seeschlangen vorkommen, haben die wirklichen Tatbestände weder etwas mit übernatürlichen Erscheinungen noch mit Monstern zu tun.

Die mysteriösen Fälle ereigneten sich alle in den letzten 150 Jahren etwa in Abständen von zwanzig Jahren auf verschiedenen Meeren. Sie unterscheiden sich ebensosehr voneinander wie die Schiffstypen, mit denen sie zusammenhängen und die sowohl riesige Linienschiffe als auch Rennsegler einschließen. Das eine Mal ist die Besatzung verschollen, ein andermal sind es Schiff *und* Besatzung, und doch haben fast alle Fälle etwas Charakteristisches gemeinsam, eine starke Persönlichkeit, die ihnen ihren Stempel aufdrückt und die dafür verantwortlich zu sein scheint, daß die Ereignisse ihren

Lauf nehmen oder daß sich geheimnisvolles Dunkel über ihren Hergang legt.

Eins der sieben Rätsel ist ziemlich schnell, ein anderes nach vielen Jahren erst gelöst worden. Bei drei weiteren wurde zwar theoretisch eine Lösung gefunden, aber nie bewiesen. Bei den übrigen beiden konnten selbst die Untersuchungsgerichte lediglich ein paar der nachweisbaren Ereignisse bestätigen; alles darüber hinaus war reine Spekulation.

1. H. M. S. Erebus und Terror († 1847)

In der Arktis verschollen

Jahrhundertelang standen die Eisgefilde im Norden des amerikanischen Kontinents im Brennpunkt des Interesses. Wie sah es da aus? Konnte man dort leben? Woran lag es, daß Kompaßnadeln stets in jene Richtung wiesen?

Den ersten Versuch, etwas über diese eisige Gegend in Erfahrung zu bringen, unternahm 1576 mit drei winzigen Schiffen der aus Yorkshire gebürtige Martin Frobisher; er entdeckte die heute als Frobisher Bay bekannte Bucht. Andere Expeditionen folgten, und allmählich kam man zu der Annahme, irgendwo durch das Eis und die vereisten Inseln zwischen Grönland und Rußland müsse ein offener Kanal um Nordkanada herum zum Pazifik führen – die Nordwestpassage. Von da an versuchte eine Expedition nach der anderen, diesen legendären Verbindungsweg zum Meer an der Westseite Amerikas zu finden, darunter auch die von Henry Hudson, der nach seinen Fahrten nach Spitzbergen, Nowaja Semlja, Nordamerika und der kanadischen Arktis mit wenigen Gefährten zusammen von einer meuternden Mannschaft in einem offenen Boot seinem Schicksal preisgegeben wurde. Die Ostindische Gesellschaft, die an einer Route zu ihren östlichen Niederlassungen interessiert war, rüstete ebenfalls eine Expedition aus, und trotz aller Mißerfolge hielt sich der Glaube an die Nordwestpassage zum Pazifik hartnäckig.

Zu Beginn des 19. Jahrhunderts war Großbritannien der Beherrscher der Meere und darauf bedacht, seine Macht zu erproben und seine Herrschaft auszudehnen. Nach Napoleons Niederlage stillte es seine Expansionsgelüste unter dem Deckmantel der Landerforschung. 1816/17 waren die nördlichen Gewässer auffallend eisfrei, das Navigieren wurde einfacher, und die Aussichten zur Erforschung der Arktis schienen rosiger denn je zu sein, so daß sich erneut Forscher für die Nordwestpassage und den Nordpol interessierten. Die neue Ära der Arktisforschung war erst 1924 mit dem Beginn der Polarluftfahrt zu Ende.

Der Marineminister Sir John Barrow entfachte 1817 das Interesse an der vielbesprochenen Route aufs neue – er entsandte 1818 zwei Expeditionen, eine unter der Führung von Leutnant John Franklin, die andere unter Fregattenkapitän John Ross. Weitere Reisen unternahmen Leutnant Edward Parry, Kapitän George Back und Kapitän James Ross. Alle diese Männer wurden berühmte Forscher und später geadelt. Sie hinterließen Steinmale mit Instruktionen und Navigationsaufzeichnungen für die Nachfolgenden und sammelten auf ihren Fahrten per Schiff, Boot oder Schlitten wertvolle Informationen über den Verlauf der arktischen Küstenlinien.

In den 40er Jahren des 19. Jahrhunderts kam es anscheinend nur noch darauf an, einen direkten Weg zwischen der Barrow- und der Beringstraße beziehungsweise der Wasserstraße zu entdecken, die angeblich die Beringstraße mit der Westküste der Boothiahalbinsel verband, um die Nordwestpassage für den Schiffsverkehr freizugeben. Den entscheidenden Vorstoß in dieser Richtung unternahm 1845 die Expedition von Sir John Franklin, der erstmalig 1818 den Norden bereist hatte.

Hinter dieser Idee stand wieder einmal Sir John Barrow, der inzwischen so etwas wie eine Institution in der Admiralität war. Barrow verschwendete keine Zeit an irgend jemanden, der anderer Ansicht war als er. Er hatte ein Buch über die Polarregionen geschrieben, hielt sich für einen Experten und mäkelte gerne an solchen Größen wie Sir John Ross und Sir Edward Parry herum, sie würden zuviel Wert auf die Seetüchtigkeit ihrer Schiffe und Leute legen. »Es dürfte keinerlei Befürchtungen geben hinsichtlich des Verlustes von Schiffen oder Männern«, sagte er, »bei den meisten Reisen in die arktischen Gefilde des Nordens und Südens sind weder Krankheit noch Tod aufgetreten.« Das entsprach zwar nicht ganz der Wahrheit, aber man nahm es nicht so genau.

Trotz anhaltenden Drängens der Royal Geographical Society war sieben Jahre lang keine offizielle britische Expedition nach Norden aufgebrochen. Aber als die Landexpeditionen der Hudson Bay Company ihre Küstenvermessungen vornahmen, wuchs das Interesse mit jedem Jahr, und schließlich war man der Ansicht, Land und Wasser seien nun ausreichend kartographiert, um Schiffen den Weg vom Atlantik zum Pazifik vorzuzeichnen. Als verlautete, die Schiffe Ihrer Majestät *Erebus* und *Terror*, mit denen Sir James Ross zwischen 1839 und 1843 drei Antarktisreisen unternommen hatte, würden mit Dampfantrieb ausgestattet und sollten den Nordpol zu erreichen versuchen, schlug Barrow vor, sie sollten sich lieber die Nordwestpassage vornehmen.

Sir Edward Parry, Sir James Ross, Sir John Franklin und die Royal Society überprüften die Vorschläge. Bezeichnenderweise hielten weder Ross noch Parry etwas von Barrows empfohlenem Kurs südwestwärts von Kap Walker und meinten, er führe in schweres Eis. Doch dann billigten sie den Gedanken alle, obgleich Ross' Onkel, Sir John Ross, prophezeite, die Expedition würde spurlos verschwinden.

Barrow hatte vorgehabt, die Leitung der neuen Expedition einem vielversprechenden jungen Fregattenkapitän Anfang Dreißig, James Fitzjames, zu übertragen, aber die Admiralität wandte dagegen ein, Erfahrung sei eine wichtigere Führungsqualität als Jugend, nun, da der Norden offenstehe. Als Sir James Ross, der bestgeeignete Mann, den Fuß auf den magnetischen Nordpol gesetzt hatte und bis auf 160 Seemeilen an den Südpol herangekommen war, das Amt »aus Altersgründen« ablehnte (er war 43), wurde es Sir John Franklin angetragen, einem fünfzehn Jahre älteren Mann.

Franklin war sofort bereit. »Nichts«, so sagte er, »liegt mir mehr am Herzen als die Erkundung der Nordwestpassage.« Parry, sein einziger Konkurrent, meinte: »Wenn Sie ihn nicht gehen lassen, wird der Mann vor Enttäuschung sterben.«

Franklin hatte einen hervorragenden Ruf. Er war im Alter von fünfzehn Jahren mit Nelson in Kopenhagen gewesen und hatte sich 1805, wieder unter Nelson, als Leutnant zur See an Bord der *Bellerophon* bei Trafalgar ausgezeichnet. Er war an einem nicht auf der Karte verzeichneten Riff vor Australien schiffbrüchig geworden, hatte jedoch die Überlebenden in einem kleinen Boot 50 Meilen über offenes Meer nach Sidney gebracht. 1812, in der Schlacht von New Orleans, hatte er eine Flotte kleiner Schiffe gegen überlegene amerikanische Kanonenboote kommandiert. Und mit seinem angeheirateten Onkel, Kapitän Matthew Flinders, der durch seine Entdeckungen in Australien von sich reden gemacht hatte, war Franklin an Bord der *Investigator* unterwegs gewesen, die Auftrag hatte, die Küsten Australiens zu vermessen.

Franklin zählte zu den erfahrensten Arktisforschern der Welt. Im Jahre 1817 unternahm er seine erste Expedition und danach noch zwei weitere. Obwohl er sein Ziel, den Nordpol zu finden, nicht erreicht hatte, galt er nach seiner zweiten Expedition als hinreichend qualifiziert für seine Funktion als Forscher und Expeditionsleiter; er wurde zum Fregattenkapitän befördert und später von Georg IV. geadelt. In zweiter Ehe verband er sich mit Jane Griffith, einer schönen, intelligenten, eigensinnigen Frau hugenottischer Abstammung. (Seine erste Frau war bei der Geburt seiner Tochter Eleanor gestorben.) In den 30er Jahren wurde ihm das Gouverneursamt von Tasmanien übertragen, ein Amt, das erschwert wurde durch die anmaßende Haltung der britischen Regierung gegenüber den Kolonialisten und durch kleinliche Intrigen innerhalb des Kolonialministeriums.

Franklin blieb weiterhin an der Polarforschung interessiert, und da nur noch wenige hundert Meilen nicht in den Karten erfaßt waren und die Nordwestpassage nicht an Reiz verloren hatte, bedeutete er der Regierung, daß eine gut organisierte Reise das Problem endlich aus der Welt schaffen könnte. Aufgrund seiner Erfahrung und seines Rufes schien er der geeignete Mann zu sein, die neue Expedition zu leiten. 1843 wurde er von Tasmanien abberufen, und mit Ross' erprobten Schiffen *Erebus* und *Terror* stand kaum ein Mißerfolg zu erwarten.

Der einzige Unsicherheitsfaktor war Franklins Alter. Parry war erst in den Dreißigern, als er die Arktis bereiste, aber Franklin war bereits 59 und ging schon gebeugt. »Genaugenommen 58«, sagte er, als ihn Lord Haddington, der Marineminister, daraufhin ansprach, »59 erst im April.« Franklin wurde auch nachgesagt, er leide an Schnupfen. Eine zeitgenössische Daguerreotypie zeigt ihn als untersetzten Mann mit Stirnglatze. Trotzdem bewunderten und mochten ihn seine Männer. Laut Marinefeldwebel David Bryant von der *Erebus* war es »eine Freude, mit ihm zusammenzusein«.

Das Kommando über das zweite Schiff erhielt Kapitän Francis Rawdon Moira Crozier, der zwar bedauerte, daß Ross die Leitung der Expedition abgelehnt hatte, aber ein erfahrener Polarforscher war, als Leutnant auf Parrys zweiter und dritter Expedition mitgefahren war und auf Sir James Ross' Antarktisexpedition Kapitän der *Terror* gewesen war. Er war 49 Jahre alt. James Fitzjames, den Sir John Barrows zuerst als Expeditionsleiter ausersehen hatte, war erst 33 Jahre alt, hatte sich im Chinakrieg bewährt und nahm die Berufung zum Ersten Offizier auf Franklins Schiff an. Er war stark und selbstbewußt, ein guter Seemann und geborener Vorgesetzter, und die Leute, die er ausgewählt hatte, waren die Elite der Marine. Fregattenkapitän Graham Gore war unter Back zur See gefahren, und John Irving, Charles F. des Voeux und James Walter Fairholme hatten sich alle drei in Afrika, Australien und Asien hervorgetan.

Fitzjames war ein überzeugter Befürworter des neueingeführten Dampfantriebs, aber die Schiffe wurden letzten Endes nur mit zwei kleinen Hilfsmaschinen und einer Schraube zur Unterstützung der Segel ausgerüstet, die sie »bei Windstille ein paar Knoten vorwärtstreiben« sollten. Die Maschinen hatten 20 PS, wogen 15 Tonnen und waren ursprünglich für die Greenwich Railway bestimmt. Irving meinte, sie hätten sich wirklich besser als Eisenbahnmaschinen geeignet, denn sie würden womöglich durch ihr Stampfen und Kreischen die Eskimos erschrecken. Er glaubte nicht, daß man sie brauchen werde, solange es noch andere Mittel zum Vorwärtskommen gäbe. Immerhin waren *Erebus* und *Terror* die ersten in der Arktis eingesetzten Schraubendampfer, und der Hauptvorteil der Maschinen lag darin, daß sie Back und Kajüten durch Rohrleitungen mit heißem Wasser versorgten. Die Hygiene wurde dadurch vereinfacht, und die Eimer brauchten nur noch über Bord entleert zu werden.

Die Offiziere hatten ihr eigenes silbernes Tafelgerät. Für die Unterhaltung an Bord sorgten ein Backgammon-Spielbrett und über tausend Bücher, darunter viele Andachtsbücher, wie sie dem Geist der Zeit entsprachen. Zudem gab es einen Hund, einen Affen und einen Apparat zur Herstellung von Daguerreotypien. Die Vorräte reichten für drei Jahre und bestanden unter anderem aus Fleisch- und Gemüsekonserven, 3000 Gallonen hochprozentigem Rum, warmer Kleidung, Wolfshaardecken, 200 Flaschenpostzylindern, die ins Meer geworfen werden konnten, in der Hoffnung, es würde sie jemand auffischen und nach London schicken, einer großen Menge Zitronensaft gegen Skorbut und 10 lebendigen Ochsen, die am Rande der Eiszone geschlachtet werden sollten, um Frischfleisch zu liefern. Die Admiralität hatte sich inzwischen rückhaltlos zu Franklin bekannt und großzügig das Ihre zur Bequemlichkeit der Forscher beigetragen. Einer aus ihren Reihen meinte: »Mit Hilfe der Schiffsschraube und anderen Errungenschaften der modernen Technik dürfte die Expedition zu hervorragenden Ergebnissen kommen.« Obwohl die Ausrüstung nach heutigem Standard geradezu jämmerlich war, gingen die Männer unter den denkbar besten Bedingungen ihrer Zeit an Bord, und die *Times* verkündete in einem übertrieben feierlichen Artikel: »Nur ein Wunsch scheint alle Einwohner dieses Landes zu beseelen, daß das Unternehmen von Erfolg gekrönt sein möge.«

In ihrer Größenordnung waren die Schiffe die stärksten der Marine. Sie hatten viel stärkere Spanten und Unterbauten als normale Schiffe, um das Gewicht und den Rückstoß schwerer Geschütze auffangen zu können. Vor ihrer Fahrt in die Antarktis waren sie außerdem mit Innenrümpfen versehen worden, so daß ihre Seitenwände aus festen Holzschichten bestanden, die zwischen 18 und 27 Zoll dick waren, und am Bug waren sie zusätzlich zur Eisenverkleidung mit einer mächtigen Holzschicht verstärkt.

Die *Terror* mit ihren 340 Tonnen war nur um weniges leichter als die *Erebus* mit ihren 370. Beide Schiffe waren ursprünglich als Vollschiffe getakelt, aber Back schaffte bei der *Terror*, mit der er zur Hudsonstraße unterwegs gewesen war, die Rah am Kreuzmast ab, und entsprechende Abwandlungen erfuhr auch die *Erebus*. Die Schiffe hatten Glattdecks, waren breit gebaut und vorne massiv konstruiert; die sonst üblichen Galionsfiguren fehlten. Für die Hilfsmaschinen wurden jedoch nur magere 25 Tonnen Treibstoff mitgenommen. Jedes Quarterdeck trug ein Rettungsboot, die Barringsbalken achtern drei weitere, und außerdem gab es noch zwei spezielle Walfangboote. Die Vorräte waren für 137 Leute berechnet – allerdings erreichten infolge von Beurlaubung und Krankheit nur 129 die Arktis –, und darüber hinaus sollte ihnen ein Versorgungsschiff, die *Barretto Junior*, mit weiteren Vorräten das Geleit bis zur Davisstraße geben, um den Proviant vor dem Eintritt in die Eiszone aufzustocken.

Franklin hatte Order, sich einen Weg durch den Lancastersund und die Barrowstraße zu bahnen, von denen allgemein angenommen wurde, daß sie am ehesten zur Nordwestpassage führen würden, aber er sollte keinesfalls irgendwelche Fahrrinnen erforschen, die nord- oder westwärts von der Barrowstraße abzweigten, sondern statt dessen westwärts auf Kap Walker zuhalten und dann versuchen, süd- und westwärts zur Beringstraße vorzudringen.

Die Schiffe stachen am 12. Mai von Woolwich aus nach Greenhithe in See. Genau zum Zeitpunkt des Ablegens ließ sich eine weiße Taube auf dem Mast der *Erebus* nieder, was als glückliches Omen gedeutet wurde. Lady Franklin hatte die englische Nationalflagge, den Union Jack, genäht, der bei der Entdeckung der Nordwestpassage gehißt werden sollte. Als sie die Flagge an einem kalten Tag Franklin übergeworfen hatte, schauderte er. »So wird's mit einem Leichnam gemacht«, sagte er.

In Greenhithe bekamen die Mannschaften im voraus ihre Heuer ausbezahlt, damit sie ihre Familien unterhalten konnten. Die wenigen Junggesellen brachten derweilen Leben in die Schenken von Greenhithe. Beide Schiffsbesatzungen waren sehr zufrieden. Franklin erfreute sich aufrichtiger Bewunderung, und auch seine Offiziere schienen sich bereits gut eingeführt zu haben. Crozier war ein freundlicher Mann mit beträchtlicher Erfahrung. Des Voeux war »klug, heiter und entgegenkommend«; Gore war charakterfest und gutmütig und spielte mit mehr Begeisterung als Geschick Flöte. Harry D. S. Goodsir, der Kurator des Edinburgh-Museums, der die Expedition begleitete, war 28 Jahre alt, hochgewachsen und unbeschwert. Edward Couch war klein, dunkel und ruhig, aber immer gut gelaunt. Mit Leutnant H. T. D. le Vesconte war gut auszukommen, und Fairholme galt als patent und liebenswürdig. Alle diese Männer hat Fitzjames in einem für seine Schwester geführten Tagebuch beschrieben, und anscheinend hatten sie samt und sonders die Gemütsart, die das monatelange Zusammenleben auf engstem Raum erträglich macht. Zudem war die Stimmung, ein äußerst wichtiger Faktor im arktischen Winter, sehr gut.

Die Herren von der Admiralität befanden sich inmitten der Zuschauermenge, als die Expeditionsschiffe am 19. Mai 1845 die Anker lichteten und flußaufwärts getreidelt wurden, aber Lady Franklin konnte ihren Mann in Harwich noch einmal sehen und schaffte es, ihm zuzuwinken. Auf dem Weg zu den Orkneyinseln wurden sie durch stürmisches Wetter in Aldeburgh aufgehalten, erreichten jedoch Anfang Juli Whalefish Bay in der Nähe von Disko in Grönland. Hier trennten sie sich von der *Barretto Junior*, die die Heimreise antrat, und von einem Offizier, zwei Kranken sowie dem Segel- und dem Waffenmeister der *Terror*, deren Dienste, wie sich herausgestellt hatte, nicht gebraucht wurden. Ein Mann war schon früher von Stromness aus heimgeschickt worden.

Das Versorgungsschiff brachte Briefe mit, die als Antwortadresse für die Freunde den sibirischen Hafen Petropawlowsk angaben und aus denen große Zuversicht sprach. Fitzjames schrieb an einen Schulfreund, sie hofften, noch dieses Jahr durch die Nordwestpassage zu gelangen. Er berichtete, daß Franklin hoch angesehen sei: »Er ist viel gesünder als zur Zeit unserer Abreise aus England und nimmt aktiv an allen Geschehnissen teil. Von allen Männern ist er am besten dazu geeignet, ein Unternehmen zu leiten, das einen kühlen Kopf und Ausdauer erfordert.« Franklin selbst brachte in einem Brief an Sir James Ross seine Überzeugung zum Ausdruck, einen Weg durch das Inselgewirr finden zu können, das seiner Meinung nach den weißen Fleck auf den Karten ausfüllte.

Die Schiffe liefen am 12. Juli von Grönland aus und wurden angeblich in Upernavik gesichtet. In der Nähe des Lancastersunds erreichten sie das Eis, und am 26. Juli trafen sie bei 74° 48′ nördlicher Breite und 66° 13′ westlicher Länge auf die beiden Walfänger *Prince of Wales* und *Enterprise*. Einige Offiziere statteten der *Prince of Wales* einen Besuch ab. Kapitän Martin von der *Enterprise* sprach noch einmal mit Franklin, und er sah die Schiffe zum letztenmal, als sie an einen Eisberg vertäut lagen, auf dem ein Observatorium errichtet war. Das Lager war komfortabel und hatte sogar eine eigene Zeitung. Die Männer waren bester Laune, wenngleich sie der Tod zweier Kameraden ein wenig verstört hatte. Franklin informierte Martin darüber, daß sie genügend Vorräte für fünf Jahre hätten und seine Männer bereits Seevögel als zusätzliche Nahrung einpökelten.

Das war das letzte, was je von Franklin und seinen Schiffen gesehen wurde. Seine Expedition, eine der ehrgeizigsten der Viktorianischen Ära, erlangte als Tragödie der Arktis traurige Berühmtheit.

Zu Beginn des Jahres 1846 machten sich nur wenige Leute in England Gedanken über Franklins Expedition. Die Nachrichtenübermittlung war schlecht, denn das erste Atlantikkabel wurde erst 1858 verlegt und funktionierte nicht vor 1866. Keiner der 200 Flaschenpostzylinder tauchte auf, aber dennoch war niemand beunruhigt. Nur ein Veteran unter den Polarforschern, Dr. Richard King, der Back 1833 auf seiner Fahrt den Great Fish River hinunter begleitet hatte, war 1847 so in Unruhe, daß er in mehreren Briefen an den Kolonialminister Earl Grey die Vermutung äußerte, Franklins

GRÖNLAND
Upernavik
BAFFINLAND
Nördlicher Polarkreis
DEVONINSEL
Wellingtonkanal
Lancastersund
Barrowstraße
Magnetischer Nordpol
CORNWALLIS-INSEL
SOMERSET-INSEL
BOOTHIA HALBINSEL
PRINCE-OF-WALES-INSEL
Franklinstraße
KÖNIG-WILLIAM-INSEL
Victoriastraße
MELVILLE-INSEL
McClure-Straße
KANADA
0 100 200 300 Meilen
0 100 200 300 400 500 km

Schiffe seien möglicherweise in Schwierigkeiten geraten und man sollte lieber den Lauf des Great Fish River entlang nach Überlebenden suchen. Nicht einmal der Empfang seiner Briefe wurde ihm bestätigt. Sir James Ross sagte, es gäbe keinen Anlaß zur Sorge, und Franklins Leute würden unter gar keinen Umständen in Richtung Fish River steuern. Dem stimmten andere Experten zu. Lediglich Admiral F.W. Beechey, selbst ein Polarforscher, nach dem die Beechey-Insel benannt ist, meinte, daß ein Boot den Fluß hinabgeschickt werden sollte. Nichts geschah.

Ein weiterer Winter und Sommer vergingen, und langsam kam Besorgnis auf. Man hoffte noch immer auf Nachrichten von Franklin aus Rußland, aber es kam nicht eine Silbe. Die Hudson Bay Company kämmte die Nordküste Kanadas ab und schickte Extravorräte an ihre nördlichsten Niederlassungen, für den Fall, daß Vermißte auftauchten. Als wieder ein Winter ohne Nachricht verstrich, machte sich ein Gefühl der Betroffenheit breit. Expeditionen in die Arktis waren allen Hindernissen zum Trotz bislang erstaunlich erfolgreich gewesen. Obwohl man von den schweren Belastungen wußte und vereinzelt Leute aus verschiedenen Gründen gestorben waren, wiegten sich die Viktorianer 1848 in dem Glauben, sie hätten die Polarforschung gut unter Kontrolle. Um so größer war die Erschütterung, als ihnen dämmerte, daß diese letzte gut organisierte und ausgerüstete Expedition unter der Leitung einer so hervorragenden Persönlichkeit wie Franklin spurlos verschwunden zu sein schien.

Jetzt bestand nur noch wenig Zweifel, daß etwas schiefgegangen war. Die Regierung setzte eine Belohnung von 20000 Pfund aus, nach heutiger Berechnung eine Riesensumme, die Lady Franklin um weitere 5000 Pfund aufstockte. Natürlich machten sich bald darauf fünfzehn Expeditionen auf den Weg über den Nordatlantik, begierig darauf, den Geldpreis zu erringen. Viele waren schlecht ausgerüstet und hatten kaum eine Erfolgschance, aber denjenigen, die sich gründlich vorbereitet hatten, räumte man eine gute Chance ein, etwas zu finden, vielleicht sogar Überlebende. Schließlich war ja auch Sir John Ross nach vier Wintern in der Arktis wiedergekehrt. Alles in allem gingen in den zehn Jahren nach 1847 vierzig Mannschaften auf die Suche nach den vermißten Forschern, sechs davon über Land zur Küste des arktischen Amerika und 34 über die unerforschten Wasserwege im Labyrinth der nordischen Inseln. Einige der Sucher entpuppten sich dabei selbst als Forscher und füllten auf ihren Fahrten viele der weißen Flecken in den Karten, obgleich ihr Interesse in erster Linie weiterhin der Auffindung von Überlebenden oder einer Spur von ihnen galt.

Als 1848 immer noch nichts zu hören war, wurde Sir John Richardson ausgesandt, die Küste zwischen den Flüssen Mackenzie und Coppermine abzusuchen, er sollte jedoch nicht zum Fish River abschweifen. Auch Sir James Ross, der enge Freund Franklins, wurde ausgeschickt, eine Spur der vermißten Expedition zu finden. Er fuhr los, in der festen Überzeugung, daß er die vermißten Schiffe auf ihrer Rückreise antreffen oder sie bei seiner Rückkehr schon auf der Themse vorfinden würde. Nichtsdestoweniger wurden Suchtrupps mit Schlitten entsandt, Vorratslager errichtet, und etliche Leute starben, aber es blieb alles erfolglos. Als Ross sich gezwungen sah heimzukehren, weil seine Vorräte zur Neige gingen, kam die Admiralität zu dem Schluß, daß Franklin nicht Kurs südwärts entlang der Westküste der Somersetinsel genommen haben konnte. Immerhin, wenn auch sonst nichts erreicht worden war, konnte doch wenigstens ein Fortschritt in der Technik des Schlittenführens verbucht werden: Bei Ross war ein junger Leutnant namens Leopold McClintock gewesen, der mit seinem untersetzten, drahtigen Körperbau die größten Entbehrungen und Härten ausgehalten und es trotz erster Anzeichen von Skorbut geschafft hatte, jede Einzelheit über die Schlittenzüge schriftlich festzuhalten – Ausrüstung, Proviant, Gewicht der Rationen, Kleidung und Schlittenkonstruktion –, so daß man Überlegungen zur Verbesserung anstellen konnte.

Erst 1850 fand ein Marinegeschwader unter dem Kommando von Kapitän Horatio Austin die Überreste von Franklins erstem Lager: Kohlensäcke, Stricke, Schlacke, Reste eines kleinen Gartens und eine große Anzahl geöffneter Dosen, die zu der Vermutung Anlaß gaben, ein Großteil der Fleischkonserven der Expedition sei verdorben gewesen. In Wirklichkeit bestand kein Grund zu übertriebener Sorge, da viele der Dosen die Bezeichnung »Suppe« trugen. Man fand auch die Spuren der Arbeitsplätze eines Zimmermanns und eines Waffenmeisters, Waschschüsseln, gebrauchte Kleidung und die Gräber dreier Männer, des Ersten Heizers John Torrington von der *Terror* sowie des Vollmatrosen Thomas Hartnell und des Marineinfanteristen William Braine von der *Erebus*, die zwischen Januar und April 1846 gestorben waren. Und man fand Schlittenspuren, eine davon führte ins Landesinnere.

Das waren die ersten Zeichen der verschollenen Expedition. Dann brachte der Eskimo-Dolmetscher, der mit Ross gefahren war, eine Geschichte vor von Männern mit Epauletten, die von Eskimos mit Pfeilen und Speeren getötet worden seien, eine Geschichte, die er bei Einheimischen in Erfahrung gebracht hatte. Darin war auch die Rede von zwei dreimastigen Schiffen, die 1846 nahe Kap York gesehen worden seien. Eine andere Eskimo-Geschichte verlautete, weiße Männer hätten Waffen gegen Nahrungsmittel eingetauscht, wären jedoch gestorben und in der Nähe des Mackenzie-Flusses begraben worden. Man war allerdings der Auffassung, diese Geschichten seien nicht unbedingt wahr, sondern der Versuch der Eskimos, den so verzweifelt auf Informationen versessenen Leuten gefällig zu sein.

Auf dieser Suchexpedition blickte einer von Austins Kapitänen, Robert le Mesurier McClure von der *Investigator*, von Banks Island aus einer Höhe von 200 Metern über dem Meeresspiegel nach Norden, und als er nur Meer sah, wurde ihm klar, daß er die Nordwestpassage vor sich hatte. Die Ironie des Schicksals wollte es, daß die Leute, die Franklin suchten, das fanden, was er gesucht hatte. Am darauffolgenden Tag schoß McClure einen großen Bären, in dessen Magen sich allerlei fand, das auf die Nähe zivilisierter Menschen schließen ließ – Rosinen, ein paar Tabakblätter, kleine würfelig geschnittene Speckstückchen und Heftpflaster. Man glaubte, schließlich doch auf Franklins Spur zu sein. Leutnant Samuel Gurney Creswell wurde mit einer Eilbotschaft zurückgeschickt.

Weiter kam nichts ans Licht, bis am 8. Mai 1851 aus einer völlig neuen Quelle alarmierende Nachrichten über Franklin auftauchten. Leute von der Brigg *Renovation*, die auf ihrer Fahrt von North Shields nach Quebec in Limerick, Irland, angelegt hatte, glaubten, *Erebus* und *Terror* gesichtet zu haben. Der *Limerick Chronicle* veröffentlichte den Brief des Onkels eines gewissen Mr. Lynch, der Passagier auf der *Renovation* gewesen war. Darin beschrieb dieser die Eisberge auf der Schiffsroute als so groß, daß der Turm eines Münsters dagegen wie eine kleine Dorfkirchturmspitze gewirkt hätte. Einer dieser Eisberge, hieß es weiter, »trug zwei Schiffe auf seinem Gipfel, die, wie ich ziemlich sicher glaubte, zu Sir John Franklins Forschungsflotte gehörten«.

Zunächst nahm niemand davon Notiz. In der damaligen Zeit wurden Iren in englischen Zeitungen gemeinhin als Witzfiguren karikiert, und die Zeitschrift *Punch* strotzte nur so vor Anspielungen auf irische Eigentümlichkeiten. Doch dann berichtete der Kapitän des deutschen Schiffes *Doktor Kneipp*, er habe gegen Ende desselben Monats in der Nähe des Eisbergs, der von der *Renovation* aus gesichtet worden war, zwei vollgelaufene Schiffe gesehen, die kurz darauf gesunken seien. Das klang ganz so, als handle es sich um dieselben Schiffe und als sei der Eisberg auseinandergebrochen. Aber noch immer schenkte man der Sache keine Aufmerksamkeit, bis plötzlich, am 2. März 1852, nahezu ein Jahr später, jedermann aufschreckte und wissen wollte, was eigentlich geschehen war. Als Hauptzeugen kamen Robert Simpson, der Steuermann der Brigg, und der Passagier Joseph Lynch in Betracht. Simpson erzählte, sie seien so um den 18. oder 20. April herum in der Nähe der Neufundlandbank zwischen zahllose Eisberge geraten. Während seiner Morgenwache habe er zwei auf einem Eisberg gestrandete Schiffe gesehen.

Eines der beiden hatte starke Schlagseite. Es zeigte mit dem Deck zu uns herüber, und nur die Untermasten und das Bugspriet standen noch. Bei dem anderen war die Marsstenge heruntergebrochen, Unter- und Toppsegelrah hingen darüber, aber kein Segel war zerrissen. Nicht eine Bramstenge war aufgerichtet, und das Schiff lag mit dem Bug von uns abgewendet. Ich ging hinunter zum Kapitän, der schwer krank zu Bett lag, und machte ihm Meldung. Zuerst sagte er gar nichts; ich begann wieder von neuem, und dann sagte er: »Schon gut.« Daraufhin kehrte ich an Deck zurück und stellte mich achtern auf die Leeseite, um die Schiffe zu betrachten; alle Wachhabenden kamen ebenfalls nach achtern, um sie durchs Fernglas anzuschauen. Ich holte Mr. Lynch (einen Passagier) aus seinem Bett, er kam auch sofort in Hemd und Hose mit, ging jedoch nachher wieder hinunter und zog sich an.

Lynch meinte, das könnten Franklins Schiffe sein, so nahe beieinander. Der Steuermann war nicht dieser Auffassung. »Ich hielt sie für Wracks«, sagte er, »darum machte ich mir im Augenblick weiter keine Gedanken.« Auf den Schiffen war keinerlei Lebenszeichen und nichts zu sehen, außer den Schiffsrümpfen, Masten und Rahen. Das war alles, was aus 3 Meilen Entfernung mit bloßem Auge an Einzelheiten zu erkennen war.

Die Schiffe blieben dreiviertel Stunde in Sicht. Nach einer Skizze zu urteilen, die Simpson später gezeichnet hatte, hatte das hoch oben auf dem Eis liegenden Schiff die Stängen getakelt, und es schien unbeschädigt zu sein. Von dem anderen, das zur Steuerbordseite geneigt so nahe am Rand des Eisbergs lag, daß seine Rahen ins Meer zu hängen schienen, standen nur die Untermasten. Weder an Bord noch auf dem Eis waren Boote zu sehen. Die Schiffe waren im Verhältnis zu ihrer Länge breit gebaut ... wie die *Erebus* und die *Terror*; sie hatten Glattdecks, ein ziemlich sicheres Zeichen dafür, daß es sich nicht um Walfänger handelte, die hohe Aufbauten tragen; ihre Rümpfe waren schwarz und die Masten hell ... wie bei Franklins Schiffen; die Schiffsböden waren anscheinend nicht mit Kupferplatten beschlagen, eine weitere Ähnlichkeit. Der einzig auffällige Unterschied bestand darin, daß das aufrechte Schiff angeblich vollgetakelt war, aber da es mit Blick auf das Heck aus einer Entfernung von 3 Meilen gesehen wurde, dürfte diese Beschreibung nicht unbedingt zuverlässig sein.

Die Vermutung lag nahe, daß die ganze Sache nur in Szene gesetzt worden war, um Lynch, einem Vollblutiren, einen Schabernack zu spielen. Dagegen sprach jedoch die Tatsache, daß Lynch ein gebildeter Mann und selbst vier Jahre lang zur See gefahren war. Simpson wurde Kronzeuge bei den späteren Ermittlungen, und Lynch bestätigte die Aussagen. Unabhängig davon erstattete auch noch ein Besatzungsmitglied in einem Brief Bericht über das Ereignis. Wenn Coward, der Kapitän der *Renovation*, nicht so krank gewesen wäre und man den Versuch unternommen hätte, näher heranzukommen, wäre möglicherweise mehr ans Licht gekommen.

1852 brach ein neues Marinesuchgeschwader, die Segelschiffe *Assistance*, *Resolute* und *North Star* sowie die Motorschiffe *Pioneer* und *Intrepid*, zum Wellingtonkanal und der Melvilleinsel auf. Leider überging die Admiralität alle fähigen, einsatzbereiten Leute und übertrug das Kommando der Flotte Kapitän Sir Edward Belcher. Dieser war ein »alter, kränklicher Offizier ohne Arktiserfahrung und stand in dem Ruf, der unbeliebteste Mann in der Marine zu sein«. Fitzjames hatte einmal gesagt, er würde überall hingehen und jede Stellung annehmen, nur nicht die eines Ersten Offiziers unter Belcher.

Selbst das *Dictionary of National Biography* weiß nicht viel Gutes von Belcher zu berichten. »Diese Wahl war eine sehr unglückliche«, konstatiert es trocken. Belcher war zwar ein fähiger, erfahrener Mann, aber er hatte weder die Gemütsart noch den nötigen Takt, wie die gegebenen, äußerst schwierigen Umstände sie von einem Kapitän erforderten. »Wahrscheinlich«, heißt es weiter, »war kein Offizier gleicher Befähigung je so erfolgreich darin, soviel Abneigung auf seine eigene Person zu vereinigen.« Belchers Expedition war ein Fehlschlag und »zeichnete sich vor allen anderen Arktisexpeditionen nur dadurch aus, daß der Kommandant, sobald Schwierigkeiten auftauchten, in übertriebener Hast seine Schiffe aufgab und daß eines dieser preisgegebenen Schiffe sich später selbst aus dem Eis befreite und friedlich auf dem Atlantik schwimmend aufgefunden wurde«.

Da das Marineministerium in der Überzeugung, weitere Suchaktionen südlich von Kap Walker würden nichts fruchten, Belcher angewiesen hatte, Kurs auf den oberen Teil des Wellingtonkanals zu nehmen, wurde die Expdition ein totales Fiasko. Von Franklin keine Spur, dafür jedoch gab Belcher ohne besonderen Grund vier seiner fünf Schiffe auf, als sie ins Eis gerieten, und quetschte deren Besatzungen alle auf das fünfte. Er kam nach seiner Rückkehr vor das Kriegsgericht, und obgleich er freigesprochen wurde, war er für alle Zeiten als Versager gezeichnet. Glücklicherweise gehörten zu Belchers Kapitänen so tüchtige Leute wie Sherard Osborn und McClintock, die beide Arktiserfahrungen sammeln konnten.

Sein Versagen hielt Belcher nicht davon ab, ein Buch über die Expedition von 1855 zu veröffentlichen, das den ziemlich anmaßenden Titel *The Last of the Arctic Voyages* (»Die letzte der Arktisfahrten«) trug. Er wurde nie wieder eingesetzt, aber da zu seiner Zeit das Dienstalter ausschlaggebend für die Karriere war, rückte er 1861 im Rang auf und erfuhr 1872 seine Beförderung zum Großadmiral. Auch gab er ein weiteres Buch mit dem Titel *Horatio Howard Benton, A Naval Novel* (»Horatio Howard Benton, ein Seefahrtsroman«) heraus, das in der genannten Nationalbiographie als »außerordentlich stumpfsinnig« bezeichnet wird.

Nach der Belcher-Expedition wollte die Regierung nichts mehr mit dem Fall Franklin zu tun haben. Ein paar Marineexperten stärkten jedoch Lady Franklin den Rücken und drängten auf weitere Aktionen. Der Regierung wurde in einem Brief nahegelegt, die Ermittlungen doch fortzusetzen, »zur Ehrenrettung unseres Landes und Aufklärung eines Geheimnisses, das die gesamte zivilisierte Welt in Atem hält«.

Mittlerweile hatten alle möglichen Amateurforscher wie auch Wahrsagemedien aller Art – selbst ein Kind war dabei – eine Theorie zur Hand. Einer mietete 1854 sogar einen Saal in London, um kundzutun, daß große Elektrizitätsmengen, wie sie von Kompaßnadeln angezeigt werden, sich fortwährend auf den Pol zubewegen, wo sie sich zusammenballen und entzünden, so daß Franklin sich sehr wohl in einer Zone milden Klimas befinden könne, jedoch mangels Brennstoff und Dampf daran gehindert sei, zurückzukehren, nicht zuletzt »wegen der ständig auf den Pol zuwehenden Winde, die das Feuer unterhalten«.

Lady Franklin, die den Mut nicht sinken ließ, hatte bis dahin viel Geld in die Ausrüstung der Suchmannschaften gesteckt und sogar einen Teil des ihrer Stieftocher Eleanor zustehenden Erbes angegriffen. Eleanor war mit dem mittellosen Geistlichen Philip Gell verheiratet. Sie hatte nach sieben Jahren alle Hoffnung aufgegeben, ihren Vater je wiederzusehen. Laut Franklins letztem Willen gingen alle Gelder und Besitztümer an seine Tochter über, so daß Lady Franklin nur eine Leibrente blieb, aber kein Kapital, und so wandte sich die respekteinflößende Frau jetzt an ihren Vater. Diesem war klar, daß alles, was er seiner Tochter gab, in die weitere Suche nach ihrem vermißten Mann fließen würde. Als der alte Mann 1852 starb, stellte sich heraus, daß Lady Franklin leer ausging, da er sein Testament zugunsten seines Enkels abgeändert hatte, mit dem sie sich nicht verstand und von dem sie keine Hilfe erwarten durfte.

Sie brachte jedoch weiterhin Mittel auf. 1850 hatte sie die *Prince Albert* beauftragt, Kurs südwärts am Prince Regent Inlet entlang zu steuern. Zwar traf ihre Vermutung nicht genau zu, aber sie hatte insofern recht, als sie annahm, die Lösung des Rätsels müsse südlich des Lancastersunds liegen. Die *Prince Albert* wurde nicht fündig und gleich wieder ausgesandt. Ehe noch Lady Franklin wußte, daß auch diese zweite Suchaktion ergebnislos blieb, charterte sie ein weiteres Schiff, die *Isobel.*

Aber als sie einem jungen französischen Marineoffizier, der auf einem von ihr finanzierten Schiff gestorben war, ein Denkmal setzen wollte, reichte es den Gells. Ein Familienzwist, der sich schon früher wegen ihrer Ausgaben entzündet hatte, brach erneut aus.

Die Gells bestanden darauf, daß Eleanors Geld nicht von Lady Franklin verschwendet werden sollte, und in der *Times* erschienen die Briefe der jeweiligen Befürworter der streitenden Parteien. Doch als schließlich die Admiralität ankündigte, es sei an der Zeit, Franklins Namen aus der Marinerangliste zu streichen, erhob nur noch Lady Franklin Protest. Auf die Annahme hin, ihr Vater sei tot, bekam Eleanor schließlich ihr Geld.

Der rätselhafte Fall war allmählich in Vergessenheit geraten, als 1854 Dr. John Rae, der Generalvertreter der Hudson Bay Company, bei Forschungen an der Westküste von Boothia auf einen Eskimo stieß, der ihm von weißen Männern erzählte, die auf einer Insel verhungert seien. Es gelang Rae, sich aus den Bruchstücken den Sachverhalt zusammenzureimen: Etwa vierzig Männer hatten sich, als ihre Schiffe eingeschlossen waren, mit einem Boot und Schlitten, die sie hinter sich herzogen, über das Eis gerettet. Später waren angeblich die Gräber und Leichen von ungefähr dreißig Weißen auf dem Festland gefunden worden, fünf weitere Leichen auf einer Insel, einige in Zelten, andere im Freien, wieder andere unter einem umgeschlagenen Boot. Bei einem der Toten befanden sich ein Teleskop und eine Doppelflinte. Man vermutete Kannibalismus.

Mit Hilfe seiner Eskimo-Informanten kam Rae auch an erste Beweise, die bestätigten, daß Franklin tatsächlich in der Arktis gewesen war – sein hannoverscher Guelphenorden, eine Silberschale mit seinem Wappen, zwanzig Silberlöffel und -gabeln mit den Initialen von Offizieren beider Schiffe, darunter die von Gore, le Vesconte, Fairholme, Couch und Goodsir, ferner etliche zerbrochene Gewehre, Uhren, Kompasse, Teleskope und mancherlei anderes, wie zum Beispiel eine Weste mit dem Monogramm von des Voeux, dem Steuermann der *Erebus*, nach Angabe der Eskimos alles Dinge aus dem umgekippten Boot.

Als Raes Bericht England erreichte, hatte unglücklicherweise der Krimkrieg begonnen, die gesamte Marine war voll im Einsatz, und das Schicksal der Franklin-Expedition war unwichtig, gemessen an der Ernte, die der Tod in Südrußland hielt. Trotzdem ersuchte das Marineministerium die Hudson Bay Company, weitere Ermittlungen anzustellen. 1855 förderte der Generalvertreter James Anderson Riemen, Werkzeuge und ähnliches zutage, darunter eine Schiffsplanke mit der Aufschrift *Terror* und sogar das von Lady Franklin gestiftete Backgammon-Spielbrett, aber er fand weder Gräber noch Leichen. Die Entdeckung von Holzspänen verleitete ihn zu dem Schluß, die Eskimos hätten ein Boot zerhackt, aber Kapitän Sherard Osborn hob hervor, daß nur ein Hobel solche Späne hinterlasse, ein den Eskimos unbekanntes Werkzeug, und damit war bewiesen, daß Weiße hier gewesen sein mußten. Osborns Äußerungen verhallten jedoch ungehört, und Dr. Rae strich 10 000 Pfund von der ausgesetzten Belohnung ein.

Der Admiralität war die Sache inzwischen ein Ärgernis, und sie war der Ansicht, daß sie mit Raes Entdeckungen zu einem erfolgreichen Abschluß gekommen sei. Lady Franklin jedoch, zielstrebig wie eh und je, betonte, Raes Funde hätten den Fall nicht abgeschlossen, sondern ihn im Gegenteil erst ins Rollen gebracht. Sie hob hervor, die Entdeckungen würden lediglich beweisen, daß die *Erebus* und *Terror* anscheinend aufgegeben werden mußten, sonst aber auch nichts. »Im Grunde ist nicht einmal das bewiesen«, sagte sie. Die von den Eskimos gesehenen Männer könnten ebensogut ein verirrter Spähtrupp von den Schiffen gewesen sein. Schließlich hatten die Eskimos nur 35 Leichen gefunden, obwohl die Gesamtzahl der Seeleute 129 Mann betrug. Glaubten sie etwa, es gäbe nicht einen einzigen Überlebenden? »Man muß nach den Überresten der Toten suchen«, beharrte sie, »begrabene Beweisstücke ans Licht bringen . . . letzte geschriebene Worte, die der Zerstörung entgangen sind.« Sie stieß auf kühle Zurückweisung.

Mittlerweile gab es allgemein Meinungsverschiedenheiten darüber, wo und ob überhaupt noch gesucht werden solle, nicht nur in Lady Franklins Familie, sondern gleichfalls unter Arktisfahrern wie auch Leuten, die nie dort gewesen waren. Der Fall wurde im Unterhaus erörtert, und die *Times* wetterte, Lady Franklin könne ja mit ihrem Geld machen, was sie wolle, aber es sei alles andere als recht, öffentliche Mittel an »ein so absurdes Projekt wie die weitere Suche nach Sir John Franklins sterblichen Resten« zu wenden.

Doch Lady Franklin gab nicht auf. Sie organisierte eine neue Suchmannschaft und übertrug deren Leitung diesmal McClintock, der sich rasch zum größten Arktisexperten der Marine entwickelt hatte. Ihre Freunde steckten Geld in das Unternehmen, und weitere Mittel kamen durch Spenden zusammen, denn man hatte überwiegend das Gefühl, die Regierung täte nicht genug und hätte Franklin zu früh aufgegeben. Wohl um ihr Gewissen zu beruhigen, stellte die Regierung Waffen, Munition, Dynamit, Leuchtraketen, Feuerwerkskörper und -böller, 6628 Pfund Pemmikan, meteorologische und nautische Instrumente wie auch Schriften, dazu Eissägen, Eisanker und Pickel sowie Bücher und Kleidung zur Verfügung. Die ganze Expedition kostete 6000 Pfund.

McClintock bekam das 177-Tonnen-Dampfschiff *Fox* und freie Hand. Er hatte nur 25 Männer, aber alle waren sowohl jung als auch erfahren. Am 1. Juli 1857 legte er von Aberdeen ab und erreichte 70 Seemeilen westlich von Upernavik in Grönland den Rand des »mittleren Eises«. Dann steuerte er nach Norden und ankerte vor der Beechey-Insel, wo er in der Überzeugung, keine Überlebenden finden zu können, ein Denkmal für Franklin und seine Leute errichtete. Als er am 12. August vor der Melvillebucht ankam, wurde das Schiff im Eisstrom eingeschlossen und etwa 100 Seemeilen von der Strömung mitgerissen, wobei sein knarrendes Spantenwerk dauernd dem ungeheuren Druck der Eismassen ausgesetzt war. In seinem Tagebuch schrieb McClintock: »Jetzt verstehe ich, wie ein Mann in wenigen Stunden graue Haare bekommen kann.«

Er blieb jedoch optimistisch, schrieb seine Gedanken nieder, richtete eine Schule ein, veranstaltete mit seinen Leuten Schlagballspiele auf dem Eis und gab sogar am 5. November ein Feuerwerksfest, zu dem einer von Lady Franklins eingemachten Plumpuddings gegessen wurde. Das Schiff kam am 27. März durch einen Sturm frei, nachdem es 242 Tage im Eis eingeschlossen war – und fast genau dreizehn Jahre nach Franklins Fahrt. McClintock drehte sofort wieder nach Norden und erreichte dieses Mal den Lancastersund. Im August kam er an der Beechey-Insel an, wo ein paar Jahre zuvor Franklins geöffnete Dosen und die Eskimos mit dem Silbergerät gefunden worden waren. Als schließlich der arktische Winter über ihn hereinbrach, entschloß er sich, am Eingang der Bellotstraße abzuwarten; er wollte aber keine Zeit verschwenden, und so ging er trotz einer Temperatur von –20° C daran, das umliegende Gelände zu erforschen.

Am 1. März 1859 tauchte eine Gruppe Eskimos auf, und einer von McClintocks Männern sah einen Knopf der britischen Marine am Mantel eines Eingeborenen glitzern. Als sie mittels Zeichensprache befragt wurden, zeigten die Eskimos allerlei Kram vor, darunter sechs Silberlöffel und -gabeln sowie eine Medaille mit dem Namenszug von Dr. Alexander McDonald, dem assistierenden Schiffsarzt der *Terror*, ferner Teile einer Goldkette, weitere Knöpfe, Messer sowie Pfeile und Bögen, die sie angeblich aus dem Wrack eines Schiffes gefertigt hatten. Sie wußten nichts von Franklin; die Gegenstände hatten sie durch Tausch von anderen Eskimos erhandelt, die ihnen von einem großen Schiff erzählten, das vor der König-William-Insel vom Eis zerdrückt worden wäre. McClintock hatte ein Gefühl, als sei er nahe daran, das vierzehn Jahre alte Rätsel zu lösen, und so plante er eine ausgedehnte Schlittenexpedition. Während er in südöstlicher Richtung zur König-William-Insel aufbrach, um möglicherweise das Schiff zu finden, das die Eskimos erwähnt hatten, oder auch die Eskimos, die als erste im Besitz der fraglichen Gegenstände waren, machte sich Kapitän Allen Young, ein enger Freund Lady Franklins, der freiwillig mitgekommen war, auf den Weg, die Prince-of-Wales-Insel zu erforschen, wo angeblich ein zweites Schiff gesehen worden war. Nach dem Treck über das Eis teilte McClintock seine Mannschaft an der König-William-Insel in zwei Gruppen. Die eine unter der Führung von Leutnant William R. Hobson bewegte sich an der Westküste entlang, die andere unter McClintock hielt sich südwärts. Auf der anderen Seite der Insel wollte man sich wiedertreffen. Für den Fall, daß sich Anhaltspunkte ergaben, sollte das Inland näher untersucht werden. Fast gleichzeitig kam ihnen zu Bewußtsein, daß sie sich auf der richtigen Fährte befanden, und endlich kam Licht in die Sache.

Hobson fand einen Steinhaufen, den offensichtlich die Expedition zurückgelassen hatte. Darin waren eine Decke, zusammengelegte Zelte, ein Sextant und einige guterhaltende Kleidungsstücke. Ein Fundstück war mit den Lettern »FDV 1845« markiert und schien zur Kleidung von Charles F. des Voeux zu gehören, dem Steuermann der *Erebus*. Beim Schaufeln eines Grabens rund um den Steinhaufen stieß man dann auf zerbrochene Flaschen und eine Schiffsflagge. Ein paar Tage später, einige Meilen weiter auf Point Victoria zu, traf Hobson erneut auf einen Steinhaufen, und längs der Steine lag einer von Franklins Flaschenpostzylindern mit einer Nachricht:

28. Mai, die Schiffe Ihrer Majestät *Erebus* und *Terror* überwinterten im Eis bei 70° 5′ nördlicher Breite und 98° 23′ westlicher Länge; den Winter 1846/47 [sicherlich ein Fehler; es müßte heißen 1845/46] verbrachten sie

an der Beechey-Insel bei 74° 42′ 28″ nördlicher Breite und 91° 39′ 15″ westlicher Länge, nachdem sie den Wellingtonkanal bis zum 77. Breitengrad hinaufgefahren und auf der Westseite der Cornwallisinsel zurückgekehrt waren.

Sir John Franklin als Expeditionsleiter.
Alles in Ordnung.
Gruppe bestand aus zwei Offizieren sowie sechs Matrosen und verließ die Schiffe am Montag, dem 24. Mai 1847.

Die Nachricht war gezeichnet: »Gm. Gore, Leut.« und »Chas. F. des Voeux, Steuermann«.

Sie klang mutig und hoffnungsvoll, aber dieser Eindruck verlor sich augenblicklich beim Lesen der kleineren Schrift am Rande des Papiers:

25. April 1848, die Schiffe Ihrer Majestät *Erebus* und *Terror* wurden am 22. April verlassen, 5 Meilen nordnordwestlich von hier, nachdem sie seit dem 12. September 1846 festsaßen. Unter dem Kommando von Kapitän F. R. M. Crozier landeten die Offiziere und Mannschaften, insgesamt 105 Seelen, hier bei 69° 37′ 42″ nördlicher Breite und 98° 41′ westlicher Länge. Sir John Franklin starb am 11. Juni 1847, des weiteren verlor die Expedition bis zu diesem Datum durch Todesfälle neun Offiziere und fünfzehn Mann.

Die Unterschriften lauteten: »F. R. M. Crozier, Kapitän und Erster Offizier, und James Fitzjames, Kapitän der H. M. S. *Erebus*«, und dahinter stand: »Brechen morgen, den 26., zu Backs Fish River auf.«

Es gab noch eine weitere Nachricht auf demselben Papier:

Dieses Schriftstück fand Leutnant Irving unter einem Steinmal, von dem man annahm, Sir James Ross habe es 1831 aufgebaut, 4 Meilen nördlich von hier, wo es der verstorbene Fregattenkapitän Gore im Juni 1847 niedergelegt hatte. Aber es war nicht das von Sir James Ross erbaute Steinmal, und man verlegte das Papier an diesen Ort, der ebenjener ist, an dem Sir James Ross' Steinmal errichtet wurde.

Da war sie endlich – die wirkliche Information! Hobson kehrte zum Schiff zurück und berichtete die Neuigkeiten McClintock, der sofort aufbrach, um die Ostküste der Insel abzusuchen. Dort traf er Eskimos, von denen er weitere Relikte wie Silberlöffel und

-gerät kaufte und erfuhr, daß die Überlebenden sich zum Great Fish River aufgemacht hatten und auf diesem Weg einer nach dem anderen starb. Er suchte mit größter Sorgfalt, fand aber nichts. Als er sich nordwärts wandte, die Westküste entlang, fand er zuerst das Skelett des Maats Harry Peglar von der *Terror*, das im Freien lag, und dann in der Erebus Bay am westlichen Ende der König-William-Insel ein großes Boot, das auf einen Schlitten geladen war. Darin waren zwei menschliche Skelette, das eine von einer schlanken jungen Person, das andere von einem kräftig gebauten Mann mittleren Alters. Die Knochen waren von Tieren zernagt, aber es fanden sich noch viele identifizierbare Gegenstände im Boot, darunter Uhren, Gewehre, Schuhe, Pelze, zwei Doppelflinten mit jeweils einem geladenen, schußbereiten Lauf, Bücher – *The Vicar of Wakefield* (»Der Pfarrer von Wakefield«), eine Bibel, ein Andachtsbuch, in dem geschrieben stand: » Ein Geschenk von G. Back an Graham Gore, Mai 1845« – und ein Notizbuch voller unleserlicher Aufzeichnungen. Des weiteren gab es eine Menge Kleidungsstücke, Stiefel, Taschentücher, Handtücher, Seife, Nägel, Sägen, Feilen, Messer, Patronen und Silbergerät mit dem Wappen Franklins sowie den Namenszügen von Gore, le Vesconte, Fairholme, Couch und Goodsir. Anderes gehörte Crozier, Hornby und Thomas. Dann wurden noch 40 Pfund Schokolade, Tee und Kakao gefunden, aber weder Schiffszwieback noch Fleisch. McClintock kam zu dem Schluß, daß das Boot auf dem Rückweg zu den Schiffen zurückgelassen werden mußte und mit ihm die beiden Männer, die wohl zum Weitergehen zu schwach waren.

Die *Fox* kam am 21. September 1859 mit zwei Kisten voller Fundgegenstände in Portsmouth an. Franklins Schicksal schien jetzt geklärt zu sein, und für Lady Franklin war die Suche damit beendet, obgleich noch immer nicht bekannt war, was Franklin erreicht hatte, sondern nur, was fehlgeschlagen war. Seit langem schon hatte man sich keine falschen Hoffnungen mehr gemacht, doch jetzt war das ganze Ausmaß der Tragödie klar. Die Angehörigen der Vermißten konnten sich nur damit trösten, daß die Männer infolge des Nahrungsmangels und der Kälte so apathisch, benommen und schmerzunempfindlich waren, daß sie ohne Leiden friedlich entschlafen sein mußten.

Darauf schlug die Stimmung um; unter dem Eindruck der Funde kam man nun zu der Ansicht, Franklins Leute seien nicht, wie ur-

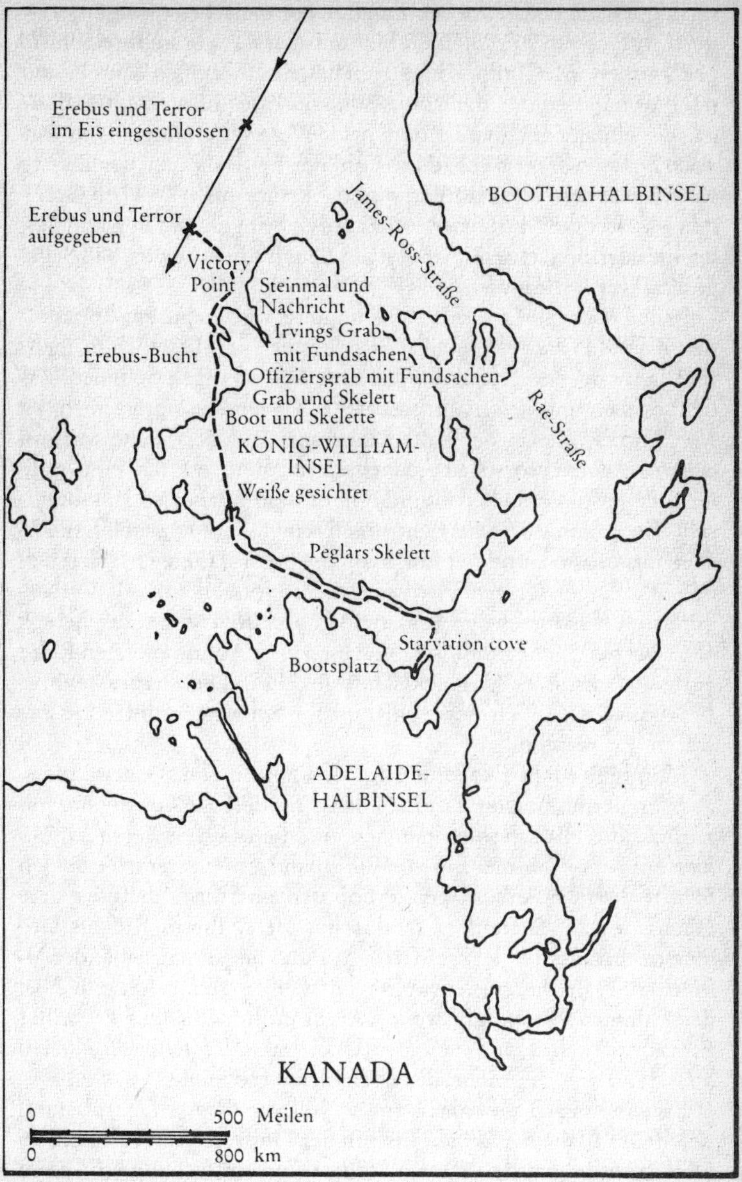
Erebus und Terror
im Eis eingeschlossen
Erebus und Terror
aufgegeben
James-Ross-Straße
BOOTHIAHALBINSEL
Victory
Point
Steinmal und
Nachricht
Irvings Grab
mit Fundsachen
Erebus-Bucht
Offiziersgrab mit Fundsachen
Grab und Skelett
Boot und Skelette
Rae-Straße
KÖNIG-WILLIAM-
INSEL
Weiße gesichtet
Peglars Skelett
Starvation cove
Bootsplatz
ADELAIDE-
HALBINSEL
KANADA
0
500 Meilen
0
800 km

sprünglich allgemein angenommen, Übermenschen gewesen, sondern einfach nur ängstlich und hätten sich zu sehr an ihre Schiffe geklammert. McClintock hingegen hatte mit wenigen Mitteln und noch weniger Leuten die König-William-Insel durchstreift und sogar die einzige gangbare Route nach Westen gefunden. Und was noch besser war, er hatte, da sowohl der Erste als auch der Zweite Maschinist der *Fox* gestorben waren – keiner aus arktischen Gründen –, selbst die Maschinen zum Laufen bringen und in Gang halten müssen, bis das Schiff so weit aus dem Eis heraus war, daß Segel gesetzt werden konnten.

In den 60er Jahren des 19. Jahrhunderts verbrachte ein Amerikaner, Kapitän Charles F. Hall aus Rochester, New Hampshire, mehrere Jahre bei den Eskimos. Hall hatte sich schon als Schmied, Ladenbesitzer und Journalist versucht. Da er im Unterschied zu McClintock, der in der kalten Jahreszeit auf der Suche war, im Sommer nachzuforschen gedachte, rechnete er sich eine gute Chance aus, etwas über Franklin herauszufinden. Die amerikanische Geographical Society entsprach seinem Gesuch, eine Expedition auszurüsten, und mit Hilfe von Spenden stattete er schließlich den Walfänger *George Henry* mit allem Nötigen aus. Als Versorgungsschiff nahm er den Schaufeldampfer *Rescue* mit, der bereits 1850 bei der Suche im Einsatz gewesen war. Auf ihrer ersten Reise hatte die *Rescue* als Unglücksschiff gegolten. Die Sterberate ihrer Besatzung war hoch gewesen, und ihr Schwesterschiff *Advance* war im Eis verschollen.

Man hielt Halls Expedition für den Spleen eines Amerikaners, aber immerhin brachte er eine höchst sonderbare Geschichte mit zurück, die fast schon unheimlich anmutete. Im September 1860 kam er in der Frobisher Bay von Baffinland an. Während die beiden Schiffe dort vor Anker lagen, erhob sich ein Sturm, der die ganze Nacht des 27. September hindurch wütete. Ihrem Ruf als Unglücksschiff getreu lief die *Rescue* auf und begann auseinanderzubrechen. Hall, der gerüchtweise von Weißen gehört hatte, die bei den Eskimos lebten, fuhr weiter. Als er im Juli 1861 zur Frobisher Bay zurückkehrte und nach den Überresten der *Rescue* Ausschau hielt, fand er nichts mehr, nur noch kleine Holzteile.

Es war einige Tage später, am 27. Juli, die *George Henry* befand sich in der Nähe der Whale-Insel in der Hudsonstraße, als Hall an Deck gerufen wurde. In etwa 2 Seemeilen Entfernung schwamm ein beschädigter Schiffsrumpf auf dem Wasser, der sich beim Näherkommen als die *Rescue* herausstellte. Als man merkte, daß die *Rescue* anscheinend einen bestimmten Kurs verfolgte, verwandelte sich die anfängliche Neugier in Furcht, und die abergläubischen Seeleute fingen an, von einer Geistermannschaft zu reden. Hall dachte zunächst, Überlebende von Franklins Expedition wären auf das Wrack gestoßen und hätten es mit Hilfe der Eskimos wieder flottgemacht. Aber es gab keinerlei Lebenszeichen an Bord. Dann, während der Nacht, als die *George Henry* sich ohnehin vom Eis gefährdet sah, zeigte es sich, daß die *Rescue* stetig auf ihre alte Gefährtin zulief. Gelinde Panik kam auf, denn das Wrack schien – einem sonderbaren Befehl gehorchend – die *George Henry* rammen zu wollen. Hall war drauf und dran, sein Schiff aufzugeben, doch im letzten Augenblick glitt die *Rescue* achtern vorbei und verschwand. Noch zwei Tage lang spielten die beiden Schiffe Katz und Maus miteinander, aber Hall suchte trotzdem unverzagt weiterhin die Küste nach den Leuten ab, die er zu finden hoffte. Erst am 5. August verschwand das Wrack der *Rescue* schließlich seewärts.

Außer dieser seltsamen Geschichte brachte Hall noch ein Barometeretui aus Mahagoni, eine silberne Uhr, zwei Löffel mit Croziers Initialen und die Gebeine Leutnant H. T. D. le Vescontes von der *Erebus*, dessen Grab gefunden worden war, mit zurück. Zudem hatte er Informationen über vier Männer erhalten, die das große Unglück überlebt und sich eine Zeitlang bei den Eskimos aufgehalten hatten; einer von ihnen war vermutlich Crozier.

1878/79 förderte ein Offizier der US-Armee, Leutnant F. Schwatka, weitere Relikte zutage. Er leitete eine von der amerikanischen Geographical Society unterstützte Expedition, die das Grab Leutnant Irvings von der *Terror* fand, dessen Gebeine zum Begräbnis nach Schottland überführt wurden. Im Laufe des gegenwärtigen Jahrhunderts sind weitere Skelette, Knochen und Fundstücke entdeckt worden. Aber seit McClintocks Funden von 1859 hat sich das Dunkel um die Katastrophe nicht mehr erhellt. Man fand weder Franklins Grab noch weitere Aufzeichnungen. Doch wie schrecklich die Verhältnisse gewesen sein mußten, das erfuhr im bitteren Winter 1875/76 eine Expedition am eigenen Leibe, als Fregattenkapitän Albert Hastings Markham und seine Leute nicht nur ihre beladenen Schlitten, sondern auch noch zwei Boote über eine endlose Kette aufgetürmter Eisberge ziehen mußten.

Nach der fröhlichen »Alles-in-Ordnung«-Botschaft von Gore zu urteilen, waren jedoch die Bedingungen im Mai 1847 nicht allzu schlecht, und 1866 traf Kapitän Hall einen Eskimo, der erzählte, er habe Franklin in den ersten Monaten desselben Jahres gesehen, lahm und krank, aber noch immer guter Dinge und voller Optimismus. McClintock blieb zeit seines Lebens der festen Überzeugung, daß Franklins Leute oder gar Franklin selbst den Zugang zur Nordwestpassage gefunden hätten, aber die Entdeckung nicht überlebt hätten, um davon zu berichten.

Bei Berücksichtigung aller bekanntgewordenen Fakten und Forschungsergebnisse glaubte man schließlich, den Ablauf der Geschehnisse folgendermaßen rekonstruieren zu können:

Die *Erebus* und *Terror* waren erfolgreich durch die Barrowstraße gelangt, hatten dann jedoch so ungünstige Eisverhältnisse vorgefunden, daß sie in den Wellingtonkanal abbogen und bis zu einer relativ hohen nördlichen Breite von 77 Grad vorstießen. An diesem Punkt fanden sie ihren Weg blockiert und kehrten zur Beechey-Insel zurück. Im zweiten Sommer verließen sie die Beechey-Insel und fanden die Mündung des Franklinkanals, dem sie zwischen der Somerset- und der Prince-of-Wales-Insel bis zum offenen Meer folgten. Hätten sie die Route zwischen der König-William-Insel und der Küste von Boothia eingeschlagen, wären sie vielleicht erfolgreich gewesen, aber da sie in dem Glauben waren, die König-William-Insel sei eine Halbinsel, fuhren sie außen herum ins Spinnennetz der Arktis und wurden am 24. September 1846 nahe der nördlichen Inselspitze vom Eis eingeschlossen. Nach Angabe der Eskimos war der darauffolgende Sommer der kälteste seit Menschengedenken, und es gelang den Schiffen nicht, freizukommen. So verbrachten sie einen dritten Winter, im Eis eingeschlossen. Im Frühling danach sandte Franklin Gore mit einer Mannschaft aus, zwei Steinmale zu suchen, die lebenswichtige Navigationsinformationen bergen sollten, eins von der Hudson Bay Company errichtet, das andere fünfzehn Jahre zuvor von Sir James Ross. Ohne daß beide Parteien eine Ahnung voneinander hatten, kartographierte zur selben Zeit nur 150 Seemeilen weiter Rae den Rest der noch unverzeichneten Ostküste.

Allem Anschein nach kehrte Gore zurück, ohne die Steinmale gefunden zu haben, aber unter Hinterlassung der ersten Nachricht. Er erfuhr, daß Franklin während seiner Abwesenheit am 11. Juni, kurz nach seinem 61. Geburtstag, gestorben war. Man fand keinerlei Aufzeichnungen über die Todesursache. Der Gedenkstein Franklins gibt zu der Vermutung Anlaß, daß sein Leichnam durch ein ins Eis gehacktes Loch der See übergeben wurde, aber nach einer anderen Annahme ist er zwischen Felsen auf der König-William-Insel begraben worden, eingebettet in Zement, der als Fundament für die Dampfmaschinen mitgenommen worden war. Möglicherweise sind die Aufzeichnungen der Expedition mit ihm begraben, und das Grab ist später von Eskimos aufgebrochen worden, so daß Franklins Gebeine und die Dokumente verstreut wurden.

Crozier hatte nun das Kommando übernommen. Als im Juli Tauwetter anbrach, bemerkten er und seine Leute, daß die Schiffe vom Eis etwa 20 Seemeilen südwärts getragen worden waren. Als der nächste Winter kam und sie nahe Victory-Point erneut festsaßen, begannen die Männer zu sterben, nacheinander Gore, acht weitere Offiziere und fünfzehn Matrosen, wahrscheinlich an der Kälte, durch Frostschäden und Erschöpfung. Mittlerweile waren die Schiffe in kläglichem Zustand; jetzt traf Crozier die verhängnisvolle Entscheidung, die einzige Überlebenschance sei die, sie zu verlassen, über das Eis zur König-William-Insel zu marschieren und sie zu durchqueren, bis das Festland erreicht wäre. Dann bestehe die Hoffnung, sich südwärts zum Great Fish River durchzuschlagen, wo Hilfe zu erwarten sei.

Am 22. April 1848 verließen die 105 Überlebenden die Schiffe und begannen, die mit Vorräten beladenen Rettungsboote über das Eis zu ziehen. Sie waren halb verhungert und hatten eine mörderische Strecke von 250 Seemeilen vor sich. Die Überwindung von Schneestürmen und extremen Minustemperaturen zehrte so an ihren Kräften, daß sie in drei Tagen nur 15 Meilen zurückzulegen vermochten. Am Victory-Point fügten sie Gores früherer Nachricht eine zweite Botschaft auf dem Papierrand hinzu, und Crozier, der ein schnelleres Fortkommen für lebenswichtig hielt, ließ nun einige der Boote sowie Vorräte zurück, so daß sie nur noch das Allernötigste bei sich trugen. Am 25. April verließen sie das Steinmal mit der Nachricht: »Brechen morgen, den 26., zu Backs Fish River auf.«

Dann kamen sie an einen Punkt, wo der Treck über ihre Kräfte ging und sie sich entschlossen, zu den Schiffen zurückzukehren und den möglichen Eintritt von Tauwetter abzuwarten. Zu diesem

Zeitpunkt müssen noch über neunzig Mann am Leben gewesen sein. Laut Eskimo-Erzählungen überlebten vier Leute bis 1849, aber was aus ihnen wurde, ist ein Rätsel. Nicht einer der 129 Arktisfahrer kehrte zurück in die Zivilisation.

Sir John Richardson war der Ansicht, durch ihren Gewaltmarsch hätten sie den letzten Abschnitt der Nordwestpassage bezwungen, und Sir Clements Markham meinte, ihr Schicksal sei doppelt tragisch durch die Tatsache, daß eine Rettung durchaus möglich gewesen wäre. Als 1846 noch keine Neuigkeiten zu hören waren, hätten seiner Meinung nach schleunigst Schritte unternommen werden müssen. Aber das Marineministerium hatte sich nicht gerührt. Selbst 1848 hätte Sir John Richardson noch einige wenige retten können, wenn man ihm erlaubt hätte, das Fish-River-Gebiet abzusuchen.

Daß die Admiralität zu dem Schluß gekommen war, Franklin könnte nicht südwärts gegangen sein, erwies sich als gravierender Irrtum. Die Tragödie hätte gar nicht ihren Lauf zu nehmen brauchen, da Dr. King 1847 in seinen Briefen sogar die Stelle bezeichnet hatte, an der die Schiffe eingeschlossen waren. Ihr Schicksal hätte gut von der *Prince Albert* auf ihrer zweiten Reise aufgedeckt werden können, wenn der Kapitän damals seinen Anweisungen gefolgt wäre. Und Dr. Rae hätte 1854 vielleicht sogar die im Eis eingeschlossenen Schiffe gesehen, hätte er die 50 Seemeilen der Victoriastraße überquert.

Erst 1904 fand der Norweger Roald Amundsen bei Befahrung der von McClure entdeckten Route heraus, daß es tatsächlich eine Passage zum Westen gab. Die großen Hoffnungen, die man darauf gesetzt hatte, erfüllten sich indes nicht, da sie sich als zu schwierig erwies, und 1920 machte der Panamakanal eine Nordroute zum Pazifik überflüssig.

Auch nachdem man Franklins Schicksal, soweit es nachträglich möglich war, aufgeklärt hatte, nahm die Polarforschung kein Ende und brachte neue Tragödien. Im Juli 1879 unternahm Leutnant George Washington De Long von der US-Marine eine Fahrt von San Franzisko zum Pol; sein Schiff wurde eingeschlossen, und von 32 Mann überlebten nur zwei, die nach Hilfe ausgesandt worden waren. 1881 machte sich wieder eine amerikanische Expedition auf den Weg, diesmal unter der Leitung von US-Marineleutnant Adolphus W. Greely. 26 Männer landeten hoch oben auf der Ellesmere-

Insel und trugen eine ungeheure Menge Daten zusammen; aber das hilfebringende Schiff, das 1882 bei ihnen ankommen sollte, erschien nicht, und ein weiterer Rettungsversuch im Jahre 1883 schlug fehl. Als schließlich 1884 die Rettung durch Kapitän W. S. Schley nahte, waren nur noch sechs Überlebende übrig.

Auch im 20. Jahrhundert wurden die Akten über den Fall Franklin noch nicht geschlossen. Auf der Suche nach dem verschollenen italienischen Luftschiff *Italia*, das 1928 auf dem Polareis zerschellte, wurden menschliche Gebeine sowie Gebrauchsgegenstände gefunden, die nichts mit Luftschiffen zu tun hatten, sondern zu hölzernen Segelschiffen gehörten. Es ergab sich, daß sie von Überlebenden der Franklin-Expedition stammten. Die Funde ließen Mord und Kannibalismus vermuten, denn mehrere Schädel wiesen saubere Einschußlöcher auf. Selbst heutzutage noch erwarten die Kanadier und Amerikaner, die nördlich der Hudson Bay die militärischen Frühwarnradaranlagen, eine der tragenden Säulen im nordamerikanischen Luftabwehrsystem, überwachen, eines Tages auf Franklins sterbliche Reste zu stoßen.

1978 rollte Roderic Owen, ein Nachkomme Franklins, die ganze traurige Geschichte der Franklin-Expedition noch einmal auf. Aber auch er konnte nur so viel mit Sicherheit feststellen, daß, nachdem die Schiffe im Eis eingeschlossen waren, alle Aktivitäten ihrer Besatzungen einzig und allein ein Kampf ums Überleben waren. 1976 war Owen selbst nach Alaska gefahren, um eine Gedenktafel zur 150. Wiederkehr von Franklins Entdeckung der Prudhoe Bay zu enthüllen, die heute das größte Ölreservoir Nordamerikas ist. Vor dem Frühstück reiste er von England ab, und da sein Flug über den Pol ging, kam er unter Ausnutzung der internationalen Zeitzonendifferenz zur Kaffeezeit in Anchorage an, flog dann nach Prudhoe und vollendete, obwohl er der Karte von Franklins Expedition folgte, in weniger als einem Tag die Reise, zu der Franklin 1826 anderthalb Jahre gebraucht hatte.

Und der Verbleib der Schiffe? Darüber gehen die Meinungen auseinander. Nachdem sie verlassen worden waren, müssen sie mit dem Eis die Victoriastraße hinuntergetrieben sein. Eskimos erzählten McClintock, eines der Schiffe wäre irgendwo westlich der König-William-Insel gesunken. Spätere Entdeckungen ließen vermuten, daß es durch die Simpsonstraße zur Ostseite gelangt und dort gesunken war. Das andere Schiff trieb die Victoriastraße hinab und dann Richtung Simpsonstraße, wo es 1849 angeblich von Eskimos gefunden wurde, genau in der Mündung des letzten Verbindungsstücks der Nordwestpassage. Ob man auf die Eskimo-Berichte bauen kann, ist jedoch zweifelhaft. Ihrer Beschreibung nach trug das Schiff fünf Boote, war mit Sturmsegeln überdacht und hatte eine Landungsbrücke, die zum Eis führte. Außerdem war es ihren Angaben zufolge den vorangegangenen Winter über bewohnt gewesen; man habe zwar keine lebende Seele an Bord angetroffen, aber die gefrorene Leiche eines einzelnen Weißen entdeckt. Später sei das Schiff gesunken, bis nur noch die Marsstengen sichtbar waren. Nahebei auf dem Land wurden Fußabdrücke gefunden, die wahrscheinlich von den letzten Überlebenden der Expedition stammten, deren einer noch auf dem Schiff gestorben war. Konteradmiral Noël Wright, der mit unermüdlichem Eifer Nachforschungen über Franklins Verbleib anstellte, meinte allerdings, die gefundene Leiche könne der Beschreibung nach sehr gut eine Galionsfigur gewesen sein, die aufgrund der Verständigungsschwierigkeiten mit den Eskimos menschliche Züge angenommen habe.

Zu Beginn des 20. Jahrhunderts kam wieder eine wunderliche Geschichte auf, die besagte, ein Indianer aus der Suchmannschaft von Generalvertreter James Anderson hätte 1855 die Masten gesichtet; da er jedoch geglaubt habe, daß der Versuch, näher an das Schiff heranzukommen, zu dem sie gehörten, gefährlich sei und die Heimkehr der Expedition verzögern würde, habe er keine Meldung gemacht, so daß Anderson keine Ahnung davon hatte. Ein anderer Eskimo-Bericht späteren Datums lautete, in der James-Ross-Straße sei unter Wasser ein Schiff zu sehen, das sehr wohl dasselbe gewesen sein könne. Leider wußten die Eskimos, daß die Suchtrupps etwas über die verschollenen Schiffe hören wollten und ließen nur allzugern ihrer Phantasie freien Lauf. Außerdem war ihr Begriff von Zeit so verschwommen, daß keine genauen Daten festgestellt werden konnten, und ihre Berichte waren immer recht verworren.

Die Beschreibung des Sturmsegeldaches über dem Schiff konnte immerhin zutreffen, denn es war üblich, auf diese Weise die Decks schnee- und eisfrei zu halten und zusätzlich Wärme und Schutz zu gewinnen. Aber daß von fünf vorhandenen Booten die Rede war, erscheint unglaubwürdig, da mehrere Boote oder Bootsteile inzwischen gefunden waren und folglich ein paar hätten fehlen müssen.

Es wäre jedoch ein leichtes für einen Eskimo, die zur Identifizierung eines Schiffes gestellte Frage, ob fünf Boote an Bord waren, mit Nicken und einem Lächeln zu bejahen.

Was die Schiffe angeht, die von der *Renovation* aus auf einem Eisberg gesehen wurden, so paßt ihre Beschreibung sehr gut auf die *Erebus* und *Terror* – schwarze Rümpfe, weiße Masten, die Tatsache, daß sie wie Schwesterschiffe wirkten und daß eins größer war als das andere. Sie waren anscheinend sorgfältig abgetakelt und abgewrackt worden, was in einer solchen Lage, in der Männer möglichst alles ihrer Sicherheit Dienliche noch zu retten versuchen, durchaus plausibel klingt. Während diese Schiffe durchaus Ähnlichkeit mit der *Erebus* und *Terror* hatten, läßt sich unmöglich feststellen, ob es sich bei den beiden vollgeschlagenen Wracks, die im gleichen Monat von dem deutschen Schiff *Doktor Kneipp* aus gesichtet wurden, um dieselben Schiffe handelte.

Laut Konteradmiral Wright besteht kaum ein Zweifel, daß es die Schiffe *Erebus* und *Terror* waren, denn obgleich noch andere Schiffe auf der Suche nach Franklin verlorengingen, gab es doch nie den Fall, daß zwei gleichzeitig verschollen blieben. Die Schiffe auf dem Eisberg sahen mit Gewißheit nicht wie Walfänger aus, und es hatte im fraglichen Zeitraum auch keine Verluste gegeben, die nicht eine Erklärung gefunden hätten.

Wie aber haben sie die Barrowstraße erreicht, da sie das Eis normalerweise in die entgegengesetzte Richtung hätte tragen müssen? Es ist nur denkbar, daß gelegentlich Eis aus dem McClintock-Kanal eine Gegendrift verursacht. Die Schiffe könnten in der Barrow- und Davisstraße angelangt und von dort zum Atlantik getrieben sein, denn die östliche Strömung riß auch andere Schiffe mit sich: die H. M. S. *Enterprise*, die H. M. S. *Investigator* (1854 aufgegeben und 1910 nahezu unversehrt gefunden), zwei amerikanisch ausgerüstete Schiffe und Belchers aufgegebene *Resolute*, die in vier aufeinanderfolgenden Jahren in arktischen Gewässern gemeldet wurde, bis sie schließlich ohne Hilfe vom Eis freikam und 1907 wieder auftauchte – *vor Kap Hoorn*! Das von den Eskimos aufgefundene Schiff könnte gut ein anderes von Belchers unseliger Flotte gewesen sein, aber genausogut kann es sich bei den Schiffen auf dem Eisberg um fremde Schiffe gehandelt haben, über die keine Berichte vorlagen. Wie man es auch dreht, die Anhaltspunkte sind zu dürftig, als daß man sich eine Meinung bilden könnte.

Frank Worsley, der mit Sir Ernest Shackleton die 800-Meilen-Fahrt im offenen Boot machte, mit der sich seine Expedition 1915 in Sicherheit brachte, nachdem ihr Schiff, die *Endurance*, vom Eis der Antarktis zerstört worden war, berichtete, wie sie nach dem Landen in Südgeorgien zwischen Kap Hoorn und der Antarktis in einen merkwürdigen Schiffsfriedhof gerieten. Er beschrieb einen Haufen Strandholz, der einen halben Morgen Fläche einnahm und zwischen 4 und 8 Fuß hoch war: »... Untermasten, Bramstengen, eine große Rahe, Schiffshölzer, Gerippe tapferer Schiffe und Gebeine tapferer Männer. Das meiste davon war 1000 Seemeilen von Kap Hoorn herangetrieben, manches auch 2000 Meilen und mehr.«

Von der steifen westlichen Brise auf die wilde Küste Südgeorgiens zugetrieben, hatte die östliche Strömung, der wunderlichen Laune von Strudeln gehorchend, alles das auf diesen einen Landstrich geworfen. In größtem Wirrwarr lagen da schön geschnitzte Galionsfiguren, fein gedrechselte Teakholzpfosten mit Messingkappen, Handläufe mit runden Plattings und Türkenbundknoten, Kajütentüren, zerbrochene Decksfenster, Teakholzluken, die Sokkel von Kompaßhäusern, Bootsschlitten, Grätings, Kopfbretter, Riemen und Pulverfässer. Nichts, sagte Worsley, war identifizierbar, da die Witterung die Farben ausgebleicht und die Namen ausgelöscht hatte, aber alles war von Schiffen, die als spurlos verschwunden gelistet gewesen sein müssen. Könnte es sein, daß die Gerippe von *Erebus* und *Terror* dabeilagen? Wenn die in der Arktis verlorengegangene *Resolute* nahe Kap Hoorn auftauchen konnte, war das bei *Erebus* und *Terror* sicherlich auch denkbar.

Oder sollten sie noch immer in der Arktis sein? Anfang 1979 kam die Nachricht, daß die 2 Millionen Quadratmeilen des arktischen Eismeeres, die jahrhundertelang dem Versuch des Menschen, eine einigermaßen bequeme Nordwestpassage zu schaffen, getrotzt hatten, endlich schiffbar würden. Ein atomgetriebener Eisbrecher soll gebaut werden, weniger um eine Passage nach Westen zu öffnen, als vielmehr um die riesigen natürlichen Öl- und Gaslager jener Gegend zu erschließen. Mit dieser Neuigkeit ging auch die Meldung einher, daß eine kanadische Expedition das Wrack der H. M. S. *Breadalbane* gefunden hätte, eines der Schiffe, die 1853 bei der Suche nach Franklin im Einsatz waren. 125 Jahre nachdem es aufgegeben worden war, fand es sich wohlbehalten im Eis nahe der

Beechey-Insel. Nach Angaben der Expedition beträgt die Wassertemperatur in diesem Gebiet gleichbleibend etwa $-1{,}5\,^{\circ}C$, und man hegt die Erwartung, weitere Fundstücke zu entdecken.

Sind *Erebus* und *Terror* immer noch dort und hüten ihre Geheimnisse, im Eis verborgen, mit den leeren vereisten Weiten verschmolzen und jetzt, nach eineinviertel Jahrhunderten, ganz außer Sicht?

2. Mary Celeste († 1872)

Ein Rätsel mit sieben Siegeln

Das Geheimnis um die *Mary Celeste* ist das klassische Rätsel der See. Durch seine Berühmtheit und seine lebendige Gegenwart stellt es alle anderen Geheimnisse, frühere und spätere, in den Schatten. Denn welches andere Schiff ist wie sie in die Geschichte der Seefahrt und der Literatur eingegangen?

Die *Mary Celeste* war eine Brigg oder vielmehr eine Zwitterbrigg, oft Schonerbrigg genannt. Sie war karweelgebaut (d. h., ihre Planken waren glatt verdielt, statt sich zu überlappen) und als Brigantine aufgetakelt, hatte also zwei Masten, den vollgetakelten Fockmast und den längsschiff getakelten Großmast. Sie besaß einen Schnabelkopf – eine geschnitzte Schnörkelverzierung unter dem Bugspriet – und ein Plattheck. Sie war das Erstlingswerk einer Gruppe von Pionieren und wurde 1860 auf Spencer's Island in Neuschottland gebaut, 99,3 Fuß lang, mit einem Fassungsvermögen von 198,42 Bruttoregistertonnen. 1861 lief sie unter ihrem ursprünglichen Namen *Amazon*, mit dem sie in Parrsboro eingetragen war, vom Stapel. Auf der Jungfernfahrt wurde ihr Kapitän, Robert McLellan, krank und starb wenige Tage vor der Ankunft zu Hause. Das war schon ein schlechtes Omen.

Die nächsten sechs Jahre fuhr sie zwischen nordamerikanischen Häfen, England, den Westindischen Inseln und dem Mittelmeer hin und her, bis sie 1867 bei Sturm in der Cow Bay am Kap Breton auflief, wo sie Kohlen für New York laden sollte. Danach wechselte sie mehrmals den Besitzer und ging schließlich 1868 unter dem neuen Namen *Mary Celeste* in das amerikanische Schiffsregister über. 1872, kurz vor ihrer letzten Reise, wurde sie Eigentum eines Konsortiums, dem James H. Winchester, Sylvester Goodwin, Daniel T. Sampson und Benjamin Spooner Briggs aus Marion, Maine, angehörten. Diese Männer nahmen sie bis aufs blanke Kupfer auseinander, was 10 000 Dollar kostete, verlängerten sie auf 103 Fuß und vergrößerten sie auf 282,28 Bruttoregistertonnen. Jetzt war sie ein Doppeldecker, und damit sie sich leichter manövrieren ließ, wurde ihr Marssegel in Ober- und Untermarssegel geteilt.

Benjamin Spooner Briggs, ihr neuer Kapitän, wurde 1835 in Wareham, Massachusetts, als zweiter von fünf Söhnen des Kapitäns Nathan Briggs geboren. Alle Briggs-Söhne, außer einem, fuhren zur See. Der alte Briggs war ein gütiger Vater und hatte eine poetisch-philosophische Ader, aber an Bord war er ein Spartaner, der aufpaßte, daß seinen Söhnen keinerlei Vergünstigung zuteil wurde. Auf strenge Disziplin bedacht, litt er keinen Grog auf seinem Schiff, eine Regel, die auch seine Söhne beherzigten. An Bord wurde von den Söhnen die gleiche Arbeit wie von der Mannschaft erwartet, sie mußten Dienst am Ruder tun, Wache gehen, Segel zusammenrollen und im Notfall als erste oben in der Takelage sein. Außerdem mußten sie regelmäßig lernen und ihrem Vater aufsagen, was sie über Navigation, Geographie und Literatur wußten. Drei der vier seefahrenden Söhne wurden schon in jungen Jahren Kapitän.

In der Briggs-Familie war man einander zugetan und hielt zusammen, und doch war die Familie vom Unglück verfolgt. Ein Sohn, Oliver, ging mit seinem Schiff verloren; eine Tochter, Maria, ertrank bei einem Schiffbruch; ein weiterer Sohn, Henry, starb auf See an Gelbfieber; Nathan Briggs selbst wurde auf der Schwelle seines Hauses vom Blitz erschlagen. Und Benjamin sollte die Hauptrolle im berühmtesten Mysterium der See spielen.

Er war ein ruhiger Mensch, der sich gern zurückzog, regelmäßig die Bibel las und sich zu den Freimaurern bekannte, deren Orden er in Gibraltar beigetreten war. 1862 heiratete er im Alter von 27 Jahren eine zwanzigjährige Cousine, seine Jugendliebe Sara Elizabeth Cobb, eine Pastorentochter. Als er im Herbst 1872 das Kommando der *Mary Celeste* übernahm, war er 37 und hatte schon den Schoner *Forest King* (auf dem er und seine Frau ihre Hochzeitsreise ins Mittelmeer machten), die Bark *Arthur* und die Brigg *Sea Foam* geführt. Er stand als Kapitän in hohem Ansehen, und als robuster, gottesfürchtiger Sohn Neuenglands brachte er die besten Voraussetzungen für Seemannskunst und -können mit.

Entgegen späteren Darstellungen scheint die Besatzung der *Mary Celeste* etwa vom gleichen Schlag gewesen zu sein wie ihr Kapitän, und auch die Mutmaßungen von der »bösen Dreizehn« treffen nicht zu, da in Wahrheit nur zehn Leute an Bord waren, Briggs eingeschlossen.

Der Erste Steuermann, Albert G. Richardson aus Stockton Springs, Maine, war 28 Jahre alt und hatte während des ganzen Bürgerkriegs als Soldat in der Armee der Nordstaaten gedient. Er besaß einen hervorragenden Leumund und war schon früher mit Briggs gefahren. Briggs schätzte sich glücklich, ihn gewonnen zu haben. Der Zweite Steuermann, Andrew Gilling, kam aus New York, war dänischer Abstammung und 25 Jahre alt. Proviantmeister und Koch war Edward William Head aus Williamsburg, 23 Jahre alt und jung verheiratet. Die anderen vier Besatzungsmitglieder, alle Deutsche von den Inseln Föhr und Amrum in Nordfriesland, waren Volkert und Boy Lorenzen, Arian Martens oder Harbens und Gottlieb Goodschaad oder Goodschall. In ihren Heimatdörfern waren sie durchweg als friedfertige Menschen und erstklassige Seeleute bekannt, und alle waren sie jung. Briggs war immerhin so beeindruckt, daß er kurz vor der Abfahrt an seine Mutter schrieb, sie hätten einen guten Steuermann und Proviantmeister, das Schiff sei in »Hochform« und sie hofften auf eine glückliche Reise.

Das Schiff war gut bemannt, geht man nach den Richtlinien, die der einige Jahre später in England stattfindende Seefahrtkongreß aufstellte, denen zufolge ein 200-Tonnen-Schiff eine siebenköpfige und ein 300-Tonnen-Schiff eine neunköpfige Mannschaft haben sollte. Und da Briggs seine Frau und die zweijährige Tochter Sophia Matilda mitnahm, ist anzunehmen, daß er seine Leute besonders sorgfältig aussuchte. Sein siebenjähriger Sohn Arthur blieb wegen des Schulunterrichts in der Obhut von Kapitän Winchester, einem der Miteigner des Schiffes, zurück.

Kapitän Briggs verließ sein Heim ungefähr am 19. Oktober; seine Frau und die kleine Tochter stießen am 27. in New York zu ihm. Das Schiff war am darauffolgenden Wochenende, am 2. November, fertig geladen. Briggs war sehr zufrieden mit seinem Schiff, aber er hatte keine Ahnung, wie es sich auf der Fahrt verhalten würde, da er es noch nicht näher kannte.

Am Montag, dem 4. November, unterzeichnete er im Kommissariat des Seemannsamtes der Vereinigten Staaten die Heuerverträge und die Besatzungsliste. Am selben Tag schloß die Atlantic Mutual Insurance Company, eine der fünf in den Fall verwickelten

Versicherungsgesellschaften, eine Frachtversicherung über 3400 Dollar auf die Ladung der *Mary Celeste* ab. Vier andere Gesellschaften trugen die Lasten der Kaskoversicherung in der Gesamthöhe von 14 000 Dollar.

Das Schiff legte am Dienstag, dem 5. November, von seinem Liegeplatz an Pier 44 des East River ab, ging aber etwa 1 Seemeile vor der Stadt wegen ungünstiger Witterung erneut vor Anker. In der Wartezeit schrieb Mrs. Briggs an ihre Schwiegermutter, ihr Mann halte die Mannschaft »diesmal rundum für recht friedfertig«. Sie hatte ihre Nähmaschine und ihr Harmonium (eine kleine Orgel mit Fußpedalen) dabei, ferner Notenbücher. Sowohl sie als auch ihr Mann sahen der Reise wohlgemut entgegen, und ihre gehobene Stimmung äußerte sich in Gesangsstunden am Harmonium. Die Fahrt versprach sehr einträglich zu werden, denn die *Mary Celeste* war schon für die Rückfahrt von Italien nach New York gechartert worden.

Das Schiff stach bei leichtem, günstigem Wind am 7. November 1872 in See. Seine eingetragene Ladung bestand aus 1700 Fässern Rohalkohol der Firma Meissner, Ackermann & Co. in New York, der als Weinverstärkung für H. Mascarenhas & Co. in Genua bestimmt war. Die Fässer waren in drei bis vier Lagen verstaut; ihr Wert wurde mit 37 000 Dollar veranschlagt.

Soweit die Tatsachen. Doch selbst sie sind inzwischen entstellt durch all die Vermutungen, die im Lauf der Jahre, in denen die *Mary Celeste* das große Geheimnis der See wurde, angestellt wurden.

Das Geheimnis begann damit, daß die *Mary Celeste* im Mittelatlantik gesehen wurde, verlassen, aber unbeschädigt, unter allen Segeln und mit vollkommen intaktem Tauwerk und Spieren. Es fanden sich angeblich alle Anzeichen friedvoller Beschäftigung, Arbeit in Mrs. Briggs' Nähmaschine, eine schlafende Katze, eine warme Mahlzeit auf dem Kajütentisch mit drei Tassen noch warmem Tee, ein Teller Porridge und ein gekochtes Ei mit abgeschlagener Spitze. Einem anderen Bericht zufolge befand sich in der Nähe von Mrs. Briggs' Platz eine entkorkte Flasche Hustenmedizin, von deren Inhalt nichts verschüttet war, und in der Kombüse stand der Kochtopf auf dem warmen Herd. Auf dem Tisch lagen ein Kinderlätzchen, ein paar Notenblätter für Kirchenmusik und Bücher. Wieder einer anderen Darstellung nach hing die Uhr des Kapitäns noch tickend an einem Nagel, und auf seinem Tisch standen die Reste eines halb verzehrten Mahls und waren so frisch, als kämen sie eben aus der Kombüse. Weiter hieß es, daß in der warmen Kombüse Seemannskleidung zum Trocknen aufgehängt war und daß die Boote unangetastet unter den Davits lagen. Auf jeden Fall war die gesamte Schiffsbesatzung verschwunden. Ein Jahrhundert später wird die Geschichte meist so oder ähnlich erzählt.

Die Wahrheit war ein wenig anders.

Am 14. Dezember, fünf Wochen nach der Abfahrt der *Mary Celeste*, empfing der Eigneragent eine Kabelnachricht aus Gibraltar, derzufolge etwas sehr Seltsames geschehen war: »MARY CELESTE SEETÜCHTIG AUFGEFUNDEN UND HIERHERGEBRACHT DER ADMIRALITÄT ÜBERGEBEN BITTE UM MITTEILUNG AN DIE BETEILIGTEN UND TELEGRAPHISCHES BERGUNGSGELDANGEBOT.« Am gleichen Tag, an dem diese Nachricht übermittelt wurde, telegrafierte der amerikanische Konsul in Gibraltar, Horatio J. Sprague, an die Seeversicherungsgesellschaft in New York: »VERLASSENE MARY CELESTE HIER EINGETROFFEN WICHTIG SCHICKT BEVOLLMÄCHTIGTEN DER SIE VOM ADMIRALITÄTSGERICHTSHOF REKLAMIERT.« Sprague informierte auch Mr. O. M. Spencer, den amerikanischen Konsul in Genua, dem Bestimmungshafen der *Mary Celeste*.

Die erste Nachricht hatte David Reed Morehouse gekabelt, der Kapitän der Bark *Dei Gratia* aus Neuschottland, die von New York nach Gibraltar unterwegs war und Petroleum geladen hatte. Die wenigen Worte bargen ein Geheimnis, das über ein Jahrhundert lang Rätsel aufgeben sollte.

Am 4. Dezember (nach Seezeit war es schon der 5. Dezember) befand sich die *Dei Gratia* bei 38° 20′ nördlicher Breite und 17° 15′ westlicher Länge 600 Seemeilen vom Land entfernt auf Kurs Südost zu Ost. An Bord waren insgesamt acht Leute. Morehouse, der Kapitän, war am frühen Nachmittag an Deck, als der Ausguck ein fremdes Segel in etwa 4 bis 6 Seemeilen Entfernung backbord voraus meldete. Das Schiff war nur spärlich unter Segeln, und der Zustand der Segel erregte Aufmerksamkeit.

Kapitän Morehouse ließ den Steuermann Oliver Deveau, einen Kanadier, kommen. Beide zusammen betrachteten nun das fremde Schiff durch ihre Gläser. Es machte etwa 2½ Knoten Fahrt Richtung Nordwest zu Nord auf sie zu und sah aus, als sei es in Seenot, obgleich keine Signalflagge flatterte. Eifrig darauf bedacht, Hilfe zu leisten, ging Kapitän Morehouse hart an den Wind, und als er näher herankam, rief er es an. Keine Antwort. Das fremde Schiff gierte und hatte nur einen Klüver und ein Focksegel gesetzt, eine merkwürdige Angelegenheit, denn obwohl das Wetter stürmisch gewesen war und die Wogen noch hochgingen, hätte man doch an diesem schönen Nachmittag mit seiner leichten nördlichen Brise leicht alle Segel setzen können. Die Fock und das obere Marssegel waren fortgeblasen, das untere Vormarssegel hing nur noch an ein paar Zipfeln, und das Großstagsegel war eingeholt worden und lag lose auf dem vorderen Ruderhaus über dem Kombüsenkamin. Alle übrigen Segel waren aufgerollt. Während das stehende Gut in Ordnung zu sein schien, war einiges vom laufenden abhanden gekommen.

Morehouse entschloß sich zu einer Untersuchung und setzte ein Boot aus; Deveau ruderte mit dem Zweiten Steuermann John Wright und dem Matrosen John Johnson zu dem seltsamen Schiff hinüber. Als sie näher herankamen, lasen sie seinen Namen: *Mary Celeste.* Deveau und Wright ließen Johnson im Boot, das längsseits lag, zurück, kletterten an Bord und riefen, aber es blieb alles still, das Schiff schien ganz von selbst zu segeln. Ein Hauch von Verlassenheit und Trostlosigkeit lag in der Luft, und es war ganz still, bis auf das rhythmische Knarren des Takelwerks, das gespenstische Klappern lockerer Hölzer und das Poltern und Rollen einer unbefestigten Tonne im Einklang mit der Schiffsbewegung.

Deveau und Wright fragten sich, ob die gesamte Besatzung wohl an Gelbfieber oder Cholera gestorben war, damals nichts Ungewöhnliches, und durchsuchten das Schiff gründlich, fanden jedoch niemanden an Bord. Der Deckel der vorderen Luke und der des Steward-Stores waren weg. Der Kompaßstand, ein hölzerner Sokkel, war von seinem Platz gerutscht und beschädigt, der Kompaß selbst zerstört. Das Ruder war nicht festgezurrt, aber unversehrt, während das vordere Deckshaus unter Wasser stand; auch im Zwischendeck war ziemlich viel Wasser. Das Schiff trug keine Boote, wenn auch aus der Lage zweier Fender hervorging, daß ein Boot auf dem Hauptlukendeckel gelegen hatte. Achtern befanden sich Davits für ein weiteres Boot, aber mit Sicherheit war dort keins gewesen, denn die Davits waren an einer Spiere festgezurrt. Nur eine hochgeklappte Reling zeigte an, wie das eine Boot ins Wasser ge-

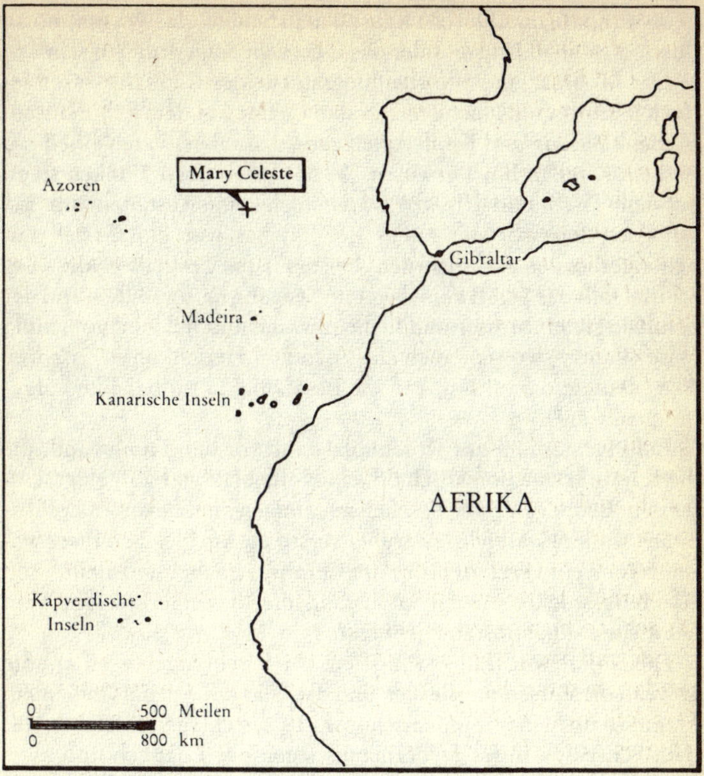

lassen worden war. Chronometer, Sextant und Navigationsbuch, das Schiffsregister und alle anderen Papiere des Kapitäns fehlten.

Als Deveau zur Kajüte hinunterstieg, fand er alles durchnäßt, als ob Wasser hineingeflutet wäre. Die Deckskajüte aus Kiefernholz, die oben etwas über das Deck hinausragte, hatte sechs Fenster, die alle mit Segeltuch und Brettern verkeilt waren, nur das Oberlicht war offen und aufgeklappt. Die Kojen in den Kajüten des Ersten wie auch des Zweiten Steuermanns waren allem Anschein nach benutzt worden; das Kajütenbett des Kapitäns war breit genug für seine Frau und sein Kind. Es war nicht gemacht und erweckte den Eindruck, als habe ein Kind dort gelegen. Das herumliegende Bettzeug war naß, und Deveau kam zu dem Schluß, das Wasser müsse durch die nahen Fenster oder das Oberlicht eingedrungen sein.

Das Mobiliar und alle Kleidungsstücke des Kapitäns waren jedoch in Ordnung. Nach einer Nähmaschine auf dem Schreibtisch, Frauenkleidung und Kinderspielzeug zu urteilen, waren eine Frau und ein Kind an Bord gewesen. Weder Essen noch Trinken stand auf dem Tisch, und offenbar waren auch keine Anstalten zum Essen getroffen worden. Längs des Tisches war ein Gestell mit Schlingerborden – hölzernen Leisten zum Festhalten des Geschirrs, falls das Schiff bei schwerem Seegang heftig rollte – und der Schiffslogtafel. Messer und Gabeln waren anscheinend vollzählig in der Pantry, wo sich auch ein Vorrat an Fleischkonserven fand. Alles deutete darauf hin, daß die Besatzung in großer Eile aufgebrochen war.

Ein Harmonium aus Rosenholz stand vor der Trennwand, die die Kajüte vom Salon abschloß, ein Notenblatt war aufgelegt. Unter dem Bett lagen zwei Taschen mit einigen der Seekarten des Kapitäns, andere waren lose darüber verstreut. Am gleichen Platz waren ferner ein verzierter entermesserartiger Säbel und Beutel mit Kleidungsstücken. An der Salonwand hing die zeigerlose Uhr, vom Seewasser zum Stillstand gebracht.

Die Kajüte war fest verschlossen. Um hineinzugelangen, mußte Deveau die Persenningsleisten und das Glas des Fensters mit einem Hammer aus einer Zimmermannskiste zerschlagen. Drinnen auf dem Schreibtisch des Steuermanns lagen das Logbuch und zwei Seekarten; in eine davon war die Schiffsroute bis zum 24. November eingetragen. Außerdem fanden sich noch ein paar Briefe und das Notiz buch des Steuermanns mit den Abrechnungen der verstauten Alkoholfässer, und auf der Logtafel war ein Eintrag vom 25. November um 8 Uhr morgens, aus dem hervorging, daß sie die Azoreninsel Santa Maria passiert hatten und Kurs Ostsüdost steuerten.

Das vordere Deckshaus war offen, und darin stand das Wasser fußhoch. Die hölzerne Schiebelukabdeckung im Dach der Kombüse, die eine Ecke des vorderen Deckshauses einnahm, fehlte, und die Fenster waren geschlossen, aber alles war ordentlich und sauber. Es fanden sich keine gekochten Speisen, nur ein Faß mit Mehl, von dem ein Drittel verbraucht war. Auf einer Leine hing Wäsche.

Unter der Back waren vier Kojen, und auch hier war das Bettzeug feucht und sah aus, »als sei es nicht benutzt worden«. Deveau fiel auf, daß nur drei Seekisten vorhanden waren, aber er wußte, daß Seeleute sie sich manchmal teilten. Die Männer hatten sämtliche persönlichen Habseligkeiten zurückgelassen – Ölzeug, Stiefel, Rasiermesser, sogar ihre Pfeifen –, als ob sie es sehr eilig gehabt hätten, denn ein Seemann nimmt normalerweise solche Dinge mit, insbesondere seine Pfeife. Es gab nicht die Spur einer Nachricht, aus der zu ersehen gewesen wäre, was geschehen war.

Die Fässer im Laderaum trugen die Bezeichnung »Alkohol«, sie waren offensichtlich in gutem Zustand und ordentlich verstaut. Sie hatten sich nicht bewegt und waren unbeschädigt. Mehr Schnaps fand Deveau nicht auf dem Schiff. Es gab keine Anzeichen für Feuerschaden, weder Rauchgeruch noch verkohlte Stellen, und nichts deutete darauf hin, daß das Schiff Schlagseite hatte. Sein Rumpf sah »wie neu« aus. Die aufgenommenen Vorräte reichten für sechs Monate, und die Behältnisse waren alle am richtigen Platz, was sicher nicht der Fall gewesen wäre, wenn das Schiff gekentert wäre. Die Trinkwasserbehälter waren an Deck, aber ihre Klampen waren anscheinend von einer Sturzsee getroffen und verrutscht.

Die *Dei Gratia* hatte die Hauptinseln der Azoren im Norden passiert, die *Mary Celeste* schien jedoch südlich vorübergesegelt zu sein; Deveau schätzte ihre gegenwärtige Position auf 600 Seemeilen abweichend von der letzten in der Karte verzeichneten Position. Mit den Segeln, die sie gesetzt hatte, konnte sie vor dem Wind gesegelt und dann nach und nach abgefallen sein, und wahrscheinlich hatte sie ihren Kurs mehr als einmal gewechselt.

Wright hatte inzwischen eine Lotleine gefunden, die aus einem mit einem Bolzen beschwerten Tau gefertigt war; die vermißte Mannschaft mußte sie dazu benutzt haben, den Laderaum auszuloten. Mit ihrer Hilfe stellte er fest, daß der Laderaum 3½ Fuß hoch Wasser enthielt, eine Menge für ein so kleines Schiff, aber nicht weiter besorgniserregend, da es binnen kurzem durch anhaltendes Pumpen beseitigt werden konnte. Als Wright die Pumpen, einfache Griffe an Eisenrohren, die auf das Deck geschraubt waren, ausprobierte, erwies es sich, daß sie brauchbar waren.

Deveau hielt den Zustand der *Mary Celeste* für gut genug, um mit ihr zu segeln, und da zum Manövrieren der *Dei Gratia* vier Leute genügten, überredete er Morehouse dazu, eine Dreiermannschaft das verlassene Schiff flottmachen zu lassen, denn sie konnten Bergelohn beanspruchen, wenn sie es zum Hafen brachten. Er nahm zwei Männer mit, als er zur *Mary Celeste* zurückkehrte, Augustus Anderson, der meinte, das Schiff sei gut dazu in der Lage, »mit einer fähigen Mannschaft und guten Segeln rund um die Welt zu fahren«, und Charles Lund. Dann schaffte er das kleine Boot der *Dei Gratia*, ein Barometer, Kompaß und Uhr, Nahrungsmittel, die der Schiffskoch zubereitet hatte, sowie seine eigenen nautischen Instrumente hinüber.

Als sie wieder an Bord der *Mary Celeste* geklettert waren, hievten sie das Boot durch die Lücke in der Reling, brachten das Schiff an den Wind und setzten alles, was noch an Segeln da war, um es auf Kurs zu bringen. Innerhalb von zwei Stunden hatten sie es trockengepumpt. Deveau fand ein übriges Gaffelsegel, das er als Focksegel anschlug, und dann bohrte er Löcher in das vordere Deckshaus, damit das Wasser abfloß. Sie versuchten nicht erst, den Ofen in der Hauptkajüte anzumachen, brachten aber, da die Betten naß waren, die Matratzen und Laken zum Trocknen nach draußen. Sie teilten die Wachen unter sich auf und aßen Pökelfleisch mit Kartoffeln, die sie auf dem Kombüsenherd kochten. Obgleich Deveau nur ein Steuermannspatent hatte, war er zuvor Kapitän einer Brigg gewesen, und er bemerkte, daß die *Mary Celeste* zwar kein viel besserer Segler als die *Dei Gratia* war, aber doch etwas schneller. Als er eigene Eintragungen auf der Logtafel machte, wischte er versehentlich ein paar Einträge vom Steuermann der *Mary Celeste* aus.

Zuerst war das Wetter gut, so daß die beiden Schiffe in Sichtweite voneinander bleiben konnten. Deveau war mittlerweile davon überzeugt, daß die Besatzung der *Mary Celeste* ihr Schiff in dem Glauben verlassen hatte, es habe mehr Wasser aufgenommen, als es tatsächlich der Fall war. Er war zu beschäftigt, um seine Position ins Logbuch einzutragen, und er wußte nur zu genau, daß sie mit so geringer Bemannung und müde, wie sie schon waren, bei richtig schlechtem Wetter in Gefahr sein würden. Als sie die Straße von Gibraltar erreichten, gerieten sie in einen Sturm, so daß sie unter Ceuta und später im Schutz der spanischen Ostküste beidrehten. Obwohl sie den Kontakt zur *Dei Gratia* verloren hatten, liefen sie nur wenige Stunden nach ihr ein, am Morgen des 13. November, an dem Morehouse sein Telegramm an die Eigner schickte.

Zu ihrer Verwunderung wurden die erschöpften Männer nicht beglückwünscht, obgleich sie immerhin ein Meisterstück der Seemannskunst geliefert hatten. Statt dessen merkten Morehouse, Deveau und die Mannschaft der *Dei Gratia*, daß ihnen mit Mißtrauen begegnet wurde, als das übliche Beschlagnahmedekret von Mr. T. J. Vecchio, dem Gerichtsschreiber des Vizeadmiralitätsgerichtshofes, an den Großmast der *Mary Celeste* genagelt wurde.

Ein pedantischer älterer Bürokrat, ein gewisser Frederick Solly Flood, war voller Argwohn gegen sie, und er war auch maßgeblich daran beteiligt, daß die Geschichte der *Mary Celeste* so durcheinanderkam, bis Dichtung und Wahrheit nicht mehr zu unterscheiden waren.

Morehouse, der endlich nach Genua weiterwollte, glaubte ungefähr die Hälfte des Bergelohns aus der Schiffskörper- und Frachtversicherung in Höhe von 17 400 Dollar und den halben Wert der Fracht, die in Höhe von 6522 Pfund Sterling (etwa 32 600 Dollar) versichert war, beanspruchen zu können. Leider bearbeitete Flood, der den hochtönenden Titel eines Obersten Advokaten Ihrer Majestät und Prokurators der Krone führte, den Fall. Er war aus London gebürtig und 71 Jahre alt. Überzeugt von seiner eigenen Wichtigkeit, zerstörte er sofort alle Hoffnungen, daß die *Mary Celeste* schnell freigegeben würde.

Inmitten tumultartigen Lärms tagte nach einem Zeitraum von fünf Tagen das Untersuchungsgericht unter Vorsitz von Sir James Cochrane, dem Beauftragten des Vizeadmiralitätsgerichtshofes. Steuermann Deveau machte seine Zeugenaussage und schloß damit, seiner Meinung nach wäre die Besatzung der *Mary Celeste*, als sie Wasser im Laderaum gefunden hätte, geängstigt gewesen und habe das Schiff verlassen, wohingegen er bemerkt habe, daß das Schiff wenig oder gar kein Wasser machte, und er sei zu dem Schluß gekommen, das Wasser müsse durch die offenen Lukenabdeckungen hinab und in die Kajüte eingedrungen sein. Er hob hervor, daß die *Dei Gratia* ihrerseits den größten Teil der Reise bei stürmischem Wetter zurückgelegt hatte und daß während dieser Zeit ihr Hauptlukendeckel vielleicht eine Stunde offen gewesen sei, der vordere aber überhaupt nicht. Außerdem betonte er, daß er keinerlei Anzeichen für einen durch Feuer verursachten Schaden beziehungsweise für Feuer oder Rauch in irgendeinem Teil des Schiffes gefunden habe.

Es folgten die Aussagen des Zweiten Steuermanns Wright und der Matrosen Lund, Anderson und Johnson. Sie waren sich nicht ganz einig, ob die *Mary Celeste* ursprünglich ein Boot gehabt hatte oder nicht, aber mit Sicherheit fehlte eine Jolle, die mittschiffs gelegen hatte und die, nach der aufgeklappten Reling zu urteilen, ins Wasser gelassen worden war. Inzwischen war aus anderer Quelle bekanntgeworden, daß die *Mary Celeste* kein großes Beiboot mitgeführt hatte; es war schadhaft gewesen, so daß sie ohne es gesegelt war, und ihre Heckdavits waren, wie Deveau bemerkt hatte, an einer Spiere festgezurrt.

Von geringfügigen Widersprüchen abgesehen, waren die vorgebrachten Darstellungen generell übereinstimmend, und alle Berichte zeichneten ein ungewöhnliches Bild – das eines gut geführten, wohlbehaltenen und wohlausgerüsteten Schiffes, das aus unerfindlichen Gründen mitten im Ozean aufgegeben worden war. Es war nicht weiter verwunderlich, daß Flood Verdacht schöpfte. Nach seinen Anweisungen wurde am 23. Dezember von Ricardo Fortunato, einem Taucher, Vecchio, dem Gerichtsschreiber, und John Austin, dem Oberinspektor des Seeamtes, eine Untersuchung des Schiffes vorgenommen, die Flood überwachte. Sie dauerte fünf Stunden und war erstaunlich gründlich. Fünfzig der Alkoholfässer wurden an Deck geholt und für vollkommen in Ordnung befunden. Austin wollte jedoch nicht glauben, daß die *Mary Celeste* in schlechtes Wetter geraten war, wie Deveau behauptet hatte, da er ein Fläschchen Nähmaschinenöl, eine Garnrolle und einen Fingerhut ruhig auf einem Bord stehen gesehen hatte. Auch war ihm aufgefallen, daß in einer Schublade unter dem Kapitänsbett zwei Glasscheiben waren, die seiner Ansicht nach bei schlechter Witterung zerbrochen wären, wie er auch meinte, die Fensterläden des vorderen Deckshauses hätten dann gleichfalls beschädigt sein müssen. Aber Deveau hatte ja die Betten getrocknet und konnte ebensogut die Sachen auf dem Bord wiederaufgestellt haben, nachdem sie heruntergefallen waren, und die Glasscheiben, die flach in der Schublade lagen, mußten nicht unbedingt zerbrechen. Austin meldete ferner, der Kombüsenherd sei »von seinem Platz gespült worden«, und vermerkte, daß im Deck der Kombüse nahe der Feuerstelle ein Loch war, von dem er annahm, es diene dem Entwässern der Kombüse. Vielleicht hatte es ein verärgerter Koch geschlagen, als er im Seewasser herumplanschte, und vermutlich war es der Grund dafür, daß die Kombüse weniger überflutet war als der Rest des Deckshauses. Wie Deveau schloß auch er die Möglichkeit eines Brandes aus, denn es gab nicht den leisesten Anhaltspunkt dafür.

Während die Untersuchung ihren Fortgang nahm, schickte Morehouse, darauf bedacht, seine Fracht endlich nach Genua zu befördern, Deveau mit der *Dei Gratia* los und blieb selbst zurück, um für seine Bergungsansprüche einzutreten. Da beschuldigte ihn Flood auf einmal, Schwierigkeiten zu machen. Anscheinend wollte er so etwas wie eine Verschwörungstheorie um das verlassene Schiff konstruieren. Da ihn die erste Untersuchung nicht zufriedengestellt hatte, ordnete Flood eine weitere für den 7. Januar 1873 an, die er ebenfalls selbst überwachte. Diesmal waren vier Schiffskapitäne bei ihm, Kapitän Fitzroy von der H. M. S. *Minotaur*, Kapitän Adeane von der *Agincourt*, Kapitän Dowell von der *Hercules*und Kapitän Vansittart von der *Sultan*, ferner Oberst Gaffam vom Britischen Pionierkorps. Die Logtafel hatte bereits die Runde gemacht, als Flood die Leute auf das Notenblatt auf dem Harmonium, zwei Damenhüte, ein Nachthemd, eine Puppe, einen Fächer, zwei Schalnadeln, einen Reifrock sowie das Fläschchen Nähmaschinenöl, den Fingerhut und die Garnrolle auf dem Bord aufmerksam machte und bemerkte, daß bei schlechtem Wetter, wie Deveau es erlebt haben wollte, alles hinuntergefallen wäre. Dann nahm er die Offiziere mit in den Laderaum und wies darauf hin, daß eines der Alkoholfässer angestochen war. Weder Deveau noch Austin hatten es für der Rede wert gehalten, und ein einziges Faß von einer ganzen Ladung war ohnehin nichts, worüber es sich aufzuregen lohnte.

Zuletzt zeigte Flood auf eine Schramme in der Steuerbordreling und meinte, sie stamme von einer Axt, und dann deutete er auf vermeintliche Blutflecken auf dem Deck und tiefe Kerben auf dem Schiffsrumpf oberhalb der Wasserlinie hin, die seines Erachtens anzeigten, daß Holz weggeschlagen worden war.

Eine Woche später, am 15. Januar, kam Kapitän Winchester der Winchester & Co. an, der geschäftsführende Eigner der *Mary Celeste*, der von den Reedern und Versicherern in New York dazu ermächtigt worden war, ihre Interessen wahrzunehmen. Obwohl Winchester die Identität des Schiffes eindeutig bestätigte, sprach das Gericht weiterhin von »dem Schiff, das für die *Mary Celeste* gehalten wird«. Winchester sagte aus, die Fracht bestehe aus 1701 Fässern Alkohol, offenbar einem mehr, als erwartet wurde, und 30 Tonnen Steinen Ballast. Das Schiff habe darüber hinaus keine Fracht und sei in New York an einer Pier des East River in der Nähe seines Büros beladen worden, so daß er es sich zur Gewohnheit gemacht habe, ihm an jedem der drei Tage, an denen es den Alkohol an Bord nahm, einen Besuch abzustatten. Er widersprach den Behauptungen, Briggs oder Richardson, der Erste Steuermann, hätten irgendwelche eigenen Unternehmungen abgewickelt, da er wußte, daß sie über kein Privatvermögen verfügten, wenn er auch nicht ganz sicher sein konnte, ob sie nicht für jemand anders Geschäfte betrieben hatten.

Der amerikanische Konsul verfolgte die Verhandlungen im Namen seiner Landsleute. In einem Brief an das Außenministerium schrieb er, er kenne den vermißten Kapitän persönlich, und hob hervor, dieser sei »hoch angesehen aufgrund seiner Seemannskunst und Rechtschaffenheit« und er könne die Preisgabe des Schiffes kaum verstehen. Flood ließ sich überhaupt nicht aus dem Konzept bringen. Die beiden Überprüfungen stärkten eher seinen Glauben daran, daß etwas faul sei, als ihn zu entkräften, und am 23. Januar brachte er in einem Schreiben an das Londoner Handelsministerium seine Überzeugung zum Ausdruck, es sei unmöglich für die *Mary Celeste* gewesen, unbemannt so weit zu segeln, wie es offensichtlich der Fall war, und er nehme an, sie sei viel weiter östlich der Fundstelle aufgegeben worden. Das war eine klare Andeutung, Morehouse sei ein Lügner.

Eine Woche später trat der Gerichtshof erneut zusammen; Cochrane kündigte an, man halte eine weitere Untersuchung für wünschenswert, und erklärte, die plötzliche Abreise von Steuermann Deveau würde wahrscheinlich die Entscheidung des Gerichtshofes beeinflussen. Es sei sonderbar, bemerkte er, daß Deveau, der an Bord der *Mary Celeste* gewesen war, abgefahren sei, während Morehouse, der nicht an Bord war, dageblieben sei.

Verschlimmert wurde die Angelegenheit noch dadurch, daß Kapitän Morehouse, der durch H. P. Pisani vertreten wurde, kein guter Zeuge war. Er war aus Neuschottland, 1838 in Sandy Cove geboren und im Alter von sechzehn Jahren zur See gefahren. Mit 21 wurde er Kapitän und stand als Seemann und Bürger in gutem Ruf. Vor Gericht jedoch war er lakonisch und feindselig, und obgleich das nichts zu bedeuten hatte, mutmaßte der argwöhnische Flood sofort, er hätte etwas zu verbergen. Eigentlich war Morehouse' Benehmen verständlich. Er verschwendete Zeit und Geld und war nicht daran gewöhnt, Befehle entgegenzunehmen. Außerdem machte sich zu diesem Zeitpunkt, nur wenige Jahre nach dem amerikanischen Bürgerkrieg, als die Vereinigten Staaten eben im Begriff standen, zu einer der reichsten und mächtigsten Nationen der Welt aufzusteigen, unter den Briten eine spürbare Abneigung gegen das hemdsärmelige Draufgängertum der Amerikaner bemerkbar, die er möglicherweise übelnahm.

Flood war immer noch der Überzeugung, er habe es mit Meuterei und Mord zu tun, und seine Theorie – in der ihn die an der Untersuchung beteiligten Marineoffiziere unterstützten – gründete sich hauptsächlich auf das angestochene Alkoholfaß. Winchester versuchte, seine Bedenken zu zerstreuen, und erzählte ihm, Kapitän Briggs habe unter ihm gedient und mit Wärme von ihm gesprochen, aber Flood ließ sich nicht umstimmen. Er hatte das deutliche Gefühl, Morehouse habe willentlich einen Zeugen entfernt, indem er Deveau nach Genua sandte, und dadurch dem Gericht Informationen vorenthalten. In seiner Ansicht wurde er von John Austin bestärkt, dem Hafeninspektor, dessen Stellungnahme er sechs Wochen nach der Auffindung der *Mary Celeste* einem Schreiben an das Handelsministerium beilegte. Laut Floods Theorie »war die Mannschaft über den Alkohol geraten und hatte in der Raserei des Rausches den Kapitän ... seine Frau und sein Kind sowie den Ersten Steuermann ermordet«. Dann hätte sie, folgerte er weiter, den Bug beschädigt, um vorzutäuschen, das Schiff sei auf Felsen aufgelaufen oder kollidiert, und um dem Kapitän irgendeines Schiffes, das sie möglicherweise aufgenommen habe, weiszumachen, es sei keinen Bergungsversuch wert. Schließlich wäre sie, sagte er, irgendwann zwischen dem 25. November, dem Datum des letzten Logeintrags, und dem 5. Dezember an Bord eines Schiffes, »das zu einem nord- oder südamerikanischen Hafen oder den Westindischen Inseln unterwegs war, entkommen«. Flood machte auch auf den Säbel aufmerksam, der von Deveau und später von Vecchio unter Briggs' Bett gefunden worden war. »Mir kam es so vor«, sagte er, »als zeige er Spuren von Blut und sei abgewischt worden, bevor er in die Scheide zurückgeschoben wurde.«

Flood hatte keinerlei Beweise für seine Vermutungen, aber sie wurden allen Ernstes von der britischen Regierung über den britischen Botschafter in Washington an die amerikanische Verwaltungsbehörde weitergeleitet, und der US-Schatzminister William A. Richardson ersuchte alle Zollstationen innerhalb der Vereinigten Staaten durch ein Rundschreiben, nach einem Schiff Ausschau zu halten, das die mutmaßlichen Mörder an Bord habe.

Sprague, der amerikanische Konsul, fühlte sich immer mehr brüskiert von Floods Verhaltensweise, und als in der folgenden Woche die U.S.S. *Plymouth* in Gibraltar ankam, veranlaßte er Kapitän R.W. Shufeldt zu einer Inspizierung der *Mary Celeste.* Shufeldt machte kein Hehl aus seinen Ansichten über Floods Verdacht. Er verwarf sogleich den Gedanken an Meuterei und wies darauf hin, daß die Markierungen am Bug nichts weiter seien »als Risse in der Plankenbiegung, die später durch Einfluß des Meeres aufgespalten worden wären«. Als man auf das angestochene Faß Alkohol zu sprechen kam, erwiderte er ganz richtig, die Mannschaft könne keinesfalls Rohalkohol getrunken haben, denn davon wäre sie möglicherweise blind geworden oder gestorben, auf jeden Fall aber unfähig zu Mord oder Meuterei gewesen.

Als Deveau von Genua zurückkehrte, wurde er aufgefordert, am 4. März erneut auszusagen, und jetzt wurde zum erstenmal die Säbelfrage vor Gericht behandelt. Fatalerweise konnte Deveau den Matrosen Lund, der mit ihm auf dem verlassenen Schiff gewesen war, nicht als Zeugen beibringen. Er erklärte, Lund habe sich in Genua den Rücken verletzt und sei nicht dazu in der Lage, vor Gericht zu erscheinen. Jetzt wurde die Atmosphäre im Gerichtshof ausgesprochen frostig für die Berger. Die Schramme in der Reling, die befleckte Klinge des Säbels, den Deveau gefunden hatte, und das angestochene Faß Alkohol überzeugten die Briten davon, daß eine Verschwörung an Bord stattgefunden hatte. Die Amerikaner waren indessen ebenso sicher, daß dem nicht so war: Gewiß gab es für alle diese Dinge eine völlig harmlose Erklärung. Nach langem Hin und Her um den Säbel wurde schließlich angenommen, Briggs habe ihn auf irgendeinem fernen Schlachtfeld gefunden und vielleicht vorgehabt, ihn zu Hause an die Wand zu hängen. Weitere Waffen wurden nicht an Bord gefunden.

Deveau wurde seltsamerweise nicht über die getrockneten Betten, die Gegenstände, die vom Wandbrett gefallen sein sollten, und die Glasscheiben in der Bettlade befragt, dafür jedoch wurde eine Menge Aufhebens um eine herabhängende Falleine gemacht, von der er sagte, sie sei »abgerissen und fort gewesen«. Ihm war keine sonstige an der Reling des Schiffes befestigte Bootsfangleine aufgefallen, auch die Schramme in der Reling hatte er nicht bemerkt und keine Ahnung, wie sie dahin kam. Sie sehe schon aus wie von einer Axt, gab er zu, sei aber wohl kaum entstanden, solange er an Bord war. Er hatte auch keine Blutflecken an Deck gesehen, indes hatten er und seine Leute absolut keine Zeit gehabt, die Decks zu schrubben, und das einzige Wasser, mit dem die Planken in Berührung gekommen waren, war an Bord geschlagenes Seewasser gewesen. Sofort hob Flood hervor, daß Seewasser Chlorsäure enthält, die die Blutpartikel aufgelöst hätte.

Auf die Frage nach dem Säbel entgegnete Deveau, ihm sei nichts Besonderes daran aufgefallen, außer daß er rostig zu sein schien. Wieder unterbrach ihn Flood. Der Säbel war anscheinend zur fixen Idee für ihn geworden, denn jetzt wies er darauf hin, er sei mit Zitrone gesäubert worden und wäre infolgedessen mit Eisenzitrat überzogen. Dadurch wären anhaftende Blutspuren zerstört worden – und überhaupt wären die Flecken gar kein Blut, sondern irgendein anderer aufgetragener Stoff, um das Blut zu verbergen. Diese komplizierte Beweisführung Floods mit ihren schwerwiegenden Folgerungen erregte Aufsehen im Gerichtshof. Aber das verstörte Deveau nicht im geringsten. Er bemerkte, ihm sei es ganz und gar nicht so vorgekommen, als habe eine Gewalttat stattgefunden, denn es habe keinerlei Anzeichen dafür gegeben.

Obwohl seine Theorie von Meuterei und Mord zunehmend unwahrscheinlicher wurde, wollte Flood sich nicht geschlagen geben und versteifte sich statt dessen immer mehr auf seine Verschwörungstheorie. Man nahm an, Briggs und ein anderer Kapitän, möglicherweise Morehouse, hätten die Schiffspreisgabe in Szene gesetzt, um Bergelohn einzustreichen. Diese Mutmaßungen waren anscheinend gefundenes Fressen für amerikanische Zeitungen, die das Thema aufgriffen und sich nicht um solche Nebensächlichkeiten wie Verleumdungsklagen scherten. »PREISGEGEBENES SCHIFF: KEINE MEUTEREI, SONDERN EIN KOMPLOTT ZUM VERSICHERUNGSBETRUG«, lautete die Schlagzeile der *New York Sun* am 12. März 1873. Trotz der empörten Dementis seitens der Firma Winchester & Co. wurde in aller Öffentlichkeit die Feststellung getroffen, das Schiff hätte keine ordnungsgemäßen Papiere gehabt, wäre unter falscher Flagge gefahren und hätte beim Anlaufen des nächsten Hafens beschlagnahmt werden müssen. Drei Tage später verwies die Winchester & Co. in einer Stellungnahme im *New York Herald* die Leser auf die Angaben des Zollamtes und der renommierten

Versicherungsgesellschaften – eine davon, die Atlantic Mutual, besteht noch heute. Die *Mary Celeste* war absolut nicht überversichert, sondern nur in vernünftigen Grenzen entsprechend ihres Handelswertes abgedeckt, und das Schiff war jedenfalls den Eignern mehr wert als die Versicherungssumme. Die Firma gab auch zu verstehen, daß derjenige, der diese Enten in die Welt gesetzt hatte, ein Hilfsinspektor namens Abeel, die angebliche Fälschung des Registerbriefes offenbar in erpresserischer Absicht erfunden habe.

Die Beschädigungen der beiden Bugseiten und der Reling des Schiffes blieben trotz alledem ein Rätsel. Oberinspektor Austin in Gibraltar wollte um keinen Preis dem amerikanischen Kapitän Shufeldt zustimmen und blieb beharrlich dabei, die Kerben im Schiffsrumpf könnten nicht vom Wetter verursacht worden sein, sondern stammten von einem scharfen Schneidewerkzeug, mit dem ein etwa ⅜ Zoll tiefer, ungefähr 1¼ Zoll breiter und 6 bis 7 Fuß langer Schnitt gemacht worden sei. Beide Bugseiten trugen identische Spuren. Winchester war der gleichen Ansicht wie Shufeldt und meinte, die Kerben wären beim Schiffsbau entstanden, als die Planken unter Dampf gebogen wurden, auch wenn sie noch nicht sichtbar gewesen waren, als das Schiff New York verließ. Er hatte zwar keine Erklärung für die Schramme an der Reling, glaubte aber, sie sei durch einen harten Streich mit einer scharfen Klinge entstanden.

Im Februar 1873 berichtete Sprague dem US-Außenministerium, daß noch immer nichts von dem vermißten Kapitän und seiner Mannschaft zu hören sei, die *Mary Celeste* jedoch endlich wieder den Schiffseignern überlassen worden wäre. Im Gerichtsbericht wurde lediglich die Feststellung getroffen, daß das Schiff am 5. Dezember verlassen, aber in einwandfreiem Zustand aufgefunden und zum Hafen gebracht worden sei. Das Schicksal der Besatzung blieb ungewiß, und noch bis zum 13. März 1873 hegte man die Erwartung, die Leute würden wiederkehren oder irgendein Schiff würde melden, es habe sie gefunden.

Zu diesem Zeitpunkt kam Kapitän George Blatchford aus New York an und wartete darauf, die *Mary Celeste* neu bemannen und instand setzen zu können. Aber Flood war noch immer von seiner Theorie besessen und bestand darauf, das Schiff betriebsunfähig im Hafen zu behalten, obgleich das die Eigner fortwährend Geld kostete. Wahrscheinlich hatte er gehört – vielleicht sogar von Amerikanern –, daß man jenseits des Atlantik grundsätzlich schnell zu allen möglichen krummen Geschäften bereit sei, und so versuchte er weiterhin, ein Komplott aufzudecken.

Winchester war voller Zorn längst heimgekehrt. Er schrieb am 10. März von New York aus an Sprague, er sei abgefahren, weil seine Geschäfte gelitten hätten, solange er in Gibraltar gewartet hatte. Auch habe er gehört, daß der Richter und Flood, nachdem sie keinen anderen Vorwand mehr gefunden hätten, einen Aufschub zu erwirken, ihn verhaften wollten, weil er angeblich die Mannschaft angeheuert habe, um die Offiziere zu beseitigen. Da war es ihm geraten erschienen, zu verschwinden.

Was immer Flood zu seiner Vermutung bewogen haben mag, sein Verdacht auf ein betrügerisches Einverständnis war einfach lächerlich. Winchester & Co. war eine sehr renommierte Firma, Winchester selbst unterhielt seit Jahren enge freundschaftliche Beziehungen zur Briggs-Familie und beaufsichtigte sogar Briggs' Sohn. Schon Benjamin Briggs' Vater hatte ein Winchester-Schiff kommandiert, und Steuermann Richardson war mit einer Nichte von Winchesters Frau verheiratet. Jede Mutmaßung, er habe diese Leute loswerden wollen, war völlig haltlos.

Nach 87 Tagen im Hafen konnte die *Mary Celeste* endlich nach Genua auslaufen und dort am 21. März ihre Fracht löschen. Konsul Sprague erwähnte in einem Brief an das Außenministerium, sie habe die Reise in elf Tagen zurückgelegt, wogegen die *Dei Gratia* zwei Monate zuvor 24 gebraucht hatte. Widerstrebend sprach das Gericht am 15. März Kapitän und Mannschaft der *Dei Gratia* den Bergelohn zu, der aber nur mit einem Fünftel des Kasko- und Kargowertes in Gesamthöhe von 42673 Dollar, nämlich mageren 1700 Pfund, veranschlagt wurde, wobei von dem Wert des Bergegutes auch noch die Verfahrenskosten abgingen. Morehouse und seine Leute hatten mit wenigstens einem Drittel des Wertes gerechnet, vielleicht sogar mit der Hälfte.

Damit schien der Fall endlich abgeschlossen zu sein. Aber mochte auch der Amtsschimmel mit der *Mary Celeste* fertig sein, die übrige Welt war es nicht, und allerlei Theorien kamen plötzlich auf. Winchester war zu dem Schluß gekommen, den Alkoholfässern im Laderaum müsse Gas entströmt sein, das explodiert sei und die Lukendeckel weggesprengt hätte; aus Angst vor einer weiteren, schlimmeren Explosion sei die Schiffsbesatzung in dem fehlenden Boot geflohen. Richardson, der US-Schatzminister, war anderer

Meinung. Er schrieb am 25. März einen offenen Brief an die *New York Times*, der deutlich Floods Ansichten widerspiegelte. Darin hieß es, die Umstände des Falles gäben zu dem schwerwiegenden Verdacht Anlaß, der Kapitän samt Weib und Kind wie vielleicht auch der Erste Steuermann wären »von der Mannschaft, die offenbar Zutritt zum Alkohol gefunden hätte, in der Raserei der Trunkenheit . . . « ermordet worden. Dann sei die Mannschaft entweder auf See umgekommen oder auf einem nach Nord- oder Südamerika oder Westindien fahrenden Schiff entkommen.

Der Gedanke an Meuterei war gar nicht so abwegig. Auf den Segelschiffen, die ja Wochen und Monate zwischen Häfen unterwegs waren, schlugen Abneigungen leicht in Haß um, und Meuterei kam recht häufig vor. Es gab die berühmte Meuterei auf der *Bounty* (1789), dann auf dem Schoner *Plattsburg* (1816), dem amerikanischen Walfänger *Globe* (1824), der Brigg *Vineyard* (1830) und dem Toppsegelschoner *Walter M. Towgood* (1857). Und auch nach der *Mary Celeste* gab es noch Meutereien: *Lennie* (1875), *Caswell* (1876), *Frank N. Thayer* (1886), *Natal* und *Ethel* (1889), *Veronica* (1902) und *White Rose* (1908).

In den Mannschaften waren oft Leute verschiedenster Nationalitäten zusammengewürfelt, Briten, Amerikaner, Schwarze, Filipinos, Chinesen, Malaien, Franzosen, Deutsche und Holländer. Intrigen und Unstimmigkeiten waren unvermeidlich. Es scheint der Erfindung des Radios zu verdanken zu sein, daß Meutereien selten wurden. Leider übersah Richardson wie so viele vor und nach ihm, daß Rohalkohol die Mannschaft nicht etwa in Wut, sondern in Ohnmacht versetzt oder gar getötet hätte.

Kapitän Winchesters Befürchtung, Flood wolle ihn verhaften, kam ebenfalls ans Licht, und schon hatte man die Erklärung parat, es habe eine »Baratterie« gegeben, eine Verschwörung der Mannschaft mit der Absicht, die Eigner zu betrügen. Man nahm an, die Mannschaft hätte geplant, Briggs und seine Familie zu ermorden, das Schiff zu versenken und die Versicherungssumme zu kassieren; das sei ihr aber irgendwie mißlungen, und die Leute hätten allesamt in der Nähe der Azoren ihr Leben verloren. Dann wurde eine Wasserhose in Betracht gezogen, und schließlich hieß es noch, das Schiff wäre auf einer »Geisterinsel« gestrandet, die sich aus dem Meer hob, sei aber, als die Mannschaft es bereits verlassen hatte, beim Sinken der Insel wieder freigekommen.

Preisgegebene und verschollene Schiffe waren nichts Ungewöhnliches. Im August 1840 wurde das französische Schiff *Rosalie* oder *Rossini* unter vollen Segeln verlassen aufgefunden wie 1902 die deutsche Bark *Freya* und 1921 die *Carroll A. Deering*. 1866 verschwand die Bark *Lotta*, 1868 das spanische Schiff *Viego*, 1880 das britische Schulschiff *Atalanta*, 1884 der italienische Schoner *Maramon* und 1909 sogar der Weltumsegler Joshua Slocum mit seiner Jolle *Spray*. Von ihm hieß es allerdings später, er sei von einem Schiff gerammt und versenkt worden.

Einige der preisgegebenen Schiffe trieben riesige Strecken weit: Die verlassene *William L. White* legte 1888 5000 Seemeilen zurück; die *Fannie E. Welston* trieb 1891 halb über den Atlantik und wieder zurück, bis sie nahe der Stelle, an der sie einst aufgegeben worden war, sank; und die *Dalgonar* trieb 1914 5000 Seemeilen über den Pazifik. Aber an diesen drei Fällen war nichts rätselhaft, denn es gab jedesmal Überlebende. Die Besatzung der *Mary Celeste* hingegen ist nie wiedergesehen worden.

Bald häuften sich die angeblichen Lösungen des Rätsels. Die *Mary Celeste* sollte von einer Seeschlange oder einem gigantischen Kopffüßer angegriffen worden sein. Dabei hätte die Mannschaft das Geschöpf mit einer Axt bekämpft, und das sei der Grund für die Schramme an der Reling und die »Blutspuren«. Diese Geschichte war nicht einmal so dumm. Immer schon kursierten Gerüchte über Seeungeheuer. Meist schenkte man ihnen keinen Glauben, nur traten sie im frühen 19. Jahrhundert massenweise auf. Die Details waren eigentlich immer gleich. 1848 wurde von der Besatzung der H. M. S. *Daedalus* ein Monster gesichtet, und obwohl Kapitän Smith von der *Peking* noch im selben Jahr die Fragwürdigkeit dieser Geschichte aufdeckte und bewies, daß das, was man gesehen hatte, sich bei näherer Betrachtung als riesenhafte Alge herausstellte, wurde bereits 1857 wieder ein solches Geschöpf vom Deck der *Castilian* aus gesichtet. Deren Kapitän bestand entrüstet darauf, er wisse genau, wie Seetang aussähe, und man wolle ihm doch wohl nicht nachsagen, er verwechsele einen Aal mit einem Wal oder Algen mit Seeschlangen.

Als im Dezember 1862 der Depeschendampfer *Electo* in Teneriffa ankam, behauptete seine Besatzung, zwischen Madeira und Teneriffa einem monströsen Kraken begegnet zu sein, der etwa 5 bis 6 Meter lang war, die gewaltigen Arme nicht mitgerechnet. Man versuchte, ihn zu fangen, als er längsseits kam. Als man schließlich auf ihn feuerte, spie er eine Menge Schaum, Blut und klebriges Zeug aus, von dem ein strenger Moschusgeruch ausging. Und 1873, ein Jahr nach dem Fall der *Mary Celeste*, stießen zwei Fischer vor der Küste Neufundlands auf einen riesigen Tintenfisch, der ihr Boot umklammerte. Es gelang ihnen, ihm zwei Fangarme abzuschlagen und diese mit an Land zu bringen, der eine war fast 6 Meter lang. Mit den 3 Metern Fangarm, die noch am Körper verblieben waren, schätzte man die Größe des Monsters auf mindestens 14 Meter. Drei Wochen später wurde wieder ein Ungeheuer an Land gebracht, das sich in einem Fischernetz verstrickt hatte.

Aber kein Tintenfisch hätte Mannschaft und Boot der *Mary Celeste* fressen können, und die Blutspuren, die Flood so zu schaffen machten, waren vielleicht nichts anderes als Weinflecken.

Als nächstes zog man Seeräuber in Betracht. Was Landratten über Piraten denken, ist immer das gleiche. Noch 1932, als ich zum erstenmal zur See ging, gab man mir allen Ernstes den Rat, mich vor Piraten zu hüten. Gewiß hatten 1832 Seeräuber des Toppsegelschoners *Pinda* die Brigg *Mexican* aus Salem gekapert und später eine englische Brigg, aber das war auch der letzte verbürgte Fall von Piraterie. 1872 hatte man schon jahrelang keine Rifpiraten aus Nordafrika mehr gesehen, die für Schiffsräubereien berüchtigt waren, schon gar nicht so weit draußen im Atlantik. Auch die *Dei Gratia* hatte kein anderes Schiff gesichtet.

Hatte vielleicht eine Choleraepidemie oder eine andere Seuche um sich gegriffen? Auch das war nicht unbedingt von der Hand zu weisen. 1913 kam vor Feuerland ein Schiff in Sicht, das von der Mastspitze bis zur Wasserlinie vollkommen grün aussah. An Bord fand man heraus, daß es sich um den Dampfer *Marlborough* aus Glasgow handelte, der 1890 mit Schafen und Passagieren von Neuseeland abgefahren war. Er war voller Gebeine – von Schafen und Menschen. Da das Logbuch nicht zu entziffern war, konnte man nur vermuten, daß eine Seuche oder verdorbene Nahrungsmittel Passagiere und Mannschaft hinweggerafft hatte, und die Schafe waren dann verhungert.

Doch keine dieser Theorien paßt auf den Sachverhalt der *Mary Celeste*, in deren Fall nicht einmal die Akten völlig klar sind: Urkunden im amerikanischen Außenministerium beziehen sich statt auf Sprague auf einen gewissen Johnson als Konsul von Gibraltar;

und die *Mary Celeste* war angeblich nicht nach Genua, sondern nach Neapel unterwegs, ihr Kapitän hieß nicht Briggs, sondern John Hutchinson, und ihr Steuermann Henry Bilson, nicht Richardson.

Die Mutmaßungen um die *Mary Celeste* waren nach und nach verebbt, als 1883 ein junger Arzt namens Arthur Conan Doyle mit einer Geschichte unter dem Titel *J. Habakuk Jephson's Statement* (»Die Verlautbarungen des J. Habakuk Jephson«), die im *Cornhill Magazine* herauskam, wieder Leben in die Sache brachte. Diese Geschichte war angeblich das wahre Bekenntnis eines Überlebenden der *Mary Celeste.* Conan Doyle übernahm übrigens einen Fehler des Lloyd-Verzeichnisses und schrieb den Schiffsnamen *Marie Celeste*, und unter diesem unrichtigen Namen wurde das Schiff dann auch für alle Zeiten legendär.

Seine Geschichte war ein voller Erfolg. Sie handelte von einem Mann namens Jephson, einem Absolventen der Harvard-Universität, der als Passagier an Bord des Schiffes gewesen war. Er hatte von einer alten Schwarzen einen Talisman bekommen, den er stets bei sich trug und der ihm das Leben rettete, als alle seine Reisegefährten von einem Mischling namens Goring, einem Weißenhasser, umgebracht wurden.

Der argwöhnische Mr. Flood, noch immer in Gibraltar, maß diesem Stück Dichtkunst immerhin soviel Bedeutung bei, daß er die Erklärung abgab, es sei reine Erfindung und Leute wie Jephson stellten eine Bedrohung für die internationalen Beziehungen dar. Zugleich war er jedoch der festen Überzeugung, daß ein Körnchen Wahrheit darin enthalten sei, und behauptete, er habe Kontakt zu deutschen Behörden aufgenommen, denn er glaube, einige aus der Mannschaft der *Mary Celeste* seien in ihrem Heimatland untergetaucht, nachdem sie an der Meuterei teilgenommen und das Schiff verlassen hatten. Selbst der realistische Konsul Sprague in Gibraltar fühlte sich bemüßigt, seine Regierung auf die Erzählung hinzuweisen. Er fügte seinem Schreiben die echte Besatzungsliste der *Mary Celeste* bei, die ganz anders als die erdichtete war, und meinte zu der Erzählung, sie »strotze nur so von unglaubwürdiger und übertriebener Romantik«. Kein Wunder, daß das Außenministerium es für unnötig befand, die Sache weiter zu verfolgen. Natürlich war die Geschichte reine Erfindung und größtenteils auf Solly Floods Mist gewachsen. Conan Doyle profitierte recht gut von der Publicity, aber leider wurde die Geschichte oft als Tatsachenbericht betrachtet und beschwor eine Flut von Mutmaßungen herauf, die sich jahrzehntelang hielten, länger als die *Mary Celeste.*

Als die *Mary Celeste* endlich freigegeben war, gab es Schwierigkeiten, eine Mannschaft anzuheuern, die bereit war, mit ihr auf Fahrt zu gehen, und sei es auch nur bis Genua. Die abergläubischen Seeleute hielten sie für ein Unglücksschiff, und von 1873 bis 1885 wechselte sie siebzehnmal den Besitzer. Mehr als einmal soll ein angehender Eigner sehr schnell einen Rückzieher gemacht haben, wenn er merkte, um welches Schiff es sich handelte.

Zwölf Jahre lang lag sie mal hier, mal da an den Kais, bis sie von einem Konsortium in Boston gekauft und 1884 mit gemischter Fracht wie Nahrungsmitteln, Möbeln und dergleichen auf die Reise geschickt wurde. Am 3. Januar 1885 lief sie bei ruhigem, klarem Wetter am Roskell-Riff in der Nähe von Miragoane, Haiti, auf Grund. Die Besatzung konnte das Schiff unverletzt verlassen, und als herauskam, daß es diesmal tatsächlich überversichert war, wollten die argwöhnischen Versicherungsgesellschaften Näheres wissen. Der Sachverständige Kingman Putnam erschien, und bei Inspizierung des Schiffes stellte er fest, daß seine gesamte Ladung, die mit 30 000 Dollar versichert war, geborgen und für nur 500 Dollar an den US-Konsul Mitchel in Haiti verhökert worden war. Was als Bier deklariert war, stellte sich als Wasser heraus, und in einer Kiste, die laut Verzeichnis Messerwaren enthalten sollte und mit 1000 Dollar versichert war, fanden sich lediglich Hundehalsbänder im Wert von 50 Dollar. Stiefel und Schuhe erwiesen sich als billigster Schund aus Gummi. Der Kapitän und die Reeder wurden des Versicherungsbetrugs angeklagt, der mitschuldige Konsul konnte sich in Sicherheit bringen. Beim Gerichtsverfahren waren die Geschworenen verschiedener Meinung, doch ehe der Fall erneut aufgerollt werden konnte, starb der Kapitän Gilman C. Parker. Drei Monate später starb der Erste Steuermann, dann beging einer der schuldigen Reeder Selbstmord, und schließlich gingen alle Firmen, die in den Betrug verwickelt waren, pleite oder gaben ihr Geschäft auf. Sogar das Schiff, das den Sachverständigen Putnam nach Haiti brachte, wie auch das, das den schuldigen Konsul Mitchel hatte aufnehmen sollen, kam zu Schaden.

Obwohl die *Mary Celeste* nicht mehr existierte, ging jetzt die Saat der Phantasiegeschichten und Erklärungsversuche erst richtig auf, und zwar im besten Einvernehmen mit den Theorien von Solly Flood.

1873 hatte A.T. Nickelsen, der Bürgermeister von Utersum auf der Insel Föhr, darum gebeten, die Habe der beiden Brüder Lorenzen an deren Mutter zu schicken, und 1885 schrieb der zuständige deutsche Reichskonsul an Sprague, um Einzelheiten über die Vermißten zu erfahren. Den Briefen war anzumerken, daß sie von ganz normalen, anständigen Bürgern stammten, aber Solly Flood, inzwischen über achtzig Jahre alt und pensioniert, argwöhnte sofort, sie wären im Auftrag der Brüder geschrieben worden, die bestimmt nach Hause geflüchtet seien und nun wissen wollten, ob es sicher sei, aus dem Versteck herauszukommen. Diesen Verdacht äußerte er auch in einem Schreiben an Sprague, in dem er außerdem eine gänzlich ungebührliche Forderung nach ihm zustehenden Auslagen in der Sache Briggs stellte. Spragues trockener Kommentar an das Außenministerium in Washington lautete, Flood habe »immer als Mensch mit sehr lebhafter Phantasie gegolten, der, zumindest bis zu einem gewissen Grad, des vernünftigen Gebrauchs seiner geistigen Fähigkeiten nicht mehr mächtig sei«. Das sei jedenfalls die Auffassung, sagte er, die selbst Floods engste persönliche Freunde hegten.

1886 schließlich räumte Sprague, immer noch in Gibraltar, mit Floods Theorien vom Blut auf den Decks und dem blutbefleckten Säbel auf. Als ihn das Außenministerium um weitere Einzelheiten in dieser Sache ersuchte, fragte er beim Archivar des Vizeadmiralitätsgerichtshofes an, ob er den Bericht des Chemikers einsehen dürfe. Flood hatte diesen Bericht vierzehn Jahre lang versiegelt aufbewahrt und sich sogar geweigert, eine Kopie an den Gouverneur der Festung Gibraltar zu senden. Der Archivar hatte jetzt nichts mehr dagegen einzuwenden, und der Bericht wurde aufgebrochen. Aus ihm ging ziemlich eindeutig hervor, daß nirgendwo auf der *Mary Celeste* Blutspuren waren, und es ist nur denkbar, daß Flood, der mit solchem Ernst die Theorie verfolgte, etwas sei faul, den Bericht vor fremden Augen hütete, um sich nicht bloßzustellen.

Wieder einmal schien der Fall *Mary Celeste* abgeschlossen zu sein. Aber schon im darauffolgenden Jahr behauptete ein sechzigjähriger Mann in Curaçao, Holländisch-Guyana, er sei Steuermann auf der *Mary Celeste* gewesen. 1904 schrieb der britische Schriftsteller J.L. Hornibrook im *Chambers Journal*, die Schiffsbesatzung sei Mann für Mann von »einem riesigen Polypen oder Kraken« von Bord gezerrt worden, und erinnerte an die Beweisaufnahme, bei der die vermeintliche Axtspur in der Reling gefunden wurde, die seines Erachtens beim Kampf mit dem Ungeheuer entstanden sei. 1911 ging ein Seemann namens Mick Whelligan zur New Yorker Polizei und kündigte an, er kenne die Antwort. Natürlich wurde ihm die Tür gewiesen.

1913 erschien im *Nautical Magazine* der Bericht eines gewissen Kapitäns Lukhmanoff, eines Russen. Seine Informationen sollten angeblich von einem Griechen stammen und besagten, die gesamte Besatzung der *Mary Celeste* einschließlich Mrs. Briggs und des Kindes wäre dazu gezwungen worden, die durch Fieber dezimierte Mannschaft eines Piratenschiffes zu ersetzen. Noch im gleichen Jahr tat sich eine Gruppe von Literaten zusammen, um gemeinsam des Rätsels Lösung zu finden. Es waren Barry Pain und Morley Roberts, die schon einmal zur See gefahren waren, sowie Horace Annesley Vachell und Arthur Robinson, alle vier Romanschriftsteller. Sie verwarfen die vielen aufgestellten Theorien, daß Übernatürliches im Spiel sei, als zu banal.

Pain nahm an, ein in irgendeine dunkle Angelegenheit wie beispielsweise Piraterie verwickeltes Schiff habe die Besatzung der *Mary Celeste* samt Briggs' Frau und Kind auf dem Gewissen. Roberts meinte, es wäre um Geld gegangen und habe eine Schieberei gegeben. Vachell zog in Erwägung, daß ein »unvorhergesehenes Ereignis« wie etwa eine Unterwasserexplosion eine tödliche Gaswolke hervorgebracht haben könnte, in die das Schiff hineingesegelt wäre. Dadurch seien alle in Panik getrieben und dazu veranlaßt worden, über Bord in den Tod zu springen. Nur der Kapitän oder Steuermann hätte lange genug seinen gesunden Verstand behalten, um noch den Schiffschronometer und die Papiere an sich zu nehmen. Robinson mutmaßte, ein Besatzungsmitglied habe sich mit Hilfe vergifteten Kaffees aller übrigen Reisegenossen entledigt und sei dann selbst über Bord gesprungen.

Ihre Betrachtungen wurden ganz ernsthaft im *Strand Magazine* veröffentlicht, einer Zeitschrift, in der wenige Monate später auch eine weitere angeblich wahre Darstellung des Mysteriums erschien. Der hochangesehene A. Howard Linford, Rektor der Peterborough-Lodge-Schule in Hampstead, behauptete, er hätte einen alten Diener gehabt, Abel Fosdyck, der ihm kurz vor seinem Tode drei Kästen voller Papiere anvertraut und dazu gesagt habe, sie beträfen die *Mary Celeste.* Im ersten Moment hatte Linford mit diesem Namen überhaupt nichts anfangen können, doch als die Kästen geöffnet waren, zeigte es sich, daß sie Tagebuchaufzeichnungen über die vergangenen dreißig Jahre enthielten, vermutlich aus Fosdycks Feder. Ein Kinderfoto lag dabei, das in verblaßten Bleistiftzügen die Unterschrift »›Baby‹ im Alter von zwei Jahren« trug und ein Porträt von Briggs' Tochter sein sollte, das Fosdyck von Mrs. Briggs erhalten hatte. Laut Tagebuch hatte sich das Kind angewöhnt, auf den Bugspriet zu klettern, so daß eine Art Plattform gebaut wurde, allgemein »Babys Quarterdeck« genannt, wo die Kleine gefahrlos sitzen konnte. Dann forderte Briggs zwei Leute seiner Mannschaft dazu heraus, in voller Bekleidung ein Wettschwimmen mit ihm rund um das Schiff abzuhalten. Um bei diesem Wettstreit zuzuschauen, drängte sich die übrige Schiffsbesatzung einschließlich Mrs. Briggs und des Kindes auf die Plattform. Die aber gab nach und stürzte mit allen Menschen in die Fluten. Wie durch ein Wunder entging Fosdyck dem Tod durch Ertrinken.

Die ganze Geschichte war offensichtlich erfunden, aber dessenungeachtet traf die Zeitschrift in einer Fußnote die Feststellung, die rätselhaften Spuren an den Bugseiten des Schiffes könnten sehr wohl auf die Pfosten zurückzuführen sein, auf denen die Plattform errichtet worden war. Mit den Tagebuchaufzeichnungen zusammen erschien in der Zeitschrift noch ein Faksimile der Handschriften von Abel Fosdyck; diese jedoch wiesen keinerlei Merkmale viktorianischer Schreibkunst auf wie beispielsweise das lange »s«, das einem »f« sehr ähnlich sieht, und außerdem entsprach die Wortwahl ganz und gar nicht der eines Seemanns. Darüber hinaus stimmten die Namen der Besatzung nicht mit der amtlichen Liste überein, die auf keinen Fall den Namen Abel Fosdyck einschloß.

Ein Jahr später, im Januar 1914, erschien in der *Liverpool Weekly Post* ein Artikel über einen Mr. Greenhough, einen Offizier der Handelsmarine, der 1905 Jungmann auf der nach Chile bestimmten Bark *Andorinha* gewesen war. Er war mit weiteren Männern zur St.-Paul-Insel geschickt worden, um Sand zu laden, und dabei fand er ein Skelett. Daneben lag eine Flaschenpost, die besagte, der Tote habe ein in dunkle Geschäfte verwickeltes Schiff geführt, das drei Leute seiner Mannschaft verloren hätte. Man sei auf die ohne Wind treibende *Mary Celeste* getroffen und habe ihre Mannschaft einschließlich des Kapitäns übernommen. Briggs' Frau und Kind wären erschossen worden.

Die Geschichte war nicht schlecht, aber was wurde aus der Mannschaft? Warum tauchte sie nie wieder auf? Und wie konnte jemand am Rande des Todes noch so viel Zeit an die Niederschrift einer so langen Geschichte wenden?

1917 erschien wieder eine andere Version. Diesmal stammte sie von einem Mann namens Cuppy oder Chippy Russell. Vorgeblich war er der ehemalige Bootsmann der *Mary Celeste* Jack Dossel, lebte jetzt in Shrewsbury und arbeitete als Chemiker. 1924 sandte Kapitän R. Lucy von der Royal Navy eine Geschichte an den *Daily Express*, die er angeblich von einem anderen Bootsmann und »einem Mann namens Briggs« gehört hatte. Darin hieß es, die *Mary Celeste* wäre auf ein Wrack gestoßen, in dem sich eine Kiste mit 3500 Pfund in Gold- und Silbermünzen befand. Briggs ergriff Besitz davon, behielt 1200 Pfund für sich und verteilte den Rest unter die Mannschaft. Da sie nur noch 50 Seemeilen von Cádiz entfernt waren, beschlossen sie, ihr Schiff zu versenken, die Boote des Wracks zu nehmen und nach Cádiz zu segeln. Ein fremdes Schiff erschien und vereitelte das Versenken, aber was sie sonst noch geplant hatten, führten sie auch aus. Das klingt nicht im mindesten nach Briggs, der ja schließlich zu einem Drittel an der Fracht der *Mary Celeste* beteiligt war, und die war viel zu wertvoll, um sie für magere 1200 Pfund zu opfern.

Binnen zwei Jahren veröffentlichte das *Chambers Journal* unter dem Namen Lee Kaye einen Artikel über einen älteren Mann namens Pemberton, der in Liverpool lebte und behauptete, er wäre Koch auf der *Mary Celeste* gewesen und wüßte, was dem Schiff widerfahren sei. Zwei Jahre später wurde diese Behauptung wieder aufgegriffen in einem Buch von Lawrence J. Keating – er war offenbar mit Lee Kaye identisch –, das den Titel *The Great Mary Celeste Hoax; A Famous Mystery Exposed* (»Der Riesenschwindel Mary Celeste; Entlarvung eines berühmten Rätsels«) trug. Und 1929 veröffentlichte der *Evening Standard* die Geschichte Pembertons. Er soll zu diesem Zeitpunkt 92 Jahre alt gewesen sein, und die Zeitung brachte sogar ein Foto von ihm, auf dem er angeblich denselben Mantel anhatte, den er trug, als er nach dem Vorfall auf der *Mary Celeste* nach Liverpool zurückkehrte.

Zum erstenmal wurde hier Mrs. Briggs in eine Geschichte miteinbezogen. Ihr Klavierspiel – nicht etwa Harmoniumspiel – in der Kajüte soll einen Steuermann gestört haben, einen brutalen Menschen namens Hullock. Als das Klavier bei Sturm umfiel und die Frau erschlug, beschuldigte Briggs, der außer sich war, Hullock des Mordes an ihr. Dann wurde er verrückt, legte Feuer an das Schiff und sprang über Bord. Unter Hullocks Kommando brachen Kämpfe aus. Einer von der Mannschaft wurde getötet. Jetzt übernahm der Koch Pemberton als Kapitän die Schiffsführung. Vor den Azoren machte sich Hullock mit zwei Kumpanen, darunter Jack Dossel, davon und ließ Pemberton mit drei Mann an Bord der *Mary Celeste* zurück, als die *Dei Gratia* in Sicht kam. Diesem Bericht nach hatten *Mary Celeste* und *Dei Gratia* in New York längsseits gelegen, und Morehouse hatte den Plan ausgeheckt, die *Mary Celeste* aufzubringen und den Bergelohn zu kassieren.

Wie schon bei vorangegangenen Berichten ist auch dieser Gedanke nicht ganz von der Hand zu weisen, denn es kam öfters vor, daß Leute auf See wahnsinnig wurden. Die Brigg *Mary Russell* zum Beispiel war 1828 Gegenstand einer echten Horrorstory. Ihr Kapitän William Stewart war völlig übergeschnappt, obwohl er bis dahin einen untadeligen Leumund als guter Ehemann, fähiger Seemann und freundlicher Vorgesetzter hatte. In dem Wahn, seine Mannschaft und die Passagiere wollten eine Meuterei anzetteln, bestellte er die Leute mit Hilfe dreier Jungmänner einzeln in seine Kajüte, fiel über sie her und fesselte sie. Nur zwei Männer, dem Steuermann und einem anderen, gelang es, sich zu verbergen, obgleich beide schwer verletzt waren.

Während dieser Vorgänge wurde das Schiff zweimal gesichtet, aber die fremden Schiffe sahen, daß die Decks wie leergefegt waren, fürchteten Piraterie und machten einen weiten Bogen. Schließlich fiel der Kapitän in völlige geistige Umnachtung, schlug mit einer Brechstange auf die gebundenen Gefangenen ein und prügelte sie zu Tode. Gerade wollte er die entsetzten Jungmänner aufknüpfen, als der amerikanische Schoner *Mary Stubbs* erschien. Sein Kapitän war ein alter Freund Stewarts. Er nahm die beiden Verletzten an Bord, übergab die *Mary Russell* der Obhut zweier seiner eigenen Leute und segelte nebenher. Stewart glaubte sein Leben durch die neue Besatzung gefährdet und sprang zweimal über Bord, wurde jedoch von der *Mary Stubbs* gerettet. In der Nähe der irischen Küste sprang er wieder über Bord und wurde von einer irischen Schaluppe aufgenommen. Immer noch in dem Wahn, sein Leben sei in Gefahr, sprang er erneut über Bord. Diesmal rettete ihn ein Fischerboot, dessen Besatzung glücklicherweise so vernünftig war, ihn der Küstenwache zur Einweisung in eine Anstalt zu überantworten.

Keatings Geschichte hatte genug Realitätsbezug, um als möglich zu gelten, wenn sie auch die Tatsache völlig außer acht ließ, daß Morehouse als ehrlicher, achtsamer Mann bekannt war und zur Mannschaft der *Mary Celeste* weder ein Pemberton noch ein Hullock oder andere der erwähnten Namen gehörten. Der Koch hieß in Wirklichkeit Edward Head.

1924 befand J.G. Lockhart, ein zuverlässiger Autor authentischer Seefahrtsgeschichten, der Gedanke könne durchaus zutreffen, daß ein in religiösem Wahn Befangener alle umgebracht hätte. Er gab an, 1909 von einem gewissen Ramon Alvarado aus Cincinnati, Ohio, einen verschlüsselten Brief empfangen zu haben, der des Rätsels Lösung beinhalte – leider wurde er nie entziffert.

1926 stieg sogar eine britische Astrologiezeitschrift in die Sache ein und zog merkwürdige Verbindungen zwischen der *Mary Celeste* und der Cheopspyramide von Gise, dem verschollenen Kontinent Atlantis und den englischen Zionisten. Der Schriftsteller Adam Bushey sprach gar davon, die Mannschaft habe sich »dematerialisiert«, denn das Schiff sei in einem esoterisch entscheidenden Augenblick über genau die Stelle gesegelt, wo einst die verlorene Stadt Atlantis in den Wellen versank.

Das war aber noch längst nicht alles. 1927 schrieb Kapitän J.L. Vivian Millett von der Londoner Hafenbehörde, der mit der *Cutty Sark* berühmt geworden war, im *Journal of Commerce*, der Gedanke, Briggs habe sein Schiff wegen der Gefahr einer Alkoholexplosion preisgegeben, sei Unsinn. Der Grund dafür seien vielmehr maurische Piraten gewesen. Noch im selben Jahr rührte William Adams in einer Londoner Wochenzeitung alle Zweifel wieder auf und stellte fest, kein Mensch wisse eigentlich, wer wirklich an Bord der *Mary Celeste* gewesen sei. Aber in Wahrheit bestand darüber wenig Zweifel. Einmal abgesehen von den Geschichten über brutale Steuerleute und Schanghaipraktiken, von denen ein Großteil der damaligen Romanzeitschriften nur so wimmelte, waren Schiffsbesatzungen recht gut bekannt, und die amtliche Liste, die Mr. E.H. Jenks, der bevollmächtigte US-Seemannsamtskommissar aufgestellt hatte, gab die Namen genau wieder.

Der amerikanische Autor Hanson W. Baldwin machte noch einmal viel Wesens um den eigenartigen Säbel, der sich unter dem Bett befand. Und Kommandant Rupert Gould, ein bekannter Schriftsteller und Rundfunksprecher, meinte, daß weder eine Explosion stattgefunden haben noch ein Feuer ausgebrochen sein könne, er jedoch in Erwägung ziehe, die Mannschaft habe das Schiff in Panik verlassen, weil es ein so großes Leck hatte. Die Panikstimmung, überlegte er weiter, konnte dadurch aufkommen, weil Briggs an einem Herzschlag oder dergleichen gestorben war. Er machte darauf aufmerksam, daß ähnliches auf Kapitän Cooks *Endeavour* passiert war, und erinnerte an den Schoner *Marion J. Douglas*, der 1919 als treibendes Wrack vor den Scilly-Inseln auftauchte, weil seine Besatzung in der Nähe der Sandbänke von Neufundland geglaubt hatte, das Schiff versinke, und von Bord gegangen war.

In den 30er Jahren unseres Jahrhunderts kam die Rede erneut auf die Alkoholfracht. Die Vermutung wurde laut, die Mannschaft habe etwas davon getrunken, wilde Kämpfe wären ausgebrochen, und schließlich wären alle umgekommen. Nach einem Hörspiel von L. du Garde Peach wurden die Besatzungsmitglieder eines nach dem anderen von einem gigantischen Kraken weggeholt. Und 1942 behauptete Kommandant A. B. Campbell vom Expertenforum der BBC im *Sunday Dispatch*, er habe das Geheimnis endlich aufgedeckt. Auch Dod Orsborne, ein Schiffer aus Yorkshire, der mit einer gewaltigen Atlantikreise ohne nautische Geräte außer einem Schulatlas Schlagzeilen machte, glaubte die Antwort gefunden zu haben, als er 1942 bei Rio de Oro in Afrika auf Grund lief. Er entdeckte, daß er sich auf einer Sandbank befand, in der das rostige Wrack eines Dampfers steckte. In Port Etienne informierte man ihn, die Sandbank sei eine »Geisterinsel«, die durch Schwemmrückstände eines unter der Sahara strömenden Flusses verursacht wurde. Genau das gleiche Mißgeschick war seiner Meinung nach der *Mary Celeste* widerfahren. Aber das ist kaum wahrscheinlich, da ihre letzte verzeichnete Position 600 Seemeilen weit draußen im offenen Meer war.

Der Schriftsteller Edmond Rocher mutmaßte, die *Mary Celeste* wäre durch einen Vulkanausbruch unter Wasser auf eine Insel gehoben worden und die staunende Mannschaft sei von Bord gegangen und um das Schiff herumspaziert. Dann aber habe ein zweiter Vulkanausbruch die eben geschaffene Insel wieder versenkt, so daß die Leute ertranken. Das ist sicherlich ebenso reine Erfindung wie die Theorie von Professor M. K. Jessup, dem Dozenten für Astronomie an der Universität von Michigan. Er schrieb 1955 in dem Buch *UFO*, die Leute der *Mary Celeste* wären nicht hinab-, sondern von einer fliegenden Untertasse hinaufgerissen worden.

Einzelheiten wie das zubereitete Mahl, die schlafende Katze, der warme Ofen und der dampfende Tee waren inzwischen fester Bestandteil der Geschichte geworden. 1956 noch fiel ein französischer Schriftsteller, Robert de la Croix, darauf herein und bereicherte sie sogar um ein in einer Pfanne auf dem Herd brutzelndes Hähnchen. Mit jeder neuen Auslegung erfuhr die Legende der *Mary Celeste* eine weitere Ausschmückung. Der Kapitän sollte angeblich ins Logbuch geschrieben haben: »Etwas sehr Seltsames geschieht«, und einem anderen Gerücht zufolge hatte man einen Menschenknochen ans Deck genagelt gefunden. Sogar die Namen der Schiffsbesatzung sollten eine geheimnisvolle Bedeutung bergen.

Auch die Geschichte von dem Klavier, das auf Mrs. Briggs gefallen sein sollte, fand de la Croix' Zustimmung. Ferner behauptete er, die verwesten Leichen, die spanische Fischer am 14. Mai 1873 auf zwei Flößen fanden – eine war mit einer amerikanischen Flagge bedeckt –, wären mit Sicherheit die Leute der *Mary Celeste.* Er kam zu dem Schluß, sie müßten durch irgendeine Seuche umgekommen sein. De la Croix war auch der Meinung, die *Mary Celeste* sei nur eine Stunde vor Anrufung durch die *Dei Gratia* von einem Dampfer gesichtet worden und zu diesem Zeitpunkt wären noch Leute an Bord gewesen. Er folgerte, Morehouse habe in ruchloser Absicht drei seiner Leute schon an Bord der *Mary Celeste* gebracht, ehe sie in New York ablegte.

Schließlich behauptete de la Croix, Morehouse sei kurz vor dem *Mary-Celeste*-Vorfall auf die Dreimastbark *Julia* gestoßen, ein treibendes Wrack, auf dessen Tisch Reste einer Mahlzeit standen, Obstkompott, Brot und ein paar Knochen. Dort wäre ihm erst der Gedanke gekommen, wie die Betrügerei einzufädeln wäre.

Selbst das Bermudadreieck wurde 1975 mit einbezogen. Lawrence Kusche versuchte das Geheimnis zu ergründen, warum Schiffe gerade in jener Ozeangegend zwischen Florida, den Bermudas und Puerto Rico verschwanden und warum dort so viele unerklärliche Katastrophen stattfanden. Ihm fiel auf, daß auch die

Mary Celeste nicht allzuweit davon entfernt aufgefunden worden war. Die Fälle, von denen er zu berichten wußte, hatten allerdings fast alle ihren Ursprung auf der amerikanischen Atlantikseite. In der *New York Times* nahm er Bezug auf die Story von der Meuterei Betrunkener, die Richardson, der US-Schatzminister, zuerst aufgebracht hatte, und auch auf alle anderen damals vorherrschenden Mutmaßungen wie Versicherungsbetrug, Mord, Wasserhosen, Unterwassereinflüsse und Geisterinseln.

Der britische Schriftsteller MacDonald Hastings, bewehrt mit einem Aktenordner voller Zeitungsausschnitte, darunter den Ansichten eines gewissen Kapitäns T.E. Elwell, der um 1920 herum selbst im *Chambers Journal* einen Artikel über die *Mary Celeste* geschrieben hatte, machte ebenfalls den Versuch, das Geheimnis zu lüften. Seine Darstellung hielt sich strenger an Tatsachen als die meisten anderen. 1978 erschien noch einmal ein Roman über das Rätsel, und der vorläufig letzte Autor, der sich mit diesem Thema befaßte, war John Maxwell; seine ebenfalls romanhafte Version kam 1979 heraus. Er ließ sich ausführlich über Floods Verhalten im Gerichtshof aus und schuf einen phantasievollen – recht realitätsnahen – Bericht über die mutmaßlichen Geschehnisse an Bord. Am 16. Dezember 1979 nahm der Schriftsteller Rupert Furneaux im britischen Fernsehen für sich in Anspruch, er habe den Schlüssel des Geheimnisses gefunden. Er hielt sich an die Darstellung von Conan Doyles Jephson-Geschichte, das Rettungsboot der *Mary Celeste* sei noch an Bord gewesen, als sie aufgefunden wurde. Leider war das ein falscher Anhaltspunkt, denn schon an dem Tag, als die *Mary Celeste* in Gibraltar ankam, stand fest, daß sie keins gehabt hatte.

Der einzig wirklich sachgetreue Bericht unter den Myriaden von Spekulationen und Interpretationen war wahrscheinlich der des 1957 verstorbenen Charles Edey Fay. Er war Versicherungsagent und Hauptgeschäftsführer der Atlantic Mutual, einer der fünf Schiffsversicherungsgesellschaften. Sein Buch, das 1942 herauskam, hielt sich genau an die Tatsachen.

Als die *Mary Celeste* Santa Maria, die südlichste Azoreninsel, erreichte, hatte sie eine sehr schlechte Wetterperiode hinter sich, und ihre Besatzung war ziemlichen Unannehmlichkeiten ausgesetzt gewesen. Fays Auffassung nach glitt sie an der Nordküste der Insel entlang, da Briggs wie einst Kolumbus wußte, daß er bei Einhaltung eines südlichen Kurses in den Einflußbereich des Passats geraten würde, der das Schiff von seiner Route nach Gibraltar abbringen könnte. Doch die Nordroute an der Insel vorbei trug sie in gefährliche Nähe der Dollabarat-Untiefe, und Fay vermutete, daß Briggs vielleicht krank oder infolge eines Unfalls dienstunfähig war und jemand anders das Schiff führte. Die *Mary Celeste* passierte irgendwann in den Vormittagsstunden am Montag, dem 25. November, das Ostende der Insel – diesen Zeitpunkt errechnete Fay aus verschiedenen Faktoren, dem letzten Eintrag auf der Logtafel und den Tatsachen, daß keine Mahlzeit in Vorbereitung und das Bett des Kapitäns nicht gemacht war, was Mrs. Briggs sicher nicht lange geduldet hätte. Bis dahin hatte die Mannschaft die Lukenabdeckungen wegen der schlechten Witterung geschlossen gehalten, so daß gerade zu einer Zeit, in der veränderte atmosphärische Bedingungen auf den Alkohol im Laderaum einwirkten, ungenügend gelüftet wurde. Nach Angaben der Wetterstation auf den Azoren hatte sich das Wetter dann jedoch beruhigt, und Kapitän Briggs befahl, die Luken zu öffnen. In diesem Augenblick muß etwas passiert sein.

Von hier an hielt sich Fay an die Theorie von Dr. Oliver W. Cobb aus Easthampton in Massachusetts – ein Vetter sowohl von Briggs als auch von dessen Frau, der selbst zur See gefahren war. Cobb hatte auf die Tatsache aufmerksam gemacht, daß der *Daisy Boynton*, die Petroleum geladen hatte, 1930 auf ihrer Fahrt unter dem Kommando von Kapitän Henry C. Appleby die Luken in die Luft geflogen waren.

Als Dr. Cobb dem Steuermann der Brigantine *Julia A. Hallock* beim Kontrollieren ihrer 1600 Fässer Petroleum half, bemerkte er, daß einige der metallenen Faßreifen so blank waren, als wären die Fässer trotz des normalerweise sorgfältigen Verstauens und des Verkeilens mit Holzscheiten aneinandergescheuert. Es war durchaus möglich, daß eine ähnliche Reibung im Laderaum der *Mary Celeste* vor sich gegangen war und einen Funken verursacht hatte, der eine Explosion auslöste.

Cobb wies darauf hin, daß neun Fässer aus der Ladung der *Mary Celeste* leer waren, ein Verlust, der bei einer Fracht von insgesamt 1701 Fässern nicht weiter besorgniserregend war. Aber seiner Ansicht nach waren möglicherweise die aus dem ungelüfteten Laderaum aufsteigenden Gase stark genug, um die Mannschaft zu alarmieren, und vielleicht ließ sich auch noch ein Rumpeln und Grollen hören, als sei das Schiff drauf und dran, in die Luft zu fliegen. Deveau hatte die Vorlukabdeckung auf dem Deck liegend gefunden, etwa 3 Fuß vom Luk entfernt an der Backbordseite, aber seiner Meinung nach konnte sie nicht durch eine Explosion dorthin geschleudert worden sein, da keine Anzeichen für eine solche sprachen.

Laut Cobb war Briggs zutiefst beunruhigt, als ihm die Möglichkeit einer Explosion bewußt wurde, und so gab er Befehl, das Schiff zu verlassen. Die Kabelgattsluke, in der die Leinen verstaut waren, wurde geöffnet, doch dann entschloß man sich, statt eines neuen steifen Taus, das in der Eile schwierig zu handhaben wäre, lieber das Großpiekfall zu benutzen, ein starkes Tau von etwa 3 Zoll Umfang und ungefähr 300 Fuß Länge. Wenn das Rettungsboot des Schiffes am Ende dieser Leine hing, konnte sich die Mannschaft in Sicherheit wiegen und hatte zudem die Möglichkeit, zum Schiff zurückzukehren, sobald die Gefahr vorüber war. Die Leute hätten das Nötigste wie Nahrungsmittel und Trinkwasser mitgenommen und aus sicherer Entfernung das Schiff beobachtet. Das Großsegel hatten sie auf dem vorderen Deckshaus liegen lassen; man war gerade beim Herablassen des Segels gewesen, als Alarm gegeben wurde, und hatte es einfach fallen lassen.

Laut Wetterbericht der Azoren-Wetterstation erhob sich nach der Ruhe des Morgens ein jäher Wind. Als das Schiff bei einer Bö einen Satz voraus machte, riß das lange Schlepptau – wahrscheinlich gab ein in der Eile schlecht geschlungener Knoten nach –, und die Insassen des Bootes, das nur 16 bis 20 Fuß lang war und weniger als 1 Fuß Freibord hatte, trieben dahin. Weiteren Aufzeichnungen zufolge wütete zudem ein heftiges Gewitter, das die Lage noch verschlimmerte. Das nächstgelegene Land, Santa Maria, bot mit seinen Steilküsten kaum Rettungsmöglichkeiten, und sehr wahrscheinlich wurde das Boot südostwärts getrieben und eine Beute des Meeres.

Cobb machte auch Floods Theorie zunichte, kein Schiff könne unbemannt so weit segeln, wie die *Mary Celeste* offenbar gekommen war. Er zitierte den Fall des Schoners *William L. White*, der 1888 auf der Höhe von Delaware von seiner Besatzung aufgegeben wurde und dann in zehn Monaten und zehn Tagen über 5000 Seemeilen zurücklegte. Er wies nach, daß es für die *Mary Celeste* kein Ding der Unmöglichkeit gewesen sein dürfte, 750 Seemeilen in zehn Tagen hinter sich zu bringen. Cobb war der Meinung, sie sei mit drei geschwellten Segeln vorm Winde gesegelt, und dabei hätte sie das Vorstengestagsegel und der Klüver davor bewahrt, in den Wind zu kommen, so daß sie auf Kurs blieb. Er hob hervor, daß Berichten zufolge zwischen dem 25. November und dem 5. Dezember Nordwind vorgeherrscht hatte und die Geschwindigkeit des Schiffes 3 bis 4 Seemeilen pro Stunde erreicht haben könnte. Die *Mary Celeste* bewegte sich wahrscheinlich fast acht Tage lang 480 Seemeilen weit in östlicher Richtung mit 2½ Seemeilen pro Stunde. Dann wurde sie bei Umspringen des Windes von einer Sturzsee überspült, die das vordere Deckshaus und den Laderaum unter Wasser setzte, verlor ihr Fock- und Obermarssegel und segelte bei 2 Meilen in der Stunde 96 Seemeilen in westlicher Richtung, bis sie ungefähr auf der Position ankam, auf der sie entdeckt wurde.

Diese detaillierten Ausführungen hatten Hand und Fuß, lösten indessen das Rätsel nicht ganz. Gewiß kann auch Floods Verdacht auf ein abgekartetes Spiel nicht völlig unberücksichtigt bleiben, denn J. G. Lockhart beteuerte, Morehouse und Briggs wären alte Bekannte und hätten am Abend vor dem Auslaufen der *Mary Celeste* im Old Astor House in New York zusammen gespeist. Der amerikanische Schriftsteller Hanson W. Baldwin behauptete 1956 ebenfalls, Briggs und Morehouse seien alte Freunde gewesen und hätten sich in verschiedenen Häfen der Welt getroffen. Es ist durchaus möglich, daß die beiden Schiffsführer einander beim Laden zu Gesicht bekamen, aber alle anderen Behauptungen müssen reine Spekulationen bleiben, da in der Verhandlung über die Bergungsansprüche keine Frage in dieser Richtung gestellt wurde.

Morehouse selbst hat in seiner Aussage nichts dergleichen erwähnt, auch nicht, daß er die *Mary Celeste* erkannt habe, was bei einer Bekanntschaft mit dem Kapitän sicher der Fall gewesen wäre. Auch vor seiner Mannschaft verlor er kein Wort darüber, als das Schiff in Sicht kam, obwohl das die naheliegende und natürliche Reaktion gewesen wäre. Es ist anzunehmen, daß diese Freundschaft wie auch das Abendessen zu den zahlreichen Mythen gehören, die über die *Mary Celeste* verbreitet wurden.

Mrs. Frances Richardson, die Witwe des vermißten Steuermanns Albert Richardson, glaubte fest daran, ihr Mann sei ein Opfer von Mord und Meuterei geworden, und dabei blieb sie auch am 9. März 1902 vor Reportern. Richardsons Schwester Priscilla Richardson-Shelton dachte genauso, und sein Bruder, Kapitän Lyman Richardson, meinte, die Leute wären von der Besatzung der *Dei Gratia* umgebracht worden.

Deveau, der Kapitän geworden war und 1912 starb, war bis ans Ende seiner Tage davon überzeugt, daß die Besatzung die *Mary Celeste* in dem Glauben verließ, sie sei mit mehr Wasser vollgelaufen, als es tatsächlich der Fall war. Morehouse meinte, das Schiff sei genau nördlich der gefährlichen Küste von Santa Maria in eine Flaute geraten und die Besatzung habe angesichts der Gefahr das Boot genommen, jedoch versäumt, es mit einem Tau am Schiff festzumachen. Als eine Brise aufkam, wäre das Boot am Ufer zerschellt, während das Schiff glücklich davonkam. Auch Briggs' Bruder hielt diese Theorie für zutreffend.

Winchester hinwiederum griff Cobbs Darstellung auf, der Alkohol sei in Gefahr gewesen zu explodieren und die Mannschaft habe sich daraufhin in das Boot gerettet. Aber es bleibt immer noch ein Rätsel, wie ein erfahrener Kapitän so die Nerven verlieren konnte, daß alles dermaßen schiefging. Vielleicht handelte er so übereilt, weil er Frau und Kind bei sich hatte, aber er mußte wissen, daß mitten auf dem Atlantik die *Mary Celeste* immer noch sicherer war als ein offenes Boot.

1967 wurde ein überaus interessanter Versuch gemacht, das Geheimnis zu lüften, diesmal von Sir William Charles Crocker. Wie Edey Fay war Crocker Versicherungsexperte. Er gehörte der Lloyd's-Gruppe an und war aufgrund seiner Erfahrung bei der Aufklärung dunkler Feuerversicherungsgeschäfte so etwas wie ein Detektiv. Da seine Frau Amerikanerin war und er Edey Fay kannte, stellte er zu seinem eigenen Vergnügen Ermittlungen im Fall *Mary Celeste* an. Dabei ging er zunächst einmal davon aus, daß ein so erfahrener Kapitän wie Briggs sein Schiff nicht einfach aus Angst vor einer Explosion aufgab. Was immer geschehen war, mußte seiner Ansicht nach viel erschreckender gewesen sein. Darum hielt er mit allem Nachdruck an der Theorie fest, es müsse tatsächlich Feuer oder eine Explosion gegeben haben, auch wenn nichts versengt oder verkohlt gewesen sei.

Wie Fay nahm auch Crocker zur Kenntnis, daß nach den meteorologischen Berichten zur Zeit der Schiffspreisgabe die See vollkommen glatt war, wofür das offene Kajütenoberlicht wohl eine Bestätigung bot, daß zuvor jedoch eine Schlechtwetterperiode vorgeherrscht hatte, in der die Mannschaft alle Luken dichtgemacht hatte. Sie war gerade dabei, sie wieder zu öffnen, und hatte beim Oberlicht angefangen, als irgend etwas geschah, was die Schiffspreisgabe verursachte.

Seit langem hatte die Mehrzahl der angesehenen, fähigen Ermittlungsexperten eine Explosion im Laderaum und die Furcht vor einer weiteren, vernichtenden Explosion in Erwägung gezogen. Aber noch so eingehende Untersuchungen hatten keinerlei Anzeichen für eine solche Explosion aufgedeckt. Immerhin hatten sich nur neun Fässer Alkohol durch Verdampfung geleert, und das hielten die Reeder für völlig normal. Crocker machte nun darauf aufmerksam, daß eine derartige Mischung aus Luft und Alkoholdünsten im Laderaum hochexplosiv sein könnte, wenn »der Alkoholanteil zwischen 3 und 14 Gewichtsprozenten« lag. Bei darüber- oder darunterliegenden Werten würde sich das Gemisch nicht entzünden, aber innerhalb dieser Grenzen würde es explosiv genug werden, um ein Schiff in die Luft zu jagen. Briggs muß sich dieser Gefahr bewußt gewesen sein und es für nötig befunden haben, die Luken ab und zu zwecks Durchlüftung zu öffnen. Wenn hingegen zuvor schlechtes Wetter herrschte und die Lüftung verhinderte – und dafür sprechen die verschalkten Deckshausfenster und der Wetterbericht von den Azoren –, muß er äußerst besorgt gewesen sein. Laut Crocker navigierte Briggs eine Zeitbombe!

Über dem Laderaum befand sich das Deckshaus mit der Kombüse, in der gekocht wurde. Die Kombüse stand mit dem Laderaum durch eine Öffnung in Verbindung, die Inspektor Austin als »Loch im Deck nahe der Feuerstelle« vermerkte. Er und seine Mitarbeiter dachten, das Loch sei dazu da, um Seewasser aus der Kombüse abzuleiten. »Aber daß es eher dem Zündloch einer Kanone ähnelte, hat niemand bemerkt«, sagte Crocker. Wenn der Laderaum voller Alkohol war, mußte sich der durch das Loch aufsteigende Dunst früher oder später an der glühenden Asche oder am Herdfeuer entzünden und in die tödliche Fracht unten zurückschlagen. Crocker war der Auffassung, genau das sei geschehen, und die dadurch verursachte Detonation habe Briggs, der ohnehin schon besorgt war, weil ihn das schlechte Wetter gezwungen hatte, die Luken dichtzumachen, zutiefst beunruhigt und davon überzeugt, daß Schlimmeres bevorstehe. Das beste schien zu sein, mit dem Boot in sicherer Entfernung hinter dem Schiff zu liegen, bis entweder die Explosion stattgefunden hatte oder die Luken genügend durchlüftet waren, um eine gefahrlose Rückkehr zu gewährleisten.

1859 wurde in den Vereinigten Staaten die erste Ölquelle erschlossen, und schon lange vor 1872 war allgemein bekannt, daß Schiffe mit solcher Spiritusladung manchmal hochgingen. Dabei gab es allerdings meist Überlebende und nichts zu rätseln, denn es blieben deutliche Spuren von Verwüstung und Feuer zurück. Daran hielten sich natürlich auch die Experten bei ihrer Inspizierung der *Mary Celeste* und später die Möchtegernexperten in ihren Schriften. Da sie keine entsprechenden Spuren fanden, kamen sie zu dem Schluß, es habe weder eine Explosion noch ein Brand auf der *Mary Celeste* stattgefunden. Auf der Suche nach dem Schlüssel des Geheimnisses war schon so manchem denkenden Menschen der Verdacht gekommen, explodierende Alkoholdämpfe müßten etwas mit der Katastrophe zu tun haben, aber alle ließen sich durch die fehlenden Brandspuren irritieren. Der durch seine vielen Feuerversicherungsfälle gewitzte Crocker aber machte deutlich, daß im Gegensatz zu Petroleum-Luft-Mischungen, die beim Explodieren Kohlenstoff freisetzten und reichlich Rußspuren zurückließen, Alkohol Sauerstoff enthalte und mit unsichtbarer Flamme brenne. Deshalb hinterließe eine Alkoholexplosion selten solche Rauch- und Brandspuren, wie sie die Inspektoren suchten. Nach Crockers Auffassung war eine derartige Explosion auch die Ursache für die Spuren am Bug. Shufeldt hatte recht mit seiner Vermutung, die Planken seien während des Schiffsbaus gerissen, aber erst die Explosion im Hauptladeraum hatte letztlich mit ihrer 3 Fuß über der Wasserlinie nach vorne gerichteten Druckwelle die tiefen Absplitterungen verursacht. Möglicherweise war die Explosion auch daran schuld, daß der Kombüsenherd »nicht an seinem Platz« stand, wie Austin entdeckt hatte.

Als Deveau und seine beiden Leute an Bord des Schiffes gingen, stellte das »Zündloch« in Herdnähe keine Gefahr mehr dar, sie machten in aller Sicherheit Feuer im Herd und kochten ihre Kartoffeln. Nach so vielen Tagen und Meilen mußten die im Laderaum ausgeströmten Alkoholdämpfe verflogen sein. Hatte der Wind genug Kraft gehabt, um die Segel in Fetzen zu blasen, dann war er bestimmt auch stark genug, um das Gas aus dem Laderaum zu vertreiben. Ähnlich werden bei modernen Tankschiffen die Tanks nach dem Löschen gelüftet.

Nach all den Theorien, Spekulationen und Lösungsversuchen hat Sir William Crocker bis jetzt die beste Erklärung für das Geheimnis der *Mary Celeste* geliefert.

3. U. S. S. Maine († 1898)

Katastrophe in Kuba

Neben verschwundenen Schiffen und Schiffen, deren Besatzungen verschollen sind, gibt es auch Schiffe, die Kriege ausgelöst haben.

Im Jahre 1731 wurde Kapitän Robert Jenkins' Schiff *Rebecca* von der spanischen Küstenwache gestoppt, die im Einsatz war, um britische Kauffahrer von der profitablen Teilnahme an Spaniens Handel mit der Neuen Welt abzuhalten. Bei dem Versuch, seine Ladung zu verteidigen, verlor Jenkins ein Ohr. Diese Sache kam 1738 vor das höchst patriotische britische Oberhaus, und das Ohr brachte die Engländer angeblich so in Rage, daß es 1739 zu einer kriegerischen Auseinandersetzung zwischen Großbritannien und Spanien kam, die England ein Jahr später in den österreichischen Erbfolgekrieg und schließlich in den Siebenjährigen Krieg mit hineinzog.

Während des amerikanischen Bürgerkriegs führte der gegen Schiffe der Nordstaaten eingesetzte, in England gebaute konföderierte Handelskreuzer *Alabama*, der englische Geschütze und Seeleute transportierte, fast den Bruch zwischen der Union der Nordstaaten und den Briten herbei.

1915 wurde das Linienschiff *Lusitania* vor dem Old Head of Kinsale, Irland, von einem U-Boot versenkt, wobei Amerikaner ums Leben kamen. Dieser Vorfall war unter anderem der Auslöser dafür, daß die Vereinigten Staaten 1917 in den Ersten Weltkrieg eintraten. Damals war Franklin Delano Roosevelt Unterstaatssekretär der US-Marine. Aber 1941 war er Präsident seines Landes und gut Freund mit Großbritannien. Er hatte Winston Churchill jede nur mögliche Hilfe zugesagt, und als er merkte, daß es dem amerikanischen Volk widerstrebte, in europäischen Händeln mitzumischen, heckte er eine kleine Intrige aus, um die Volksmeinung zu ändern. Er ließ den alten Schoner *Lanikai*, der 1937 in dem Film *Hurricane* mit Dorothy Lamour und Jon Hall eine Rolle spielte, als

Kriegsschiff in Dienst stellen und provozierend auf Kreuzfahrt gehen. Dadurch hoffte er die immer aggressiveren Japaner dazu herauszufordern, das Schiff unter Beschuß zu nehmen und so eine kriegerische Handlung zu begehen, die ihm das Recht geben würde, in den Krieg gegen die Achsenmächte einzutreten. Die *Lanikai* würde – im Vergleich zu einem richtigen Kriegsschiff – kein großer Verlust sein.

Aber wie es so geht, überfielen die Japaner Pearl Harbor, ehe sie die *Lanikai* zu Gesicht bekamen. Nur der Kapitän der *Lanikai*, Leutnant (später Konteradmiral) Kemp Tolley, war sein Leben lang der Überzeugung, Roosevelt hätte den Krieg bewußt heraufbeschworen. Das liegt auch durchaus im Bereich des Möglichen, denn Roosevelt wußte sicher recht gut, daß lange vor der *Lusitania* ein Schiff die Vereinigten Staaten in Konflikt mit Spanien gebracht hatte, und vielleicht war es kein bloßer Zufall, daß einige der Geschütze an Bord der *Lanikai* bereits im Spanisch-Amerikanischen Krieg von 1898 in Gebrauch waren.

Die Vereinigten Staaten hielten lange Zeit unerschütterlich an den Prinzipien der Monroedoktrin fest, daß die übrige Welt ihre Finger von der amerikanischen Hemisphäre zu lassen hätte. Sie halfen in der südamerikanischen Unabhängigkeitsbewegung des 19. Jahrhunderts, das Joch der europäischen Vorherrschaft abzuschütteln; 1865 engagierten sie sich stark gegen Frankreich, das den Versuch machte, ein mexikanisches Reich unter der Herrschaft eines habsburgischen Prinzen zu errichten; und 1898 schritten sie wieder gegen die Spanier in Kuba ein.

Seit Kolumbus Kuba 1492 entdeckt hatte, war diese Insel immer eine spanische Kolonie gewesen. Aber schon 1863 waren die Amerikaner der Meinung, die Vereinigten Staaten täten recht daran, Spanien die Insel zu entreißen, und nach dem Bürgerkrieg schien ihnen die Zeit reif dafür, da ihrer Ansicht nach die Vereinigten Staaten nun die stärkste Militärnation der Welt darstellten. Der Kampf um die kubanische Unabhängigkeit war seit 1869 im Gang, und am Ende dieser Freiheitsbewegung stand 1895 die offene Rebellion.

Die Rebellen fanden starke Unterstützung in den Vereinigten Staaten. Die amerikanische Presse – insbesondere William Randolph Hearsts *New York Journal* – verspritzte ihr Gift gegen die Spanier und veröffentlichte Artikel von Spaniern aus Havanna, die selbst Kritik an ihrer Heimatregierung übten. Im Spätsommer des Jahres 1897 jedoch, als der spanische Ministerpräsident Cánovas del Castillo ermordet wurde, waren die Aussichten auf Frieden wieder rosiger, denn sein Nachfolger Práxedes Mateo Sagasta war gegen einen Krieg in Kuba. Weitgehend auf amerikanischen Druck hin wurde der 59jährige General Valeriano Weyler y Nicolau, der oberste Kommandant Kubas, abberufen und Kuba ein gewisses Maß an Autonomie zugebilligt. Weyler hatte unter den spanischen Militärs als Held gegolten, denn er war stark, hart und grausam gegen die Rebellen. Die Armee nahm seine Abberufung bitter übel und betrachtete sie als demütigende Konzession an die Vereinigten Staaten. Nun ließen die Spannungen zwar nach, aber es gab keine Garantie dafür, daß die spanischen Bemühungen, den Frieden auf Kuba wiederherzustellen, Erfolg haben würden. Gewiß waren die Kubaner nicht stark genug für einen Sieg, aber sie waren auch nicht so schwach, daß sie kapituliert hätten. Immer wieder flackerten Kämpfe auf, und 1898 war die Insel so gut wie verwüstet, ein Großteil ihrer Bevölkerung hungerte, viele waren krank oder tot. Und mit dem Gelbfieber, das sich im Golf von Mexiko und nach Florida hinüber ausbreitete, ergriff die Amerikaner das Kriegsfieber.

Die Nation war voller Unruhe. Schon warfen der Anbruch des technischen Zeitalters und der Kampf um die Weltmacht ihre Schatten über die Erde, die sich 1914 zu tiefster Finsternis verdunkeln sollten. Die idealistischen, ehrgeizigen Amerikaner sahen aus ihrer sicheren Isolation heraus geradezu erwartungsvoll einem Krieg entgegen. Und die Republikanische Partei, die damals an der Macht war, wußte, daß sie bei der nächsten Wahl eine Niederlage erleiden würde, wenn sie dem Befreiungskampf auf Kuba weiter zusah, ohne den Kubanern Hilfe zu leisten

Am 12. Januar 1898 gab es in Havanna Krawalle, sie waren von spanischen Offizieren inszeniert worden, die in Kuba eingetroffen waren, um die Aufstände niederzuschlagen, und richteten sich hauptsächlich gegen jene Zeitungen Havannas, die für die Autonomie eintraten. Niemand wurde ernsthaft verletzt, und abgesehen von ein oder zwei zerstörten Zeitungsredaktionen gab es auch nur geringen Sachschaden. Zugegeben, wilde Reden wurden geschwungen, und es kam zu Beleidigungen und Drohungen gegen die Amerikaner, aber die amerikanische Presse, besonders Hearst, machte viel zuviel Aufhebens davon. Das Ende vom Lied war, daß der amerikanische Kreuzer Maine von Norfolk in Virginia herbeordert wurde.

Die *Maine* war ursprünglich als Panzerkreuzer mit Rah- und Bramsegeln konstruiert worden, aber später wurden die Segel abgeschafft, und das Schiff wurde zum zweitklassigen Schlachtschiff umgebaut. Sie wurde in der Marinewerft von New York gebaut, lief am 18. November 1890 vom Stapel, wurde 1895 in Dienst gestellt und verließ noch im selben Jahr die Werft. Zu beiden Seiten hatte sie Geschütztürme, die über die Bordwand hinausragten, mit jeweils zwei 10-Zoll-Geschützen. Des weiteren verfügte sie über sechs 6-Zoller, sieben 6-Pfünder, acht 1-Pfünder-Schnellfeuergeschütze und vier Torpedorohre. Sie war 319 Fuß lang bei einer Decksbreite von 57 Fuß, hatte 6682 Tonnen Wasserverdrängung, 9290 PS und machte 17,45 Knoten. Ein Panzergürtel zog sich auf jeder Seite 180 Fuß an der Wasserlinie entlang. Aber obgleich das Schiff praktisch neu war, war es 1898 bereits veraltet.

Nach unserer heutigen Auffassung sah die *Maine* ungewöhnlich aus. Sie glänzte in den Farben der Friedenszeit mit einem weißen Rumpf, strohgelben Aufbauten, Masten und Schornsteinen und schwarzen Geschützen. Mit drei Decksaufbauten, statt nur mit einem, unterschied sie sich stark von anderen Schiffen. Die Quartiere waren weitläufig, wenn auch bei warmer Witterung ziemlich heiß. Die Mannschaft war hauptsächlich in den vorderen und mittleren Aufbauten untergebracht, die Offiziere achtern. Die Zwischenräume zwischen den Aufbauten sorgten dafür, daß die Geschütztürme sich drehen konnten und daß über Deck gefeuert werden konnte.

Der Kommandant, Kapitän Charles D. Sigsbee, war aus New York gebürtig und 53 Jahre alt. Er hatte seine Ausbildung an der US-Marineakademie abgeschlossen und den Bürgerkrieg mitgemacht. Er rühmte sich seiner Fähigkeiten in der Schiffsführung, hatte Jahre an der Verbesserung von Seekarten gearbeitet und sich internationale Anerkennung erworben. Nur einen Flecken hatte er auf seiner Weste: 1886 inspizierte ein amtlicher Prüfer das Schiff *Kearsage*, einen Veteranen des Bürgerkrieges, das Sigsbees Kommando unterstellt war, und befand, daß es verwahrlost war und Sigsbee versäumt hätte, seinen Dienstanweisungen nachzukommen. Sigsbee erklärte, die schlechte Witterung und das Alter des Schiffes seien schuld an diesen Mißständen, und der Tadel hatte weiter keinen Einfluß auf seine Karriere.

Als ihr zweiter Kommandant hatte er die *Maine* 1897 übernommen, wenige Wochen nach seiner Beförderung zum Kapitän. Zu Beginn seiner Dienstzeit dirigierte er das Schiff ohne Lotsen in den New Yorker Hafen und weiter den East River hinauf. Dort geriet er in Kollisionsgefahr mit einem voll besetzten Vergnügungsdampfer und rammte, um einen Zusammenstoß zu vermeiden, die Pier. Ein ranghoher Offizier meinte daraufhin, Sigsbee habe sich rücksichtslos verhalten, wenn er dichtbefahrene und bestimmten Regelungen unterworfene Gewässer ohne Lotsen befahre. Aber der Zwischenfall trug Sigsbee keinen Tadel, sondern ein Lob für seine Entscheidung ein, lieber die Pier zu rammen als den Dampfer.

Die Vorbereitungen zur Abfahrt der *Maine* nach Kuba unterlagen strengster Geheimhaltung, und man glaubte allgemein, das Schiff sei nach New York bestimmt. Während das Schiff mit der nordamerikanischen Flotte auf offener See lag, überbrachte ein Torpedoboot die Nachricht, es solle Havanna anlaufen. Als Grund wurde angegeben, der US-Regierung sei daran gelegen, die Freundschaftsbesuche in kubanischen Häfen wiederaufzunehmen, wie sie vor der Rebellion von 1895 Brauch gewesen waren. In Wahrheit hatte der amerikanische Generalkonsul in Havanna, General Fitzhugh Lee, in Anbetracht auflodernder antiamerikanischer Krawalle dringend Sicherheitsmaßnahmen für die dortigen Amerikaner gefordert. Lee war ein Neffe des bekannten Generals Robert E. Lee. Als überzeugter Konföderierter war er im Bürgerkrieg General der Kavallerie gewesen. Er machte kein Hehl aus seiner Auffassung, daß es Spanien nie gelingen würde, die Ruhe auf Kuba wiederherzustellen. Andererseits glaubte er auch nicht, daß die Revolutionäre dazu fähig wären, eine Regierung aufzustellen. Seines Erachtens mußten früher oder später die Vereinigten Staaten intervenieren, und darum war ihm an einsatzbereiten Marineschiffen gelegen.

Theodore Roosevelt – der wie sein Verwandter Franklin D. Roosevelt später vom Unterstaatssekretär der Marine zum Präsidenten des Landes aufstieg – war davon überzeugt, daß die Krawalle der Auftakt des Krieges waren. Einige der höchsten Beamten des US-Außenministeriums meinten, Kuba sei in Gefahr, ins Chaos gestürzt zu werden; Präsident McKinley kam zu dem Schluß, die Situation sei so explosiv, daß sie völlig außer Kontrolle zu geraten drohe.

Der spanische Botschafter in Washington, Enrique Dupuy de Lôme, ein gewiegter Berufsdiplomat, gab sich optimistisch, bis die Krawalle anfingen. Dann jedoch schloß er sich den Äußerungen der spanischen Regentin Maria Cristina an, die gesagt hatte, einzig und allein die Amerikaner würden die Empörung wachhalten. Seiner Auffassung nach hatte Konsul Lee eindeutig gegen Spanien Partei egriffen, und er gab warnend zu verstehen, daß die Anwesenheit amerikanischer Kriegsschiffe als unfreundlicher Akt angesehen würde.

Allerlei Vorwände wurden gesucht, um das Einlaufen der *Maine* in Havanna zu begründen; das Schiff konnte beispielsweise Treibstoff benötigen oder wichtige Sendungen für Washington abholen. Nach einigem Hin und Her blieb man jedoch bei der Erklärung, die freundschaftlichen Marinebesuche wiederaufnehmen zu wollen, die McKinleys Vorgänger, Präsident Grover Cleveland, einst abgebrochen hatte. Dupuy konnte dazu nur noch sagen, daß diese Besuche nie hätten aufhören dürfen, da ja Amerika und Spanien Frieden hielten. Als schließlich die Nachricht von der Anreise der *Maine* eintraf, mußte sogar Lee erkennen, daß die Behörden in Kuba sich nicht täuschen ließen. Die Schnelligkeit, mit der das Schiff herankam, entsprach kaum den internationalen Gepflogenheiten bei Freundschaftsbesuchen.

Kapitän Sigsbee hatte zwischen dem 21. und 23. November in Newport News Kohle gebunkert. Es handelte sich um Fettkohle, die zwar leicht entzündlich war, aber bessere Brennstoffqualitäten besaß als die Glanzkohle, die er in Key West bekommen hatte, und er hielt sie mit Bedacht für alle Fälle vorrätig. Da er auch nicht wußte, wie der Empfang ausfallen würde, sorgte er auch dafür, daß genug Munition für seine Geschütze zur Hand war.

Am Morgen des 25. Januar lag die *Maine* mit wehenden Flaggen vor der kubanischen Hauptstadt. Auf Sigsbees Frage, wie denn der Empfang sein würde, antwortete der Lotse Julian Garcia Lopez, die Amerikaner hätten nichts zu befürchten, wenn sie sich benehmen würden. Dann zeigte er Sigsbee auf der Karte vom Hafengelände, wo er vor Anker gehen könnte, und fragte ihn, ob es so recht sei. Sigsbee bejahte. Noch zwei weitere Kriegsschiffe lagen unter den Geschützen von Havannas Festung Morro, das spanische Schiff *Alfonso XII* und das Segelschulschiff *Gneisenau.* Auf dem Weg zu ihrem Liegeplatz fuhr die *Maine* zwischen ihnen durch.

Am Ufer drängten sich Menschenmassen, um zuzuschauen, wie das Schiff einlief. Obwohl bekannt war, daß alle Nationen der Welt ihre Häfen durch Minen absicherten, war niemand an Bord beunruhigt. Den Hafenbehörden allerdings, denen das Gelbfieberproblem zu schaffen machte, kam es sehr verdächtig vor, daß Sigsbee keine Anstalten traf, die erforderlichen Dokumente und Gesundheitspässe vorzuweisen.

Die Schlagzeile der Hearst-Presse am nächsten Tag lautete: »Unsere Flagge endlich in Havanna«, und der Kommentator drängte darauf, daß alle kubanischen Häfen endlich von amerikanischen Schiffen besetzt werden sollten. Als Reaktion darauf traf Spanien Anstalten, den Kreuzer *Vizcaya* im Rahmen eines »Freundschaftsbesuches« nach New York zu entsenden. Unter den gegebenen Umständen konnten die Amerikaner nur gute Miene zum bösen Spiel machen.

In Havanna betrachtete man die Anwesenheit der *Maine* als Störfaktor, denn man wußte, daß die Amerikaner mit den Aufrührern sympathisierten, obwohl sie ihnen bisher keine aktive Unterstützung gewährt hatten. Trotzdem hielten sich sowohl Spanier als auch Amerikaner starr an die Regeln der Höflichkeit. Man besuchte sich gegenseitig und tauschte Salutschüsse aus. Stierkampfkarten und eine Kiste Sherry wurden an Bord der *Maine* gesandt. Dupuy de Lôme blieb es indessen nicht verborgen, daß Sigsbee bei allen ausgesuchten Höflichkeitsbezeigungen die spanientreue autonome Regierung völlig überging. Auf Druck von Washington hin mußte er dann auch dieses Versäumnis wiedergutmachen. Doch nach einem Essen bei seinem Generalkonsul Lee fanden Sigsbee und seine Offiziere Flugblätter in der Stadt vor, deren antiamerikanischer Ton mehr als deutlich war:

Spanier,
LANG LEBE SPANIEN!

Wie kommt es, daß Ihr Euch in dieser Weise beschimpfen laßt? Seht Ihr nicht, was sie uns angetan haben, indem sie uns unseren tapferen, geliebten Weyler genommen haben, der garantiert längst mit diesem nichtswürdigen rebellischen Pöbel aufgeräumt hätte, welcher unsere Fahne und unsere Ehre mit Füßen tritt? Die Autonomie wurde uns aufgezwungen, um uns beiseite zu schieben und Ämter und Macht denen zu übertragen, die diesen Aufstand angezettelt haben, diesen niederträchtigen Verfechtern der Autonomie, den undankbaren Söhnen unseres geliebten Vaterlandes!

Und nun kommen diese dreckigen Yankees, mischen sich in unsere Angelegenheiten und machen sich auch noch lächerlich über uns! Welch ein Hohn, sie schmähen uns in ihren Zeitungen mit Artikeln aus unserer Heimat und setzen uns dann auch noch ein Kriegsschiff von ihrer elenden Flotte vor die Nase!

Spanier! Jetzt ist der Zeitpunkt zum Handeln gekommen! Schlaft nicht ein! Laßt uns diesen schmutzigen Verrätern zeigen, daß wir unseren Stolz noch nicht verloren haben und daß wir uns wehren können mit all der Kraft unserer großen und starken Nation!

Tod den Amerikanern!
Tod der Autonomie!
Lang lebe Spanien!
Lang lebe Weyler!

Sigsbee machte sich nicht viel Gedanken um das Flugblatt, denn solche Dinge kamen in Havanna häufig vor. Als er später mit seinen Offizieren auf dem Achterdeck stand, zog eine Personenfähre mit höhnischen Pfiffen und Rufen vorbei – Sigsbee war jedoch sicher, daß es sich nicht um spanische Offiziere oder Soldaten handelte. Seines Erachtens verhielten sich die Einheimischen wie auch die Mehrzahl der Havanna-Spanier oder Spanisch-Kubaner zurückhaltend.

Inzwischen war Hearsts *New York Journal* irgendwie in den Besitz eines vertraulichen Briefes von Dupuy de Lôme gelangt, in dem Präsident McKinley als »politisches Rauhbein« bezeichnet wurde und die Autonomie als Schwindel. In den Augen der amerikanischen Öffentlichkeit war das ein weiterer Beweis für Spaniens feindselige Haltung, und unter dem Deckmantel der zur Schau getragenen Höflichkeit begannen Spanier und Amerikaner, sich mißtrauisch zu beäugen. Sigsbee bekam Order, die Mannschaft nicht an Land zu lassen. Von Madrid hingegen erging Befehl an Havanna, falls er doch Landbesuche zulasse, Konfrontationen zu vermeiden. Nach ein paar Tagen schien sich die Lage wieder etwas beruhigt zu haben, so daß wenigstens die Offiziere Erlaubnis bekamen, einen Stadtbesuch zu machen. Die Mannschaft allerdings murrte, denn das Schiff war überfüllt und schlecht belüftet, und selbst die städtischen Proviantboote hielten sich fern. Aber Lee war zufrieden. Die Situation war allem Anschein nach unter Kontrolle, und vor April oder Mai bestand seines Wissens auch keine Gelbfiebergefahr. Da sich die Spanier nun wohl an den Anblick eines amerikanischen Schiffes gewöhnt hatten, konnte man daran denken, andere folgen zu lassen.

Kapitän Sigsbee allerdings traute der Ruhe nicht und traf alle nur erdenklichen Vorsichtsmaßnahmen. Er stellte Wachposten auf dem Vorschiff sowie achtern auf und hielt Munition für die Schnellfeuergeschütze bereit. Jeder Bordbesucher wurde genauestens beobachtet. Sigsbee ließ sich auch nicht dadurch beirren, daß einmal statt der erwarteten Gruppe spanischer Offiziere nur ein einziger kam. Er stattete trotzdem Admiral Vicente Manterola, dem Oberbefehlshaber der Marine, und General Ramón Blanco y Erenas, der Weyler als Oberster Kommandant abgelöst hatte, einen Besuch ab und versicherte sie der amerikanischen Freundschaft. Die beiden machten einen Gegenbesuch.

Es kam die Nacht des 15. Februar 1898. Windstille herrschte, und alle Schiffe lagen in verschiedenen Richtungen an den Festmachebojen. Die *Maine* war nun schon drei Wochen in Havanna. In dieser Nacht merkte man an Bord auf einmal, daß das Schiff in Richtung Machina zeigte, auf den spanischen Admiralspalast zu. Das war noch nicht vorgekommen. Aus dieser Position konnte nötigenfalls das Feuer auf die Küstenbefestigungen eröffnet werden. Da sich die Geschütztürme auf beiden Seiten der Brücke befanden, war die *Maine* nur dann in der Lage, ihre volle Feuerkraft zu entwickeln, wenn ihre Bugseiten auf das Ziel zeigten.

Die Nacht war dunkel und schwül, der Himmel bedeckt. Fast alle Offiziere waren an Bord, mit der Mannschaft zusammen 328 Mann, und außer den Wachhabenden befanden sich alle unter Deck. Die 214 wasserdichten Abteilungen des Schiffes waren geschlossen, soweit sie nicht benutzt wurden. Sigsbee war achtern in seiner Kajüte. Der Messesteward James Pinckney hatte ihm einen dünnen Mantel gebracht, mit dem er seine schwere Uniformjacke vertauschen wollte. Marineinfanterist C. H. Newton blies den Zapfenstreich, und Sigsbee hörte ihm zu. Da, um 21.40 Uhr, Sigsbee schrieb gerade die abschließenden Zeilen eines Briefes, dröhnte ein Knall wie ein Kanonenschuß, dann folgte eine ungeheure Explosion. Nach Sigsbees Beschreibung ertönte »ein donnerndes Krachen, als berste oder zerplatze etwas, ein stark metallischer Klang ..., dem eine Serie schwerer, unheildrohender metallischer Geräusche folgte, verursacht wahrscheinlich durch den umstürzenden mittleren Decksaufbau und fallende Trümmer«. Das Licht ging aus.

Leutnant John Hood gab folgenden Bericht: Er saß an Deck, als er etwas hörte, das ihm wie eine Unterwasserexplosion vorkam. Dann folgte eine zweite Detonation, und jetzt sah er die ganze Steuerbordseite des Decks mit allem, was darauf war, »in die Luft fliegen«. Während das Deck in die Luft ging, brachen die Schornsteine zusammen. Als keine Trümmer mehr umherflogen, sah er in einem Umkreis von wohl 100 Metern rings um das Schiff schäumende Wassermassen voller Wrackteile und hilfeschreiender Männer. Auf dem Achterdeck war ein Mann von einem herabstürzenden Ventilator aufgespießt worden. Nach Hoods Auffassung hatte die erste Explosion den größten Schaden angerichtet, während die zweite nur noch relativ schwach war.

Andere Überlebende beschrieben »ein Zittern und Sichaufbäumen der Decks, gefolgt von einem ohrenbetäubenden Lärm«. Die Männer in der Unteroffiziersmesse hörten einen dumpfen Knall, und als alle Lampen ausgingen, tasteten sie sich durch Flammen, Dampfwolken und reißende Wassermassen einen Weg ins Freie. Der Kadett Wat T. Cluverius, der später die klarsten Aussagen zu den Ereignissen machen konnte, gab an, das erste, woran er gemerkt habe, daß etwas nicht stimmte, sei eine leichte Erschütterung gewesen, als wenn ein 6-Pfünder-Geschütz irgendwo über Deck abgefeuert worden wäre. Danach ging »ein sehr starkes Zittern« durch seine Kammer, dem ein schwerer Schlag folgte. Alles vibrierte weiter, Wasser flutete durch die Unteroffiziersmesse, und es klang nach berstenden Wänden.

Für Leutnant George F. M. Holman hörte sich die Explosion genauso an wie andere Unterwasserexplosionen, die er erlebt hatte, nur viel stärker. Der Heizer William Gatrell, der sich im Rudermaschinenraum befand, viel tiefer unten im Schiff als alle anderen, die davonkamen, sah eine blaue Stichflamme, als die Explosion stattfand. Alle Männer, die unten bei ihm waren, kamen um, nur er schaffte es, sich nach oben durchzukämpfen, bevor er ohnmächtig wurde. An Deck packte ihn jemand und warf ihn über Bord.

Eins war klar: Die Explosion hatte im Vorschiff stattgefunden. Je weiter vorne die Überlebenden gewesen waren, desto stärker hatten sie die Wirkung der Explosion miterlebt. Einige waren nur wie durch ein Wunder dem Tod entgangen. Ein Obergefreiter, der in seiner Hängematte an Deck lag, wurde glatt durch das über ihm befindliche Sonnensegel gewirbelt. Ein anderer stand gerade am hinteren Schornstein, sah eine Rauchwolke, fand sich jäh in die Luft gehoben und kam auf dem Achterdeck, etwa 40 Fuß weiter, wieder herunter. Wieder andere wurden heftig umhergeschleudert, in alle Richtungen geblasen »wie Papierschnipsel bei einer steifen Brise«, und doch schafften sie es irgendwie, sich dahinschleppend, auf allen vieren kriechend oder schwimmend in Sicherheit zu bringen.

Aus dem vorderen Zwischendeck, wo die Mehrzahl der Leute schlief, konnten sich vermutlich nur zwei Männer retten. Einer von ihnen, Bootsmannsmaat Charles Bergman, wurde in die Gegend geschleudert. Er wußte nicht, wo er war, aber es war so heiß, daß er sich Arme und Beine verbrannte und sein Mund sich mit Asche füllte. Er kam erst wieder zu Bewußtsein, als er im Wasser zwischen Wrackteilen schwamm, die ihn herabzuziehen drohten. Er kämpfte sich frei, wurde aber von weiteren Trümmern gleich wieder hinuntergedrückt und überlebte nur, weil er, dicht über dem Boden des flachen Hafenbeckens schwimmend, den herabstürzenden Wrackteilen entkommen konnte. Der andere Mann, der sich retten konnte, war Jeremiah Shea. Nach seinen Worten verdankte er seine Rettung nur der Tatsache, daß er wie ein »durchschlagendes Geschoß« ins Freie befördert wurde.

Vom Land aus sah der spanische Offizier Leutnant Julio Peres y Perera, wie eine gewaltige Feuerlohe hochschlug und die *Maine* fast völlig in schwarzen Rauch einhüllte, aus dem heraus farbige Lichter in den Raum schossen. Dann loderten wieder Flammen auf, und er beobachtete, wie der Bug sank. Andere Augenzeugen sahen eine mächtige Feuer- und Rauchsäule, die sich einige Minuten später auflöste. Danach war von dem amerikanischen Schiff nicht mehr zu erkennen als ein dunkles Wrack, das an einem Ende wild brannte, während sich auf dem anderen Männer drängten.

Als das Schiff sich auf die Seite legte und zu sinken begann, tastete Sigsbee sich einen Weg durch Finsternis und Rauch. Der Marinegefreite William Anthony führte ihn an Deck, wo sich ein paar Offiziere und Matrosen versammelt hatten. Da das Hauptdeck rasch sank, versuchte er, zur Poop (dem hinteren Aufbau) zu gelangen, die einzig und allein noch über Wasser stand. Weder er noch seine Offiziere waren sich darüber im klaren, daß so viele Menschenleben verloren waren. Wie er später sagte, »tönte so viel Stimmengeräusch vom Ufer herüber, das fast wie Hochrufe klang«, daß ihm der Gedanke kam, Spanien habe den Krieg erklärt und greife an, woraufhin er Posten aufstellen ließ.

Trotz der chaotischen Situation verhielten sich alle korrekt. Keiner wußte, was eigentlich geschehen war. Die meisten glaubten wie Sigsbee, die Spanier hätten die *Maine* in die Luft gesprengt und machten sich kampfbereit. Die Flammen griffen um sich, und man unternahm den Versuch, Schläuche herbeizuschaffen, um sie zu ersticken, aber die Löschleitung war zerstört. Allmählich wurde den Leuten das Ausmaß der Katastrophe bewußt; sie hörten Hilferufe und sahen Männer in den Fluten, die über Bord gesprungen waren, um den Flammen zu entgehen oder die von der Druckwelle über Bord geschleudert worden waren. Boote wurden ausgesetzt, aber nur drei von den fünfzehn, die das Schiff getragen hatte, waren einsatzbereit. *Alfonso XII* und die *City of Washington*, die backbord und steuerbord lagen, leisteten Hilfe, und die Spanier taten, was sie konnten, während das Feuer immer grimmiger wütete. Jetzt fingen auch die Reservemunition im Ruderhaus und die aus den Munitionskammern herausgeschleuderte Munition an zu explodieren.

Sigsbee wartete, bis er sicher sein konnte, daß die *Maine* den 8 bis 10 Meter tiefen Boden des Hafens berührte. Da er jeden Augenblick damit rechnete, daß die 10-Zoll-Munition hochging, gab er Befehl, die Munitionslager zu fluten, die sich allerdings zum Teil schon ganz von selber füllten. Dann befahl Sigsbee den Männern, die noch bei ihm waren, die Boote zu besetzen. Das Schiff lag jetzt so tief im Wasser, daß man gleich vom Deck aus hineinsteigen konnte. Sigsbee ging als letzter von Bord, und die Boote setzten sich Richtung *City of Washington* in Bewegung. Unterwegs warnten er und seine Leute die Insassen anderer Boote, die sich der *Maine* näherten, sich lieber fernzuhalten, da es noch weitere Explosionen geben könnte. Verwundete wurden an Bord der *City of Washington*, *Alfonso XII* und des spanischen Transportschiffes *Colon* gebracht, wo sie von den Spaniern freundlich und hilfsbereit aufgenommen wurden. Die Rettungsarbeiten gingen fast die ganze Nacht hindurch weiter.

Inzwischen hatten sich die Besatzungen der umliegenden Schiffe vom Schock der Explosion erholt und versuchten, sich darüber klarzuwerden, was passiert war. Kapitän F.G. Teasdale von der britischen Bark *Deva* dachte, ein Schiff wäre mit dem seinen kollidiert. Er glaubte einen Schuß zu hören, und danach, zwei oder drei

Sekunden später, folgte eine Explosion. Als er an Deck eilte, konnte er gerade noch die Trümmer der *Maine* etwa 160 Fuß hoch in die Luft fliegen sehen, wo sie sich auflösten und als kleine brennende Teilchen wieder herabfielen. Eine Zeitlang regneten Trümmerstücke auf sein Schiff.

Auch Sigmund Rothschild, ein Passagier der *City of Washington*, hörte etwas, das ihm wie ein Schuß vorkam, und sah dann, wie sich der Bug der *Maine* aus dem Wasser hob. Sekunden später schoß aus dem Mittelschiff »eine furchtbare explodierende Feuerlohe, alles mögliche segelte über die Köpfe hinweg, und der Lärm von herabfallenden Gegenständen war zu hören«. Als die schwerere Explosion stattfand, schien die *Maine* sich 2 Fuß hochzuheben, dann tauchte der Bug unter. Kapitän Frank Stevens, der Schiffsführer, vernahm einen hohlen gedämpften Knall wie von einer Unterwasserdetonation, und sofort danach gab es eine schreckliche Explosion mit rot glühendem Feuerschein. Als er Anstalten traf, Boote zur Rettung auszusetzen, stellte sich heraus, daß einige von herabfallenden Trümmern leckgeschlagen waren. Von der *Maine* drangen Schreie herüber. Dann brachten Boote die Überlebenden an Bord, von denen einige nur mit Unterwäsche oder Hosen bekleidet waren.

Die Verlustliste ergab, daß zwei Offiziere und 250 Mann getötet und nur 102 Personen gerettet wurden; acht Leute erlagen später ihren Verletzungen. Unter den Toten waren auch Sigsbees Messesteward Pinckney und der Marinehornist Newton. Die meisten Toten gab es auf dem Vorschiff.

Sobald er sich etwas erholt hatte, setzte Sigsbee einen Brief an den Staatssekretär der Marine auf. Da er wußte, wie gespannt die Lage in Havanna war, erwähnte er vorsichtshalber nichts von dem, was ihm durch den Kopf geschossen war, und drängte darauf, daß »die Öffentlichkeit sich erst nach eingehenderen Berichten eine Meinung bilden solle«. In Washington ebenso wie in Key West wollte man die Nachrichten kaum glauben; Präsident McKinley war wie betäubt.

Die *Maine* war mittlerweile weiter abgesackt, selbst die Poop war jetzt unter Wasser, und vom Rumpf waren nur noch mittschiffs eine zerrissene, unkenntliche Masse zu sehen und weiter vorne drei Eisenteile, die aus dem Wasser ragten. Das Vorderteil des mittleren Decksaufbaus war geborsten und auf den rückwärtigen Teil zurückgeklappt. Darüber türmten sich die Brücke, das Ruderhaus, das 6-Zoll-Geschütz und der Kommandoturm. Die zuoberst liegende breite Fläche war die Decke des Zwischendecks, und auf der weißen Farbe hatten sich deutlich die Umrisse von zwei Körpern abgezeichnet. Der riesige Schrotthaufen war so verworren, daß kaum noch etwas wiederzuerkennen war. Der Fockmast war verschwunden, und selbst die Ankerboje, an der das Schiff gelegen hatte, war gesunken. Noch immer brannte es. Benachbarte Schiffe mußten ihren Liegeplatz wechseln, um nicht durch explodierende Munition in Gefahr zu geraten. Viele Tote lagen noch im Wrack, andere wurden an Land getrieben.

Spanische Offiziere und Beamte gaben ihrer Anteilnahme Ausdruck und boten ihre Hilfe an, und viele besuchten den ersten Trauergottesdienst, der am 17. Februar für neunzehn Leute, deren Leichen gefunden und identifiziert waren, abgehalten wurde. Genau an diesem Tag faßte Sigsbee in einem Schreiben das in Worte, was alle längst argwöhnten. Er kabelte an John D. Long, den Marinestaatssekretär: »*Maine* wahrscheinlich durch Mine zerstört, vielleicht auch Unfall. Vermutlich war Ankerplatz vor Ankunft bereits präpariert, möglicherweise schon seit langem.«

Sigsbee hatte keinerlei Beweise für seine Behauptung, aber zu diesem Zeitpunkt fieberten ohnehin schon alle nach Krieg. Natürlich reagierten die Spanier verärgert. Als man daranging, kubanische Taucher hinabzuschicken, bestanden die Spanier darauf, daß ein spanischer Taucher dabeisein müsse und daß der spanische Taucher wiederum von einem Amerikaner begleitet werden müßte. Ihrer Meinung nach stand ihre Ehre auf dem Spiel. Ein paar Hitzköpfe hofften zwar im stillen, daß *tatsächlich* eine Mine die Explosionsursache war, aber die Mehrheit hatte große Angst vor einem Krieg mit den Staaten.

Inzwischen bohrte sich die *Maine* jeden Tag etwas tiefer in den Schlamm, bis schließlich das Poopdeck 4 Fuß unter Wasser stand. Immer noch tauchten Leichen auf und trieben in der Nähe des Admiralspalastes vorbei. Bis zum 21. Februar waren 143 Leichen geborgen worden. Die Spanier hatten mittlerweile auch einen Blick auf die New Yorker Zeitungen geworfen. Die Titelseiten waren zuletzt voll mit Berichten über die Dreyfusaffäre gewesen, die Frankreich in eine schwere Krise gestürzt hatte. Aber gerade als Zola mit seinem berühmten *J'accuse*-Brief der Sache eine Wendung gab, schlug die Nachricht von der *Maine* wie eine Bombe in den Zeitungsmarkt ein. Es bestand kein Zweifel, was jetzt am wichtigsten war. Hearst machte sogleich die Titelseite seines *Journals* frei und orakelte, jetzt existiere nur noch der Fall *Maine*, nichts sonst. »Das bedeutet Krieg«, schrieb er. Seine Berichterstattung über die Katastrophe kann man heute noch nachlesen. Sein Biograph bezeichnete sie als den Gipfel skrupelloser, verlogener Meinungsmache. Die amerikanische Intelligenz fand zwar überwiegend den Gedanken lächerlich, die Spanier hätten die *Maine* in die Luft gesprengt, und gab zu bedenken, daß letztlich nur die Kubaner davon profitierten, wenn Verschwörer das Schiff versenkt hätten. Aber Hearsts Zeitungen waren solchen Argumenten nicht zugänglich. »Das Kriegsschiff *Maine* wurde von einer feindlichen Höllenmaschine in die Luft gesprengt«, hieß es zwei Tage nach dem Vorfall im *Journal*. Dazu wurde eine sieben Spalten breite Zeichnung geliefert, auf der das Schiff über Minen ankerte, die durch Drähte mit der spanischen Küstenfestung verbunden waren. Am darauffolgenden Tag konstatierte das Blatt: »Das ganze Land ist vom Kriegsfieber ergriffen«, und drei Tage später: »Pöbel von Havanna beschmutzt Andenken der *Maine*-Opfer.« Nach zwei weiteren Tagen schließlich hieß es: »*Maine* böswillig zerstört.«

Kein Wunder, daß die Amerikaner danach lechzten, es endlich mit den Spaniern aufzunehmen, und schon vorausberechneten, was für sie dabei herausspringen würde. Senator Thurston von Nebraska äußerte sogar kalt und zynisch die Meinung: »Krieg mit Spanien würde Umsatz und Gewinn aller amerikanischen Eisenbahnen ankurbeln, die Produktion aller amerikanischen Fabriken steigern und alle Industriebranchen sowie den gesamten Innenhandel günstig beeinflussen.« Marinestaatssekretär Long urteilte nicht so vorschnell und war immer noch geneigt, ein Unglück als Ursache anzusehen. Der *Washington Evening Star* verfiel darauf, eine Umfrage unter Seeoffizieren zu machen. Die meisten schrieben den Verlust einem Unfall zu. Einige meinten, auch eine an Bord geschmuggelte Mine oder Bombe könne der Grund gewesen sein. Die Führung der Marine beeilte sich die Schiffskonstruktion für absolut fehlerfrei zu erklären. Konteradmiral Royal B. Bradford vom Zeugamt beharrte darauf, die Kohle sei von bester Qualität gewesen, und der leitende Ingenieur George W. Melville äußerte den Verdacht, eine Munitionskammer sei explodiert. Leutnant

Frank F. Fletcher schrieb an Leutnant Albert Gleaves vom Torpedoboot *Cushing*, man sei allgemein der Ansicht, es wäre zu der Katastrophe gekommen, weil die Munitionskammern neben den Kohlebunkern lagen und diese sich plötzlich entzündet hätten. Philip R. Alger, der führende Geschützexperte der Marine, führte in einem Interview mit dem *Washington Evening Star* aus, man kenne keinen Torpedo und keine Mine, die vermocht hätten, die Munitionskammer des Schiffes hochzujagen. Andererseits würde das Bild einer Munitionslagerexplosion genau auf die Detonationen an Bord der *Maine* passen.

Theodore Roosevelt hingegen kam allmählich zu dem Schluß, daß es kein Unfall war. Er hatte das Gefühl, Alger schlüge sich auf die spanische Seite, und konnte sich des Gedankens nicht erwehren, das Schiff sei das Opfer einer »dreckigen Verschwörung« geworden. Als Befürworter von Kraftakten, der er damals schon war, blieb er dabei, daß jeder, der anderer Meinung war als er, ein furchtsamer, irregeleiteter Schwächling sei.

In diese Zeit aufgewühlter Emotionen fiel die Ankunft der *Vizcaya*. Sie lief am 18. Februar in New York ein. Ihr Kommandant, Kapitän Antonio Eulate, ließ voller Bestürzung sogleich die Flaggen auf Halbmast setzen. Trotzdem patrouillierten dauernd Schleppdampfer im Umkreis des Schiffes, denn die *New York World* hatte allgemein mit ihrer Behauptung, die *Vizcaya* sei aus keinem anderen Grund da, als um Harlem und Brooklyn zu beschießen, Hysterie entfacht. John P. Holland, der gerade erfolgreich Unterwassertests mit seiner neuesten U-Boot-Erfindung durchgeführt hatte, bekam Anweisung, das U-Boot dürfe nicht die *Vizcaya* angreifen. Am 24. Februar lief der Kreuzer schließlich ohne Zwischenfall wieder nach Havanna aus.

Es wäre vielleicht noch entschuldbar gewesen, hätte Hearst den Volkszorn aus lauter Patriotismus geschürt, aber ihm lag ausschließlich daran, seine Zeitungen in Umlauf zu bringen und Geld zu scheffeln, und er ließ nichts und niemanden aus bei seiner schimpflichen Kriegshetze. Er war auch nicht der einzige. Die *New York World* bekam Wind von Sigsbees Verdacht, Spanien sei an der Katastrophe schuld, und schon erschien ein Bericht, ein gewisser Dr. E. C. Pendleton hätte kurz nach seiner Ankunft in Havanna ein Komplott zur Sprengung des Schiffes belauscht.

Während die amerikanische Presse, die keiner Zensur unterlag, sich in ihrer Berichterstattung keinerlei Zwang antat, hielt sich die spanische ziemlich zurück. Am 1. März war die Atmosphäre in Havanna hochexplosiv. Jedermann spürte die Kriegsgefahr, als die spanischen Kreuzer *Vizcaya* und *Almirante Oquendo* einliefen, denen ein stürmischer Empfang bereitet wurde. Zum Ausgleich kam am 9. März der amerikanische Kreuzer *Montgomery* als Ersatz für die *Maine* an. Sigsbee war mittlerweile fest davon überzeugt, daß die Explosion außerhalb des Schiffes ihren Ursprung gehabt hatte, nicht im Schiffsinnern. Er schlug deshalb den Spaniern vor, der *Montgomery* die freigewordene Boje des US-Depeschendampfers *Fern* zuzuweisen, aus dem einfachen Grunde, weil erst kürzlich *Alfonso XII* dort geankert hatte und seines Erachtens keine Mine darunter verborgen sein konnte. Der Vorschlag wurde höflich abgelehnt.

Sigsbee ließ sich trotzdem auf die *Montgomery* versetzen. Gleich in der ersten Nacht gab es Alarm. Deutliche Klopfgeräusche waren zu hören, 240 pro Minute, eine durch sechzig teilbare Zahl, bei der man sofort an eine Art Uhrwerk dachte. Aus Angst vor einer neuerlichen Explosion wurde nun überall gelauscht, im Schiffsbauch wie auch von Booten aus, und schließlich stellte sich heraus, daß das Klopfen von einem Dynamo oder einer Pumpe an Bord der *Vizcaya* stammte und durchs Wasser übertragen wurde. Als die Lage sich weiter zuspitzte, lief die *Montgomery* am 17. März auf Anregung Sigsbees aus, der daraufhin zur *Fern* übersiedelte. Einige Kubaner argwöhnten inzwischen, die Spanier hätten die *Maine* versenkt, weil ihnen Kuba lästig wurde und sie sich durch einen Krieg mit den Staaten (den Spanien mit Sicherheit verlieren würde) die Insel am rühmlichsten vom Hals schaffen konnten.

Sowohl die Spanier als auch die Amerikaner erklärten ihre Absicht, eine Untersuchung vorzunehmen, und unabhängig voneinander schickten beide Parteien Taucher hinab, die das Wrack inspizieren sollten. Die Prüfungskommissionen befragten jeweils verschiedene Gruppen von Zeugen, und jede Seite bedeutete der anderen, bloß keinen einseitigen Bericht vorzulegen. Beide Parteien versuchten, etwas herauszufinden, was die gegnerische belasten würde, aber alles zu vermeiden, was das eigene Nest beschmutzen könnte, und keiner war gewillt, irgendeinen Beweis anzuerkennen, der nicht ins vorgefaßte Konzept paßte.

Die spanische Untersuchung begann, als die *Maine* noch brannte, aber die Spanier waren anscheinend bereits zu einer Entscheidung gekommen, noch ehe der Ausschuß unter Vorsitz von Kapitän Pedro del Peral y Caballero zusammentrat. Zunächst wurde rund um das Schiff eine Absperrkette aus Booten gebildet. Die Sicherheitsmaßnahmen waren so streng, daß selbst Sigsbee, der infolge seines Uniformverlustes in Zivil war und sich nicht ausweisen konnte, sich nicht nähern durfte. Am 20. Februar, nur fünf Tage nach der Katastrophe, gaben die Spanier ein erstes vorläufiges Urteil ab. Noch waren die Wrackteile nicht untersucht und auch keine Zeugen vernommen worden. Die Spanier fürchteten indes eine Blitzaktion von seiten der Amerikaner, der sie zuvorkommen wollten. Als schließlich der Gesamtbericht erschien, bestätigte er lediglich die erste, verfrühte Darstellung. Der spanische Untersuchungsausschuß entschied, die Explosion könne nicht durch eine Mine hervorgerufen worden sein. Es gab damals zwei Sorten von Minen beziehungsweise Torpedos, wie sie oft bezeichnet wurden: Kontaktminen, die losgingen, wenn sie ein Schiff streiften, und elektrische, die an Land gezündet wurden. Im Hafen hatte man jedoch nicht die Spur eines Kabels gefunden. Der Ausschuß betonte ferner, es gäbe keinen Präzedenzfall dafür, daß eine Mine die Munitionskammer eines Schiffes zur Explosion gebracht hätte, obwohl auch er zugeben mußte, daß ein oder zwei der vorderen Munitionslager der *Maine* in die Luft geflogen waren.

Bei ihren Ermittlungen beschränkten sich die Spanier auf die nähere Umgebung des Wracks, ohne das Schiffsinnere genau zu untersuchen. Niemanden kann es verwundern, daß sie sich mit ihrem übereilten, unzeitigen Bericht der Kritik aussetzten. Auch in der Frage der Vernehmung von Überlebenden verhielten sie sich nicht sehr konsequent. Zwar hatten sie die Amerikaner um die Möglichkeit ersucht, aber nicht energisch genug auf ihrer Forderung bestanden, als sie eine Absage erhielten; vielleicht setzten sie schon voraus, daß es Schwierigkeiten geben würde. Sorgfältig überging der Ausschuß auch alle Punkte, die in der amerikanischen Presse behandelt worden waren. War der Hafen von Havanna vermint? Waren die Behörden in Kuba im Besitz von Sprengstoffen oder Torpedos der Art, die möglicherweise der *Maine* zum Schicksal wurde? Angesichts der drohenden Kriegsgefahr war es immerhin verständlich, daß man diese Fragen überging, aber in den Augen der Weltöffentlichkeit minderte das Spaniens Glaubwürdigkeit.

In dem Bericht hieß es ganz einfach, die *Maine* könne unmöglich durch eine Explosion von außen versenkt worden sein. Deshalb müsse die Ursache in einer plötzlichen Entzündung in den Kohlebunkern oder etwas Ähnlichem zu suchen sein. Es wurden Parallelen gezogen zur *Reina Regente*, einem spanischen Kriegsschiff, das am Clyde gebaut worden und noch in der Werft explodiert war. Dort hatte man das Unglück auf Gase in einer wasserdichten Abteilung zurückführen können. Der Untersuchungsausschuß war der Ansicht, etwas Ähnliches könnte mit den Bunkern der *Maine* passiert sein. Auch auf die Aussage von Leutnant Peres y Perera kam man zurück. Er war Zeuge des ganzen Vorfalls gewesen, hatte jedoch keine Wasserfontäne gesehen, wie eine Mine sie hervorgerufen hätte. Ferner wurde festgestellt, daß an Land keine Erschütterung wahrgenommen worden war, daß die Pfähle der nahegelegenen Molen unbeschädigt geblieben waren und daß keine toten Fische im Hafenbecken schwammen. Bisher hatte es schon bei der geringfügigsten Sprengung in der Bucht, ob es sich um die Lockerung von Felsbrocken handelte oder den Abtransport gesunkener Schiffsrümpfe, tote Fische gegeben. Zudem hatten spanische Taucher berichtet, es seien keinerlei Risse oder andere Bodenverformungen in der Nähe des Wracks vorhanden, wie sie normalerweise bei von außen verursachten Explosionen auftreten. Die Detonation mußte also letztlich von einer Explosion in der Nähe der vorderen Munitionskammern ausgelöst worden sein, die Decks und Schotten zerstörte.

Die Theorie von einer Selbstentzündung in einem Kohlebunker war gar nicht so weit hergeholt, denn ähnliches war verschiedene Male bei amerikanischen und anderen ausländischen Schiffen vorgekommen. Ein oder zwei solche Fälle hatten sich sogar erst kurz vor der *Maine*-Katastrophe ereignet, und nur wenige Zeit später war auch auf der *New York* ein Bunkerbrand ausgebrochen. Ausländischen Experten fiel jedenfalls auf, daß auf der *Maine* einige der Kohlebunker, deren es zwanzig gab, zehn auf jeder Seite, in nächster Nähe der Munitionskammern lagen.

Wie dem auch sei, die ruhige Distanz der Spanier versetzte die Amerikaner, die weiterhin Sabotage mutmaßten, in helle Wut. Am 21. Februar, sechs Tage nach der Katastrophe und einen Tag nach der ersten offiziellen Stellungnahme der Spanier, trat der amerikanische Untersuchungsausschuß zusammen. Die Ermittlungen dauerten einen Monat und waren viel gründlicher als die der Spanier. Allerdings erging es den Amerikanern nicht anders als vorher den Spaniern: Sie konnten die militärischen Geheimnisse des anderen Landes nicht lüften. Wäre es schon ein Verstoß gewesen, wenn spanische Taucher versucht hätten, in das Wrack einzudringen, das als Kriegsschiff immer noch unter Exterritorialrecht stand, verbat es sich für die Amerikaner natürlich gleichermaßen, den Hafen nach den Spuren von elektrischen Leitungen abzusuchen oder die Spanier über ihre Sprengstoffvorräte und Treibminenstellen ins Kreuzverhör zu nehmen. Während die Spanier den Hafen nach Anhaltspunkten durchstöberten, die sie im Grunde gar nicht finden wollten, suchten die Amerikaner nach den Anzeichen einer Explosion im Schiffsinnern, waren aber schon von vornherein davon überzeugt, daß entsprechende Funde höchst unwahrscheinlich wären. Eigentlich hätte sich ein internationaler Gerichtshof der Sache annehmen müssen, aber 1898 gab es kaum Ansätze zur Bildung einer solchen Institution, die mit der Schlichtung internationaler Streitigkeiten hätte betraut werden können, und außerdem hätte mit Sicherheit keine Partei einen Urteilsspruch hingenommen, der die nationale Ehre befleckt hätte.

Der amerikanische Untersuchungsausschuß stützte seinen Bericht vorwiegend auf die Vernehmung von Offizieren und Mannschaft der *Maine*, die über den Zustand des Schiffes vor der Explosion und ihre Erlebnisse in der Nacht des 15. Februar berichteten. Sigsbee blieb in wohlüberlegten Sätzen bei seiner Einstellung. Seiner Überzeugung nach wußten die Spanier von seinem Kommen; wie er später erfahren haben wollte, wurde die zugewiesene Festmacheboje selten benutzt; auch wenn er sich nicht daran erinnern konnte, war die Kohle, die er in Key West an Bord genommen hatte, gewiß kontrolliert worden, denn so war es üblich; er wußte, daß die Feuermelder funktionierten, da sie manchmal schon bei Temperaturen unterhalb der Alarmgrenze losgingen; seines Wissens wurden alle für das Verstauen von feuergefährlichen Stoffen und Farben sowie für die Abfall- und Aschenbeseitigung geltenden Vorschriften strikt eingehalten – er hatte zwar die Durchführung nicht überwacht, aber jedenfalls diesbezüglich Befehl erlassen; und er war sich sicher, die Munitionskammern während der letzten drei Monate inspiziert zu haben, obwohl er dafür kein genaues Datum angeben konnte.

Seine Art der Aussage zeichnete das Bild eines Mannes, der zwar ein unerschrockener Seemann war, sich jedoch auf seinem Schiff kaum auskannte. Allem Anschein nach verstand er sich nicht auf ein kompliziertes modernes Schiff. Vielleicht war er auch durch die damals überall in der Kriegsmarine übliche Aufgabenteilung behindert, durch die Seeoffiziere von den Ingenieuren getrennt wurden. Seine Unsicherheit erwuchs möglicherweise aus der Überzeugung, ein einmal gegebener Befehl sei damit als ausgeführt zu betrachten. Sigsbee hatte sich anscheinend, aus welchen Gründen auch immer, mit der Alltagsroutine seines Schiffes nie vertraut gemacht.

Nach den Offizieren wurden die Experten und Taucher verhört, die das Wrack und den Meeresboden im Hafen kurz nach der Katastrophe untersucht hatten. Die Ermittlungsbedingungen wie auch die Sicht waren schlecht gewesen, und die Fortbewegung auf dem Grund wurde durch weichen Schlick erschwert. Die auseinandergerissenen Wrackteile waren kaum zu identifizieren und bildeten außerdem eine Gefahr für die Luftschläuche der Taucher. Hinzu kam, daß viele der Marinetaucher schlecht ausgebildet waren.

Über einen Punkt waren sich beide Untersuchungsausschüsse immerhin einig: Es mußten zwei Explosionen stattgefunden haben, die erste aus unbekannten Gründen und danach eine zweite in den Munitionskammern. Es bestand natürlich auch die Möglichkeit, daß eine Bombe oder Sprengvorrichtung an Bord geschmuggelt worden war, aber Besucher waren nie allein gelassen worden und hatten unter genauer Beobachtung gestanden. Auch die Theorie, ein Kohlebunker sei plötzlich in Brand geraten, wie die Spanier meinten, wurde eingehend erwogen. Auf der *Maine* stießen sechs Bunker direkt an Munitionskammern, aber vier davon waren angeblich leer und gerade angestrichen worden, der fünfte hingegen nur halb voll und am Unglücksabend in Gebrauch gewesen. Der noch übrige Bunker mit 40 Tonnen New-River-Weichkohle kam immerhin als Unglücksursache in Frage, doch war die Kohle kurz vor dem Laden und dann nur zwölf Stunden vor der Explosion vom diensttuenden Offizier kontrolliert worden. Ein Temperaturanstieg, der die Gefahr einer plötzlichen Entzündung angezeigt hätte, wäre sicherlich sofort aufgefallen. Zudem waren alle Bunker mit elektrischen Alarmanlagen und Thermometern ausgestattet, und die Temperaturen wurden laufend gemessen und gemeldet.

In den Munitionskammern waren weder rauchloses Pulver noch

Granaten, die hochgegangen sein könnten, verstaut gewesen, und Torpedoköpfe, Zündvorrichtungen und Sprengzünder waren alle achtern unter der Offiziersmesse untergebracht und unversehrt. Es führten auch keine Dampfrohre oder gefährliche Elektrokabel durch die Munitionsdepots. Die Lampen lagen in Gehäusen und waren, wie auch die Leitungen, durch eine doppelte Glasplatte von den Depots getrennt. Pulver durfte nicht lose herumliegen, und außerdem wurden die Munitionskammern verschlossen gehalten. Wer darin Dienst tat, mußte Schuhe mit weichen Sohlen tragen, die keine Funken hervorrufen konnten. Man zog auch in Erwägung, daß austretende Gase eine Explosion verursacht haben könnten, aber diese Gefahr wurde durch Lüftungsrohre, Thermometer und ein funktionierendes Kontrollsystem weitgehend ausgeschaltet. Zum fraglichen Zeitpunkt waren nur zwei Kessel in Betrieb, und diese waren weit entfernt von den Munitionskammern und in gutem Zustand. Darüber hinaus standen sie ohnehin nur unter geringem Druck, da das Schiff ja im Hafen lag. Und schließlich war auch niemand nachlässig mit feuergefährlichen Materialien umgegangen; Abfall wurde sorgfältig beseitigt, und Lacke, Trockenmittel, Alkohol und dergleichen leichtentzündliche Stoffe waren auf und über dem Hauptdeck verstaut.

Nachdem all diese Möglichkeiten ausgeschlossen waren, kam der amerikanische Untersuchungsausschuß in seinem am 21. März fertiggestellten Bericht zu dem Schluß, daß die Explosion durch irgendeine Einwirkung von außerhalb des Schiffes hervorgerufen worden sein mußte, wenn auch aller Wahrscheinlichkeit nach nicht durch einen Torpedo. Es wäre unmöglich gewesen, an Land ohne Einwilligung der Behörden ein Torpedorohr zu montieren. Trotzdem war die Möglichkeit nicht ganz von der Hand zu weisen, daß die *Maine* tatsächlich torpediert worden war, denn sie lag nur gute 700 Meter vom Ufer entfernt.

Die Amerikaner hatten auch den zertrümmerten Schiffsrumpf genauestens untersucht. Leutnant Wilfried V. N. Powelsen von der *Fern*, der in Glasgow Kriegsschiffbau studiert hatte, war für die Taucher zuständig. Seinem Einsatz war die Entdeckung zu verdanken, daß an Spant 17, 11½ Fuß von der Mittschiffslinie entfernt und 6 Fuß über dem in Normalposition befindlichen Kiel, der Schiffsrumpf etwa 4 Fuß weit über die Wasseroberfläche hinausgetrieben worden war, mit anderen Worten, 34 Fuß höher, als er hätte sein müssen, wenn das Schiff unbeschädigt gesunken wäre. Die Bodenplatten hatten sich zu einem umgekehrten V verbogen, dessen hinterer Flügel wieder in sich zusammengeklappt war. An Spant 18 war der Mittelkiel in zwei Teile geborsten, und der Flachkiel hatte sich in ähnlichem Winkel verbogen wie die Bodenplatten. Powelsen war der Meinung, die Explosion könne nicht im Schiffsinnern stattgefunden haben, da das vordere 6-Zoll-Depot, in dem sie aufgetreten wäre, wie auch die nahebei untergebrachte Ausrüstung keinerlei Brandspuren aufwiesen. Im Verlauf seiner weiteren sorgfältigen Recherchen schloß er schließlich auch die Möglichkeit von Explosionen in den anderen Munitionskammern aus. Er hatte bemerkt, daß die Steuerbordseite des Schiffes nach außen gesprengt worden war. Da das Schiff starke Schlagseite von Backbord nach Steuerbord hatte, kam er zu dem Schluß, daß außen auf der Backbordseite eine schwere Explosion stattgefunden haben mußte.

Solche Auswirkungen konnte nach Meinung des Untersuchungsausschusses nur eine durch eine Mine unter dem Schiff ausgelöste Explosion hervorbringen, die dann ihrerseits die Folgeexplosionen in zwei oder mehr der vorderen Munitionskammern verursacht hatte. Er forschte indessen nicht tiefer nach, wer für das Minenlegen verantwortlich sei. Sigsbee fand durch das Untersuchungsergebnis den Verdacht bestätigt, den er die ganze Zeit über gehegt hatte und dem Hearsts Zeitungen schon lange vorgegriffen hatten mit der durch nichts begründeten Feststellung: »Untersuchungsausschuß befindet, daß spanische Regierungsbeamte *Maine* gesprengt haben.« Als die Zeitung behauptete, das Kriegsschiff sei »vorsätzlich an einen Platz gebracht worden, wo es durch eine von spanischen Offizieren gezündete spanische Mine zerstört werden konnte«, war das nicht mehr und nicht weniger als unverblümte Kriegshetze.

Sigsbee schrieb in einem Brief an seine Frau, er brauche nicht zu befürchten, die Art und Weise, wie er die *Maine* geführt habe, könne beanstandet werden, aber der amerikanische Bericht hatte dennoch viele Europäer nicht überzeugen können. Man behauptete auf dem Kontinent ziemlich offen, der amerikanische Untersuchungsausschuß sei voreingenommen und habe schon einen Entschluß gefaßt, noch ehe er zur Beweisaufnahme geschritten sei, und die *Maine* wäre aus Pflichtvergessenheit, Nachlässigkeit oder

Disziplinlosigkeit explodiert. Manche dieser Beschuldigungen mochten allerdings darauf zurückzuführen sein, daß die älteren europäischen Mächte, deren Kraft im Schwinden begriffen war, mit demselben heimlichen Groll auf die jungen, aufstrebenden Vereinigten Staaten blickten, der 25 Jahre zuvor schon Flood in Gibraltar geplagt hatte. Die Meinungen gingen auseinander. Eine Hälfte etwa glaubte, die Spanier hätten die *Maine* gesprengt, während die andere dafürhielt, sie sei von selbst in die Luft gegangen.

Um die aufgeregten Gemüter zu beruhigen, wies Präsident McKinley darauf hin, daß die Ankunft der *Maine* in Havanna keine nennenswerte Aufregung verursacht hatte. Im Gegenteil, die Wiederaufnahme freundschaftlicher Beziehungen hatte zur Beruhigung der noch kürzlich gespannten Lage beigetragen. Auch der Generalkonsul versuchte, beschwichtigend auf die Hitzköpfe einzuwirken, und sagte, in Havanna deute nichts auf einen Krieg hin; er drängte darauf, die Anwesenheit amerikanischer Schiffe dort beizubehalten. Lee war der Ansicht, eine Mine hätte die Katastrophe verursacht, es sei aber ein Unfall gewesen, mit dem die spanische Regierung nichts zu tun habe. Auch in den USA gab es Menschen, die ihrem Gerechtigkeitssinn folgten und für Ruhe plädierten, und eine Zeitung wies darauf hin, daß dem Untersuchungsausschuß überhaupt keine technisch versierten Experten angehörten, aber alle anderen schürten weiterhin das Kriegsfieber. Hearst hatte schon früher an einen seiner Reporter in Kuba, der die Überzeugung vertrat, es gäbe keinen Krieg, die Sätze telegrafiert: »Sie sorgen für die Bilder. Ich sorge für den Krieg.« Es war offenkundig, daß Spanien, stolz, aber bitter verschuldet, versuchte, einem Krieg mit den Vereinigten Staaten aus dem Wege zu gehen, und aus diesem Grunde lange Zeit alle Beleidigungen in der amerikanischen Presse geschluckt hatte. Aber das hielt die amerikanische Presse, insbesondere die Hearst-Blätter, nicht davon ab, Mordtaten und andere Abscheulichkeiten zu erfinden, die kein normaler Mensch in Amerika für wahr halten konnte, und die Kubaner, die natürlich höchst interessiert daran waren, die Vereinigten Staaten in ihre Händel hineinzuziehen, warteten noch mit eigenen Geschichten von Vergewaltigung, Folter und Mord auf. Obwohl die Zeitungen das Sprachrohr des amerikanischen Volkes zu sein vorgaben, hatte die Nation kaum eine Ahnung, was wirklich in Kuba vorging. Wen wundert es, daß Cánovas del Castillo, der ermordete spanische

Premierminister, einst einem amerikanischen Korrespondenten gegenüber geäußert hatte: »Die Zeitungen Ihres Landes scheinen mächtiger zu sein als Ihre Regierung.«

Das Hin und Her ging weiter. Konteradmiral Bradford, der von sich sagen konnte, mehr Unterwasserexplosionen erlebt zu haben als die meisten Offiziere der Kriegsmarine, teilte dem Senatskomitee für auswärtige Beziehungen mit, er zweifle nicht daran, daß eine Mine die Katastrophenursache gewesen sei. Sigsbees Aussage vor dem Komitee blieb so verschwommen wie eh und je. Er gab an, er habe nur an einigen der Verhandlungen des Untersuchungsausschusses teilgenommen und vertraue im übrigen auf das Urteil der Leute. Seiner Auffassung nach war die *Maine* von einer Mine zerstört worden, und noch immer war er der Überzeugung, ein Trupp Männer habe den Sprengkörper aus einer alten Tonne oder einem Weinfaß gefertigt und angebracht. Wie sonst hätte das Unglück trotz all seiner Vorsichtsmaßnahmen geschehen können? Er beeilte sich, darauf aufmerksam zu machen, daß das Schiff in Havanna die ganze Zeit über nie in die Richtung geschwoit sei wie in der fraglichen Nacht – die einzige Position, aus der heraus seine Geschütze die spanischen Küstenbefestigungen unter Beschuß nehmen konnten. Wenn ihm die Aufgabe gestellt worden wäre, den Hafen mit einer einzigen Mine zu verteidigen, sagte er, hätte er genau die bewußte Stelle dafür ausgewählt. Er machte sogar eine Andeutung, er sei im Besitz einer Information, die er nicht offenbaren dürfe, aber niemand dachte daran, ihn in dieser Sache zu befragen. Dann zeichnete er Pläne, auf denen zu sehen war, wie eine Mine genau an dem Platz deponiert war, den die *Maine* im Falle einer dem Hafen gefährlichen Positionsänderung einnehmen mußte, und wie die Mine von einem längsseits kommenden Leichter mit einem treibenden Verbindungskabel zum Land unter dem Schiff versteckt worden sein konnte. Er betonte, im Gegensatz zu dem, was Präsident McKinley gesagt hätte, sei die *Maine* nicht willkommen gewesen in Havanna und zu einem Ankerplatz gebracht worden, der offenbar speziellen Zwecken vorbehalten war, von denen selbst der Lotse nichts wußte.

Die Amerikaner ignorierten die wiederholten Beteuerungen der spanischen Regierung, sie habe nichts mit der Explosion zu tun und auch ihre Militärs seien nicht verantwortlich. Sie hatten das Gefühl, im Recht zu sein, wenn sie Krieg anfingen. Von weiteren Ermittlungen war keine Rede mehr. Es war jetzt ohnehin zu spät, und Amerika – allen voran William Randolph Hearst – freute sich über die Gelegenheit, den europäischen Nachbarn endlich von seiner Schwelle zu fegen. Der Krieg begann damit, daß der Kongreß die Unabhängigkeit Kubas anerkannte und Präsident McKinley die Spanier zur Räumung der Insel aufforderte.

Es war ein unnötiger Krieg, ein Zeitungskrieg. Es war Hearsts Krieg. Wäre er nicht gewesen mit seinem elenden Faible für Publicity, der Krieg hätte womöglich gar nicht stattgefunden. Jetzt aber lief er stolzgeschwellt umher, redete nur noch von »unserem Krieg«. Einmal verstieg er sich sogar unter Protest seiner Redakteure zu der Titelschlagzeile: »Wie gefällt euch der *Journal*-Krieg?« Er hatte nicht nur »seinen« Krieg, sondern auch eine Auflagensteigerung seiner Blätter auf eine Million.

In allen Straßen New Yorks wurden Rekrutierungsstellen eingerichtet, mit Bildern von der *Maine* vor und nach der Explosion, und in den Türen hielten Männer Ausschau nach Rekruten, die sie anlocken konnten. Wer genügend Rekruten anwarb, durfte damit rechnen, selbst zum Offizier einer Einheit ernannt zu werden. Die Angeworbenen hingegen hatten Anspruch auf einen Drink in fast jeder Bar zwischen der 8. und der 23. Straße, vom Hudson bis zum East River, und darüber hinaus auf »einen roten Stoffgürtel von patriotischen jungen Mädchen«.

»Denkt an die *Maine*«, lautete der Schlachtruf der Truppen, die sich gefechtsbereit machten. Die Marine dementierte unterdessen einen Zeitungsbericht, sie habe diesen Ruf als Signal bei ihren beiden Seeschlachten mit der spanischen Kriegsmarine geführt. Als die Spanier Santiago übergaben, pflasterten Hearsts Korrespondenten die Stadt mit Plakaten, auf denen »Denkt an die *Maine*« stand und darunter: »Kauft das *Journal*«. Der amerikanische Kommandant General W. R. Shafter befand, diese Aktion komme einer offenen Aufforderung an die rachedürstenden Kubaner gleich, unter den Spaniern ein Massaker anzurichten; er ließ die Hearst-Leute verhaften und nach Hause abschieben.

Der Krieg beendete die spanische Herrschaft über Kuba und hob das Ansehen der Vereinigten Staaten. Den Amerikanern fern der Schlacht erschien das glorreich, aber für die Soldaten war dieser Krieg so grausam, schmutzig und blutig wie jeder andere, und nur die unglaubliche Ungeschicklichkeit der Spanier und das phänomenale Glück der Amerikaner verhüteten, daß er in einen so langen und schrecklichen Kampf ausartete wie der Burenkrieg für die Briten. Nur wenige fielen in der Schlacht, aber die Enthüllungen von Korruption, die Pannen im Kriegsministerium, die Streitigkeiten zwischen rivalisierenden Befehlshabern und die imperialistische Rolle, die die Amerikaner spielten, gaben dem Krieg einen sehr bitteren Beigeschmack.

Hearst fuhr mit einer Druckerpresse ausgerüstet auf seiner Privatjacht nach Siboney und druckte eine Zeitung für die Truppen. Charles Johnson Post, einer seiner Karikaturisten, der eiligst Soldat geworden war, sagte nur: »Sie enthielt nicht viele Neuigkeiten, aber Papier war rar in den Schützengräben und deshalb willkommen.« Da die dienstlichen Papiervorräte bald erschöpft waren, wurden Befehle immer häufiger auf den breiten Zeitungsrand geschrieben. Hearst verteilte später Medaillen, die aus Metallteilen der *Maine* hergestellt waren.

Die *Maine* war der Anlaß eines Krieges geworden, den die Amerikaner gewünscht und erwartet hatten. Lange hatte er schon gegärt, und den verzweifelten Anstrengungen der Spanier zum Trotz war er zuletzt nicht mehr abzuwenden gewesen. Aber war man nun wirklich bei der Wahrheit angekommen, was die Rolle der *Maine* betraf?

Sigsbee war nie darüber im Zweifel. »Wenn ein Experte«, schrieb er, »damit betraut worden wäre, an der Boje der *Maine* eine Mine zu legen, als reine Hafenverteidigungsmaßnahme, und nur eine Mine zur Verfügung gehabt hätte, ...würde er sie genau auf der Position plaziert haben, die die *Maine* in jener Nacht einnahm.« Er wich nie von dieser Ansicht ab und blieb auch 1899 im *Century Magazine* dabei. Seine Hauptbegründung lautete einfach, Spanien sei unfreundlich und die *Maine* unwillkommen gewesen. Noch einmal erklärte er, wie die Sache vonstatten gegangen sein könne mit einer an einem Leichter hängenden Mine, die in unmittelbarer Nähe der *Maine* deponiert wurde.

Sigsbees Haltung war im Grunde die natürliche Reaktion eines Mannes, der alles abzuwehren versucht, was auf eine Pflichtvergessenheit seinerseits hindeuten könnte. Seine Theorie wurde schließlich von Oberstleutnant John T. Bucknill vom Britischen Pionierkorps im *Engineering*, einer britischen Fachzeitschrift, heftig angegriffen. Bucknill hatte eine Zeitlang als Sekretär für ein Komitee des Marine- und Heeresministeriums gearbeitet, das zwischen 1874 und 1876 Sprengstoffversuche an der H. M. S. *Oberon* durchführte. Er kam zu dem Schluß, daß der Bericht des amerikanischen Untersuchungsausschusses absurd war. Wie er hervorhob, hatte der Hafen von Havanna eine lange, enge Einfahrt, die sich bestens durch Minen absichern ließ, so daß wohl kaum jemand darauf verfallen wäre, den Hafen durch Verminung der *inneren* Hafenbekken zu verteidigen. Er konnte einfach nicht glauben, daß eine Mine nur 400 Meter vom deutschen Schulschiff *Gneisenau* entfernt versteckt worden sein sollte, ohne entdeckt zu werden, und noch viel unwahrscheinlicher fand er, daß sie nach der Ankunft der *Maine* erst gelegt worden wäre. Die Beschädigungen an der *Maine*, schrieb Bucknill, hätten keinerlei Ähnlichkeit mit den Auswirkungen einer Minenexplosion. Seiner Überzeugung nach hatte sich ein Kohlebunker selbst entzündet und die erste Explosion in oder nahe dem 6-Zoll-Reservemunitionsdepot ausgelöst, und die zweite war dann von einem Teil des schwerer entzündlichen Pulvers im 10-Zoll-Depot ausgegangen. Diese zweite Explosion mußte den Schaden angerichtet haben.

Auch Konteradmiral George W. Melville, der Leiter der Marineabteilung für Dampfschifftechnik, attackierte 1898 und nochmals 1911 die Minenhypothese. Er betonte, daß Spanien ja keinen Krieg wünschte und sogar alles daransetzte, den Krieg abzuwenden, was dadurch bewiesen sei, daß die *Vizcaya* nach New York gesandt wurde, geradewegs in die Hände ihrer Feinde. Er machte auch darauf aufmerksam, daß niemand je an die Öffentlichkeit getreten sei und eine Person beschuldigt oder von sich behauptet habe, er sei an einer Verschwörung beteiligt gewesen, oder auch gesagt hätte, er habe zum Arbeitstrupp der Minenleger gehört.

In Europa glaubte keiner so recht daran, daß die Spanier die *Maine* zerstört hätten. Aber die Amerikaner sonnten sich zufrieden in dem Gefühl, die Gerechtigkeit habe ihren Lauf genommen, und es gab keine weiteren Ermittlungen. Dann, im Jahre 1909, als der Krieg längst vorbei war, wurde das Kriegsschiffwrack zur Gefahrenquelle für die Seefahrt erklärt. Sigsbee und Kapitän French E. Chadwick, der dem ursprünglichen Untersuchungsausschuß angehört hatte, waren der Überzeugung, daß eine neuerliche Untersuchung des Wracks ihre Ansichten bestätigen würde, und das hatte seinen Grund nicht zuletzt darin, daß während des Russisch-Japanischen Krieges russische Schiffe durch Minen, die die Munitionskammern sprengten, vernichtet worden waren. Sie zogen allerdings nicht in Betracht, daß die Russen ein flüchtiges rauchloses Pulver benutzten, auf der *Maine* hingegen haltbareres Schwarz- und Braunpulver verstaut war.

1910 bewilligte der Kongreß schließlich eine halbe Million Dollar für das Bergungsprojekt, und die Arbeit wurde Heeresingenieuren anvertraut. Da die *Maine* inzwischen tief in den Schlick eingebettet war, entschloß man sich dazu, die Wrackteile in einen riesigen Kofferdamm aus Stahlpfeilern einzuschließen, die 20 Fuß tief durch den Schlamm in den darunterliegenden Lehm getrieben werden sollten, und dann das Innere leerzupumpen. Ein Jahr später aber war dieses Werk noch immer unvollendet und bereits das Doppelte des vom Kongreß bewilligten Geldes verbraucht worden. Daraufhin wurde der Plan geändert und das Hinterschiff, das ziemlich intakt geblieben war, mit Schotten sowie Schwimmern versehen, weggeschleppt und in tiefem Wasser versenkt. Um die vorderen Wrackteile wurde ein kleinerer Kofferdamm gebaut und 1911 fertiggestellt.

Diese Wracktrümmer wurden genauestens von dem Kriegsschiffbauer W. B. Ferguson untersucht, der zu gleichen Ergebnissen kam wie zuvor der amerikanische Untersuchungsausschuß. Seine Hauptentdeckung war eine gebogene Bodenplatte, und er pflichtete Leutnant Powelsen bei, daß diese ein Hinweis auf eine Minenexplosion außerhalb des Schiffes sei. Eine solche Mine, führte er aus, voller Sprengstoff von geringer Brisanz, der die Explosion über eine große Fläche verteilen würde, kam irgendwo unter der 6-Zoll-Munitionskammer mit dem Rumpf der *Maine* in Berührung, wo Schwarzpulver für Salutschüsse aufbewahrt wurde. Das Pulver entzündete sich und setzte das andere vordere Munitionsdepot in Brand.

Die Kriegsmarine akzeptierte dieses letzte Untersuchungsergebnis, nicht aber die Weltöffentlichkeit. Bucknill war durch den neuesten Bericht ebensowenig zufriedengestellt wie durch die früheren. »Nichts«, sagte er, »hat die Theorie von einer Außenexplosion erhärtet.« Weiter hob er hervor, daß, obwohl inzwischen vierzehn Jahre vergangen seien, niemand in Havanna auch nur andeutungsweise hätte verlauten lassen, er wisse etwas über eine Mine im Hafeninnern.

Der Glaube an Spaniens Unschuld beruhte zu einem gewissen Grad auf einem Bericht, der 1911, ehe diese letzte Untersuchung abgeschlossen war, in britischen Zeitungen erschien. Darin hieß es, Brigadegeneral William H. Bixby, der für die Untersuchung verantwortliche Ingenieur, habe gesagt, die Munitionskammern könnten nicht von außen gesprengt worden sein, und alle Anzeichen im Schiffsrumpf sprächen dafür, daß die Explosion von innen ausgegangen sei, die Ursache könne also keine spanische Mine gewesen sein und »man habe sich einem schrecklichen Irrtum hingegeben«.

Diese Feststellung durfte nahezu zwei Jahre lang unwidersprochen bestehen und erregte in Europa mehr Aufsehen als der offizielle Bericht. Als jedoch Bixby einmal einen Artikel im *Fortnightly Review* zu Gesicht bekam, der darauf Bezug nahm, leugnete er, jemals irgend etwas dieser Art gesagt zu haben, und betonte, die Untersuchung der Wrackteile sei außerhalb seines Zuständigkeitsbereiches vonstatten gegangen und zudem habe das Wrack ohnehin noch im Schlick begraben gelegen, als der fragliche Zeitungsbericht erschien.

Größtenteils unter dem Einfluß der Schriften von J. G. Lockhart kam man nun doch allgemein zu der Auffassung, eine spanische Mine hätte die *Maine* zerstört, allerdings nicht unbedingt mit Wissen der spanischen Behörden, und dabei ist es bis heute geblieben. Man nahm an, da der Besuch der *Maine* nicht abzuwenden gewesen war, sei im Hinblick auf die gespannten Beziehungen vorsichtshalber eine elektrisch gesteuerte Mine am Liegeplatz des Schiffes angebracht oder der *Maine* zumindest ein Platz angewiesen worden, wo bereits eine solche Mine lag. Wenn Krieg ausgebrochen wäre, hätten die Spanier die *Maine* mit gutem Recht zerstört, da die *Maine* sonst sicherlich ihre Geschütze auf Stadt und Festungen gerichtet hätte. Laut Lockhart wurde der Ankerplatz von den Hafenbehörden festgelegt und die *Maine* von einem spanischen Lotsen zu ihrer Ankerboje gebracht. Wie Sigsbee bemerkte, schwoite die *Maine* im Lauf des Unglücksabends auf eine Position, die sie nur im Falle eines Angriffs auf die spanischen Küstenbefestigungen eingenommen hätte. Sollte wirklich eine Mine dagewesen sein, war sie nach Lockharts Ansicht zweifellos im Hinblick auf genau diese Situation gelegt worden. Seines Erachtens mußten die Spanier die Wahrheit gewußt haben und hätten sie besser offen eingestanden.

Das taten sie aber nicht, und so blieb den Vereinigten Staaten keine andere Wahl, als Krieg zu führen. Als der Fall längst amtlich abgeschlossen war, hielten sich doch die Vorurteile hartnäckig weiter, und noch heute herrscht die Ansicht vor, die Amerikaner hätten in ihrem Verlangen, Krieg gegen Spanien zu führen, Beweise außer acht gelassen, die die Spanier entlastet hätten. Daran ist immerhin etwas Wahres. Eine explodierende Mine verursacht eine schwere, dumpfe Erschütterung. Die Mehrzahl der Zeugen hingegen beschrieb die erste Explosion als einen scharfen, schußähnlichen Knall. Außerdem hätte eine Minenexplosion eine Wassersäule emporgeschleudert, aber nichts dergleichen wurde beobachtet – vielleicht behinderte der sofort aus dem Schiff quellende Rauch die Sicht. Die Mine könnte natürlich auch direkt unter dem Schiffsrumpf hochgegangen sein, doch hätte sie in diesem Fall das Schiff auf eine Seite geworfen oder es hochgehoben. Die meisten Zeugen sagten jedoch aus, erst nach der zweiten Explosion sei das Schiff emporgeschleudert worden. Auf anderen Schiffen war keinerlei Erschütterung zu bemerken gewesen, außer auf dem 600 Meter entfernt liegenden Dampfer *Deva*, dessen Kapitän dachte, ein Schiff wäre mit dem seinen kollidiert. Zudem wiesen die Amerikaner zwar zurück, was die Spanier über das Fehlen toter Fische gesagt hatten. Sie konterten aber nur mit dem reichlich naiven Argument, die Fische würden vielleicht immer den Hafen nachts verlassen oder sie wären durch die Explosion nur betäubt worden, hätten sich später wieder erholt und seien davongeschwommen.

Noch ernstere Bedenken gegen die amerikanischen Untersuchungsergebnisse erhoben sich: Im Ersten Weltkrieg wurden Minen in viel größerem Maßstab eingesetzt als je zuvor, und doch kam es nur ein einziges Mal vor, daß eine Mine die Munitionskammer eines Schiffes sprengte. Das war 1916 vor Malta auf der H. M. S. *Russell* der Fall, und dabei explodierte nur der Granatenraum. Eine Mine konnte zwar ein Schiff versenken, aber kaum sein Munitionsdepot in die Luft jagen, eine Tatsache, die der amerikanische Untersuchungsausschuß überhaupt nicht in Betracht zog.

Die Spanier hätten wohl kaum eine Kontaktmine im Hafen von Havanna installiert, der ja von Schiffen aller Nationalitäten einschließlich ihrer eigenen frequentiert wurde. Die Mine, die die *Maine* zerstörte, mußte demnach vom Land her elektrisch gesteuert worden sein, soviel Niedertracht traute man den Spaniern kaum zu. Zum fraglichen Zeitpunkt leugneten sie, daß die Küstengewässer überhaupt vermint seien, aber Anfang April, nach der Explosion, wurde bekannt, daß sie doch Minen in Kuba hatten und sie auch einsetzten. Vizeadmiral Beranger, vor dem Krieg Staatssekretär der spanischen Kriegsmarine, erzählte am 6. April einem Reporter vom *El Heraldo*, der führenden Abendzeitung Madrids, man rechne nicht mit Angriffen auf kubanische Häfen, da »sowohl Havanna als auch Cienfuegos, Nuevitas und Santiago durch elektrisch gesteuerte und automatische Torpedos verteidigt werden können«. Beranger fügte hinzu, der ermordete Premierminister Cánovas del Castillo wäre am 8. August 1897, sechs Monate vor der Explosion, mit ihm übereingekommen, in diesen Häfen von einem Experten 190 Minen legen zu lassen.

Des weiteren stellte sich heraus, daß die Spanier sich nachdrücklich um Sicherheitsmaßnahmen für die *Vizcaya* in New York bemüht hatten und daß nur aufgrund ihrer Beharrlichkeit dauernd Schlepper im Umkreis des Schiffes patrouillierten. Wußten sie von einer Mine in der Nähe der *Maine* und hatten jetzt Angst, daß es ihnen die Amerikaner mit gleicher Münze heimzahlen würden?

Aber angenommen, es existierte wirklich eine Mine, warum wurde sie gezündet? Es ergibt keinen Sinn, die spanischen Behörden dafür verantwortlich zu machen, denn die Sache wäre ebenso niederträchtig wie dumm gewesen und hätte nur die Weltöffentlichkeit gegen die Spanier eingenommen. Unweigerlich wäre es zum Krieg mit den Vereinigten Staaten gekommen, und einen solchen Krieg zu provozieren konnte kaum im Interesse der Spanier liegen, deren Stützpunkte 4800 Kilometer entfernt jenseits des Atlantik lagen, während amerikanische sich gleich auf der anderen Seite der Floridastraße befanden. Vielleicht hatten auch diejenigen recht, die glaubten, irgendein Untergebener hätte Zugang zu der elektrischen Zündvorrichtung der Mine gefunden und der Versuchung nicht widerstehen können.

Später zog man eine den Spaniern schmeichelhaftere Lösung in Erwägung: Sicher war die Mine da, aber gezündet wurde sie von einem Kubaner, der wußte, daß Amerika bereits mit den Kubanern sympathisierte. Wenn nun die *Maine* durch eine spanische Mine beschädigt wurde, mußten sich die Amerikaner seines Erachtens ganz auf die Seite der Kubaner stellen. Ferdinand Lundberg hat in seinem kritischen Buch über Hearst sogar die Vermutung geäußert,

Hearst selbst sei womöglich mit der Explosion in Verbindung zu bringen. Als Hearst 1951 starb, stand im *Manchester Guardian* über ihn: »Kein Mensch hat sich je soviel Mühe gegeben, den Journalismus auf das niedrigste Niveau herabzuziehen.« Denkt man an seine öffentliche Behauptung, er habe für den Krieg »gesorgt«, läßt sich nicht völlig ausschließen, daß er oder sein Geld irgend etwas mit der Sache zu tun hatten.

Das war der Stand der Dinge, bis 1968 der britische Marineingenieur K.C. Barnaby, ehrenamtlicher Vizepräsident des Königlichen Verbandes der Schiffsbauingenieure mit langjähriger Schiffs- und Seerfahrung, alles wieder verwarf. Er kam zu der festen Überzeugung, es müsse sich um eine Explosion im Schiffsinnern gehandelt haben.

Barnaby schrieb, die Rauchwolke und der Feuerschein, die nach Augenzeugenberichten von der *Maine* ausgingen, wären ein Anzeichen für Munitionslagerexplosionen, und seines Erachtens hätte sich die Stichflamme bis weit nach achtern unter das Panzerdeck fortgepflanzt, obgleich nur die vorderen Munitionskammern betroffen waren. Er wies darauf hin, daß Sprengstoffe bei zu langer Aufbewahrung verderben und gefährlich werden, und erinnerte an das japanische Schlachtschiff *Mikasa*, das 1905 gesunken war, weil verdorbene Sprengstoffe sich plötzlich entzündet hatten. 1906 wurde das brasilianische Schlachtschiff *Aquidaban* ebenfalls Opfer einer Explosion, die mit ziemlicher Sicherheit auf den Zerfall der mitgeführten rauchlosen Munition zurückzuführen war. Dieses Schiff war wie die *Maine* in einem feuchtheißen Klima stationiert, das ganz dazu angetan war, Nitroglyzerin-Treibstoffe bei zu langer Lagerung gefährlich zu verändern. Der amerikanische Untersuchungsbericht beschrieb zwar die auf der *Maine* getroffenen Vorsichtsmaßnahmen, erwähnte aber nicht, wie alt die Sprengstoffe waren.

Bis zur *Maine*-Katastrophe war, laut Barnaby, noch keine größere Kriegsmarine durch Katastrophen alarmiert worden, die von instabilen Sprengstoffen ausgelöst wurden. Das änderte sich jedoch schlagartig, als 1907 das französische Schlachtschiff *Iéna* im Hafenbecken von Toulon explodierte. Die erste Explosion war wie bei der *Maine* nicht sehr schwerwiegend, aber ihr folgte sofort eine zweite von ungeheurer Gewalt. Man führte sie auf »B«-Pulver zurück, ein rauchloses Nitrozellulosepulver in Patronen, dem zur besseren Zündung etwas Schwarzpulver beigemischt war – Ferguson erwähnte es in seinem Nachkriegsbericht über die *Maine*. Später fand man heraus, daß diese Kombination von Nitrozellulose und Schwarzpulver ausgesprochen gefährlich war. Auf der *Iéna* lag eine der Munitionskammern in der Nähe der Dynamoplattform und erhitzte sich, weil die Lüftung gerade repariert wurde.

Nach dieser Katastrophe wurden große Mengen alter Sprengstoffe vergraben oder verbrannt. Trotzdem zerstörten 1908 zerfallende alte Sprengstoffe den japanischen Kreuzer *Matsushima*, und 1911 bewiesen Explosionen auf dem Schlachtschiff *Liberté*, daß die französische Kriegsmarine Sprengstoffe immer noch viel zu lange behielt. Die Munition, die diese Explosionen auslöste, enthielt wieder einmal »B«-Pulver.

Laut Barnaby war sogar Powelsens Aussage anzuzweifeln. Die merkwürdig verbogene V-Form der Kielplatten am Wrack – eines der am stärksten für eine Mine sprechenden Argumente – konnte, wie sich später herausstellte, auch durch eine Explosion im Schiffsinnern hervorgerufen werden. Powelsen hatte auch festgehalten, daß die Steuerbordseite des Schiffes weggesprengt worden war, was ihn seltsamerweise von einer Außenexplosion überzeugte. Barnaby stimmte dem nicht zu; er meinte, gerade ein solcher Effekt spreche eindeutig dagegen. Die Detonation auf der *Maine* sei offensichtlich von der gleichen Art gewesen, durch die in späteren Jahren so viele andere Kriegsschiffe zertrümmert wurden.

Experten haben die niederschmetternde Angewohnheit, Geheimnisse aller Romantik zu entblößen. Das letzte Wort zur *Maine*-Katastrophe hatte dann wohl auch Admiral H. G. Rickover, Atomexperte der amerikanischen Marine und Initiator ihres atomaren U-Boot-Programms. Er stieß zufällig auf das nicht an die Öffentlichkeit gedrungene Faktum, daß Sigsbee nach dem Krieg mit Spanien das Schlachtschiff *Texas* bekam und daß dieses Schiff auch wieder für verwahrlost und rostig befunden wurde und nicht vorschriftsmäßig ausgestattete Boote trug.

Als Admiral Rickover die Berichte noch einmal durchging, kam er zu dem Schluß, die Katastrophe müsse durch einen Bunkerbrand entstanden sein, denn keinerlei Beweise sprächen für eine Zerstörung der *Maine* durch eine Mine. Derartige Brände traten früher des öfteren bei Steinkohle auf, wie sie die *Maine* geladen hatte. Sie waren schwer zu ermitteln, weil sie häufig tief unter der Kohlenoberfläche schwelten und weder Rauch noch Flammen, noch ein Ansteigen der Temperatur in der Nähe der Alarmvorrichtung bewirkten. Der Bunker der *Maine* war etwa zwölf Stunden vor der Explosion zum letztenmal inspiziert worden. Die Erfahrung hatte gezeigt, meinte Rickover, daß eine solche Zeitspanne gut ausreichte, um einen Brand ausbrechen zu lassen, die Schotten zu erhitzen und den Inhalt der angrenzenden Abteilungen zu entzünden.

Der Präsident der Vereinigten Staaten habe Pech gehabt mit dem Kommandanten der *Maine*, äußerte Rickover. Wenn Sigsbee auch die nötigen Vorsichtsmaßnahmen traf, um sein Schiff gegen Gefahren von außen abzusichern, gibt es doch keinen Beweis dafür, daß er mehr als die routinemäßigen Schritte unternahm, um es vor einem Unfall zu schützen. Er wußte, wie gefährlich leicht sich Kohle entzünden konnte, und mußte auch von Bunkerbränden auf anderen Schiffen gehört haben. Daß die Bunkeralarmanlagen schon unterhalb des Gefahrenpunktes losgingen, war noch kein Grund dafür, sich in Sicherheit zu wiegen, denn allem Anschein nach waren sie unzuverlässig. Worauf es jedoch Rickover im wesentlichen ankam, war die Tatsache, daß unter Sigsbees Kommando sowohl die *Kearsage* als auch die *Texas* verwahrlost angetroffen wurden. Sigsbees Aussage spiegelte seine Zeit wider: Das Wort eines ranghohen Offiziers wurde fraglos hingenommen.

Nach Admiral Rickovers Ansicht hatten die Untersuchungsausschüsse sehr nachlässig gearbeitet. Sigsbees Zeugenaussage wie auch spätere Äußerungen hielt er für oberflächlich und spekulativ. Das Untersuchungsergebnis fiel einfach so aus, wie zu erwarten war – die Beziehungen zwischen den Vereinigten Staaten und Spanien waren gespannt, und in Kongreß und Presse herrschte Kriegsstimmung vor, da war es nur natürlich, daß man versuchte, die Kriegsmarine von aller Schuld reinzuwaschen. Wäre das Schiff in einem amerikanischen Hafen oder im Hafen einer befreundeten Nation in die Luft geflogen, hätte man nach Rickovers Meinung bei einer Untersuchung eine Mine überhaupt nicht als Ursache in Betracht gezogen. Zu dem Untersuchungsbefund von 1898 war es anscheinend weniger durch technische Überlegungen gekommen als vielmehr durch die Gewißheit, daß Krieg unumgänglich sei.

Wie Rickover weiter ausführte, hatte auch der Senatsausschuß für auswärtige Angelegenheiten bei seinen Ermittlungen technische Sachverhalte völlig außer acht gelassen. Er war offenbar nur zusammengetreten, um einen Katalog spanischer Missetaten aufzustellen. Offiziere, die gar keinen Einblick in die Untersuchungsunterlagen hatten, wurden nach ihrer Meinung gefragt, und niemand hatte etwas gegen Sigsbees lauthals geäußerte Theorien von einer selbstgebastelten Mine einzuwenden. Der Untersuchungsausschuß von 1911 wiederum, der seiner Arbeit frei vom Kriegsrisiko nachgehen konnte und trotzdem zum gleichen Ergebnis kam wie der Ausschuß von 1898, ermittelte nach Rickovers Ansicht, ohne den Rat außenstehender Experten einzuholen und ohne sich der verfügbaren technischen Informationen zu bedienen. Rickover wies darauf hin, daß nur dreizehn Jahre vergangen waren, seit die Nation mit dem Schlachtruf »Denkt an die *Maine*« in den Krieg gezogen war, und man nach dieser relativ kurzen Zeit kaum bereit sein würde, einen schweren Irrtum zuzugeben.

Im Gegensatz dazu, meinte er, seien die französischen Ermittlungen zur Munitionskammerexplosion der *Iéna* 1907 ausgesprochen gründlich gewesen, aber diese Explosion sei ja auch in einem Heimathafen aufgetreten und zu einem Zeitpunkt, als die internationale Lage ruhig war.

Die *Maine*, fuhr er fort, wurde ohne Zweifel durch eine Explosion im Schiffsinnern zerstört. Zugleich machte er aber darauf aufmerksam, daß Präsident McKinley, was immer er auch dachte oder tat, Krieg riskierte. Tat er nichts, hätte ihn die öffentliche Meinung womöglich dazu gezwungen, und übte er Druck auf Spanien aus, wäre es wahrscheinlich gleichfalls zum Krieg gekommen.

Rickovers Theorie stützt sich auf ähnliche Katastrophen, wie sie im Ersten Weltkrieg passierten. Viele wurden damals deutschen Agenten unter dem legendären von Rintelen zugeschrieben, aber heute scheint es doch klar zu sein, daß sie eher ihren Ursprung in den Munitionskammern der Schiffe hatten. Ein Schriftsteller vertrat sogar die Auffassung, die Zerstörung der *Royal Oak* im Jahre 1939 sei durch eine Explosion im Schiffsinnern ausgelöst worden und nicht durch die Torpedos des deutschen U-Boot-Kommandanten Günther Prien.

Um noch ein letztes Mal zu recherchieren, bewegte Admiral Rickover zwei weitere Experten zu einer Untersuchung; Professor Ib S. Hansen vom David-W.-Taylor-Marineforschungs- und -entwicklungszentrum und Robert S. Price, einen Naturwissenschaftler vom Institut für Marinewaffen. Sie ließen keinen Zweifel daran, daß die Untersuchungsausschüsse zu falschen Ergebnissen gekommen waren, und wiesen darauf hin, daß zwischen 1894 und 1908 mehr als zwanzig Kohlebunkerbrände auf Schiffen der amerikanischen Marine gemeldet wurden. In der Regel wurden Extraschotten rund um die Munitionskammern eingebaut; kein Wunder, daß eine ganze Reihe von Leuten in der Marine das einfache Schottsystem der *Maine* für höchst unsicher hielten und der Meinung waren, der Grund für die Munitionsdepotexplosionen sei wahrscheinlich der überhitzte Kohlebunker gewesen, der sich an das 6-Zoll-Ersatzlager anschloß.

Was auch immer die Ursache war, folgerte Rickover, die Friedenschancen sanken mit der Zerstörung der *Maine* auf den Nullpunkt. Kongreß und Öffentlichkeit forderten die Intervention, und das waren die Umstände, unter denen der erste Untersuchungsausschuß seine Arbeit leistete. Wäre er unter anderen Voraussetzungen an die Sache herangegangen, hätte er womöglich ein völlig anderes und weniger gefühlsbelastetes Urteil gefällt, das technisch unbegründet war und im Lauf der Jahre in zunehmendem Maße fragwürdig erscheinen mußte.

Hatte vielleicht doch jemand gemerkt, daß die *Maine* von einer Explosion im Schiffsinnern zerstört worden war, aber durch die Kriegshetze und auf Druck der öffentlichen Meinung hin die Entdeckungen unter den Tisch fallen lassen? Selbst wenn sie ein Unfall war, lieferte die Explosion eine ausgezeichnete Begründung für Feindseligkeiten. Das würde auch dem im nachhinein wieder abgeleugneten Ausspruch General Bixbys einen Sinn geben, »man habe sich einem schrecklichen Irrtum hingegeben«. Hatte er unbedacht den Fehler eingestanden und war dann ob seiner unverblümten Worte verpflichtet worden zu dementieren? Er hatte zwei Jahre Zeit gehabt, in sich zu gehen und sich darüber klarzuwerden, daß es jetzt, da Amerika wegen der *Maine* Krieg führte und auf beiden Seiten schon Hunderte gefallen waren, gefährlich sei, irgend etwas zuzugeben. Bixby betonte, er habe die Feststellung getroffen, ehe die Wrackteile untersucht wurden, aber er war ein ranghoher Offizier und konnte sich leicht Einblick in die voraussichtlichen Ergebnisse verschaffen. Letztlich ist auch Präsident McKinleys erste Reaktion eine Bestätigung dafür. (McKinley war zwar ein rätselhafter Mensch und kein herausragender Präsident, aber er genoß aufgrund seiner Ehrlichkeit und Aufrichtigkeit hohes Ansehen.) Er war tief beeindruckt von den Vermittlungsbemühungen der spanischen Regierung und versuchte zunächst aus allen Kräften, die gefährliche Situation zu entschärfen; offenbar nahm er nicht an, es handle sich um einen Angriff der Spanier.

Rickovers Überlegungen scheinen Hand und Fuß zu haben. Ein anderer amerikanischer Admiral meinte dazu: »Was ein Mann wie Rickover schreibt, genügt mir.« Amerika zog wegen eines nicht existenten *Casus belli* in den Krieg. Das Land befand sich in Kriegsstimmung, und die geballten Emotionen suchten nach einem Ventil. Da bot die *Maine* den willkommenen Vorwand zum Eintritt in einen Krieg, aus dem die Vereinigten Staaten mit einem neuen Großmachtanspruch hervorgingen.

4. S. S. Waratah († 1909)

Ein Linienschiff verschwindet

Laut Alan Villiers beläuft sich die Zahl von Schiffen, die in den sechzehn Jahren vor 1975 einfach verschwanden, ohne eine Spur zu hinterlassen, auf fünf bis zehn pro Jahr, und zwischen Januar 1961 und Januar 1971 standen siebzig Handelsschiffe aller Größen, von sehr klein bis 13000 Tonnen, auf der amtlichen Vermißtenliste bei Lloyd's in London. Sie alle waren vorschriftsmäßig gebaut, beladen, klassifiziert, überwacht und kontrolliert worden. Obwohl es in unserer modernen Welt kaum noch Strandräuber, Piraten und schwimmende Särge geben dürfte, verschwinden immer noch Schiffe.

In den 40er und 50er Jahren des 19. Jahrhunderts, den ersten Jahren nach der Umstellung der Schiffahrt von Segeln auf Dampfantrieb, war die Zahl vermißter Schiffe allem Anschein nach noch höher. Oft waren die Verluste auf Fehler in der Schiffskonstruktion zurückzuführen. Während der Viktorianischen Ära gab es sowohl in Großbritannien als auch anderswo im Gefolge des technischen Fortschritts einfach zuviel Leute, die zu schnell bauten und nur mangelhafte Fachkenntnisse ins Geschäft einbrachten.

Zu dieser Zeit ruhte sich die Königlich-Englische Marine noch immer auf den Lorbeeren von Trafalgar aus und genoß ein Ansehen, das in keinem Verhältnis zu ihrer tatsächlichen Verfassung stand, denn die Überlegenheit und den Unternehmungsgeist aus Nelsons Tagen hatte sie längst eingebüßt. Was Wunder, daß sich Marineoffiziere gerne aufs hohe Roß setzten und allen Ernstes meinten, sie hätten mehr Ahnung vom Schiffbau als die Schiffbauingenieure und -konstrukteure. Es ist kein Zufall, daß die Idee, Seeleute selbst ihre Schiffe konstruieren zu lassen, ausgerechnet von Admiral Sir Edward Belcher lautstark befürwortet wurde, dem Mann, der seine Schiffe bei der Suche nach Franklin verloren hatte. So wurde nach den Plänen eines ehrgeizigen, von sich überzeugten

Offiziers das Schlachtschiff H. M. S. *Captain* gebaut, das, wen wundert es, bereits auf seiner dritten Kreuzfahrt im Jahre 1870 vor Kap Finisterre in einer Sturmbö verschwand, die den anderen Schiffen seines Geschwaders nichts ausmachte.

Der in den Anfangstagen der Dampfschiffahrt stark ansteigende Auswandererverkehr nach den Vereinigten Staaten, Australien und Neuseeland brachte viele skrupellose oder der Gefahr unkundige Reeder dazu, ihre Schiffe zu überladen, denn Samuel Plimsolls Tiefladelinie brauchte noch nicht eingehalten zu werden. Damals schlugen Schiffe bei der Überfahrt von England nach Nordamerika eine nördlichere Route ein – sie wurde nach der *Titanic*-Katastrophe aufgegeben –, die sie in gefährliche Nähe der von der Arktis herantreibenden Eisberge brachte, auf die einst schon die Brigg *Renovation* getroffen war, als sie angeblich Franklins Schiffe gesichtet hatte. Etliche Schiffe gingen in Eis und Sturmwind verloren, darunter auch der Raddampfer *President*, der am 11. März 1841 von New York auslief. Unter seinen 136 Besatzungsmitgliedern und Passagieren befanden sich auch der Herzog von Richmond und Tyrone Power, ein berühmter irischer Komödiant und angeblicher Vorfahre des Filmstars gleichen Namens. Ungeachtet ihrer Größe hatte die *President* nach drei Atlantiküberquerungen nicht mehr den besten Ruf, und ihr Kommandant, Kapitän Richard Roberts, ging sogar so weit, sie als »schwimmenden Sarg« zu bezeichnen. Als sie nicht wiederkehrte, wimmelte es nur so von Gerüchten und von Botschaften, die das Beförderungsmonopol der Post umgangen hatten: Flaschenpostmeldungen und telepathischen Nachrichten. Die Seetüchtigkeit der *President* war oft in Frage gestellt worden, und wer sich mit Schiffen auskannte, fand es kaum verwunderlich, daß sie spurlos verschwand.

1854 verschwand etwa in derselben Gegend die *City of Glasgow*, ein Motorsegler. Am 18. August wurde von der Glasgower *Mary Morris* aus ein schwarzes Wrack mit leuchtend rotem Boden gesichtet, von dem man annahm, es sei die *City of Glasgow*, die zu diesem Zeitpunkt längst auf dem Delaware hätte sein müssen. Auch von einem Schiff mit Namen *Baldaur* sichtete man etwas, das für das treibende Wrack gehalten wurde; beim Näherkommen schoß eine kleine Bark von seiner Seite fort. Kästen und Lattenkisten schwammen auf dem Wasser, und der Verdacht auf Seeräuberei lag nahe, aber vielleicht handelte es sich auch nur um Leute von einem »Hungerschiff« (ein Schiff, dessen Mannschaft aus irgendwelchen Gründen am Hungertuch nagen mußte, sei es wegen eines geizigen Eigners, eines unehrlichen Kochs, Stewards oder gar Kapitäns), die den Versuch machten, auf dem preisgegebenen Schiff Vorräte einzuheimsen.

Noch im selben Jahr verschwand im Indischen Ozean die *Lady Nugent*, ein Truppentransporter mit nahezu 400 Männern, Frauen und Kindern an Bord. Zwei Jahre später kostete vermutlich ein Zusammenstoß des brandneuen Collins-Linienschiffes *Pacific* mit einem Eisberg 200 Menschen das Leben. Im darauffolgenden Jahr verschwand die *Tempête*, und von 1869 bis 1873 kamen die *United Kingdom*, die *City of Boston*, ein Inman-Linienschiff und die *Ismailia* auf die Vermißtenliste. Der Atlantik war voller Wracks. Zwischen 1887 und 1891 wurden über 900 treibende Wracks gesichtet, viele davon im Nordatlantik, eine Gefahr für die Hochseeschifffahrt. Die Mehrzahl der Schiffe war gekentert, nur ein Drittel konnte identifiziert werden. Sie mußten von einem eigens dafür gecharterten Spezialschiff versenkt werden.

Aber diese Schiffe sind alle vor der Jahrhundertwende verschollen. Gegen 1900 war man endlich der Überzeugung, jetzt hätte man die Dampfkraft im Griff und die Technik würde die Probleme ausräumen, die es im vergangenen Jahrhundert zweifellos gegeben hatte. Schiffsmaschinen waren nicht mehr so unzuverlässig, und auch das Problem der Instabilität, an dem die *Captain* gescheitert war, glaubte man gelöst zu haben. Angesichts dieser Brusttöne der Überzeugung war allerdings das Verschwinden des Passagierfrachtschiffes *Waratah* im Jahre 1909 um so befremdlicher.

Waratah war ein Unglücksname. Ein Schiff dieses Namens ging 1848 vor Ushant verloren, ein anderes 1887 auf seiner Fahrt nach Sydney, wieder ein anderes noch im selben Monat südlich von Sydney und eins im Juli 1894 im Golf von Carpentaria. Die letzte *Waratah* wurde 1894 in Whiteinch auf dem Clyde von der Firma Barclay, Curle & Co. nach Bauplänen der Eigner gebaut. Sie war 465 Fuß lang, bei einer Breite von über 59 Fuß, hatte 9339 Bruttoregistertonnen und 6004 Nettoregistertonnen – wurde aber nach Art vieler Fahrgastlinienschiffe als 16000-Tonnen-Schiff angepriesen, weil eine hohe Tonnage Passagiere anzog. Sie hatte fünf Stahlkessel für den Antrieb ihrer vierstufigen Expansionsdampfmaschinen, mit denen sie 13 Knoten machen konnte, eine gute Geschwindigkeit für ihre Zeit. Reeder war die Blue Anchor Line mit ihren handelsgerichtlich eingetragenen Geschäftsführern W., F. W. und A. E. Lund. Sie kostete 13 900 Pfund, und die Erbauer erklärten sich bereit, für jeden Tag, um den sich die Auslieferung über das vertraglich vereinbarte Datum hinaus verzögerte, ein Bußgeld von 50 Pfund zu bezahlen. Konstruktionsvorbild war angeblich der Dampfer *Geelong*, ein erfolgreiches Schiff derselben Linie, und man hoffte, die *Waratah* würde genausogut oder sogar besser als dieses Schiff abschneiden.

Die *Waratah* verfügte über sechzehn Rettungsboote für 787 Personen, ein weiteres Boot, das 29 aufnehmen konnte, drei Flöße für zusammen 105 Leute und 930 Rettungsringe. Ihre Kabinen waren luxuriös ausgestattet. Überdies gab es eine patentierte Destillieranlage, die jeden Tag 5500 Gallonen Trinkwasser liefern konnte. Ein Funkgerät war nicht vorhanden, aber das war 1909 nichts Ungewöhnliches.

Im Oktober 1908 war sie endlich fertiggestellt, ein herrliches Schiff mit einem erstklassigen Musiksalon, in dem eine Sängerbühne mit geschnitzten Holzsäulen prunkte, deren Eckpfeiler schwere Vorhänge zierten. Da gab es Plüschpolster mit gefältelten Rückenlehnen, Palmenkübel und sogar indirekte Beleuchtung, deren sich die *Waratah* als eines der ersten Schiffe rühmen konnte.

Kapitän Josiah S. Ilbery, der Kommodore der Blue Anchor Line, war über vierzig Jahre im Dienst, hatte die *Geelong* kommandiert und war beauftragt worden, das letzte Baustadium zu beaufsichtigen. Die *Waratah* betrachtete er als sein letztes Schiff, denn er kam in die Jahre und hoffte, nur noch den Zeitraum bis zu seiner Pensionierung auf dem Schiff überbrücken zu müssen. Er war ein tüchtiger Kapitän, hatte Klipper gesegelt und beträchtliche Erfahrung mit Stürmen auf See.

Als die *Waratah* unter Ilberys Kommando den Clyde Richtung London verließ, war unter anderem F. W. Lund, einer der Geschäftsführer der Linie, an Bord. Auf dem Weg geriet das Schiff in schlechtes Wetter, und da fiel auf, daß es zum Rollen und Stampfen neigte. Aber die zuständige Behörde hatte das amtliche Fahrgastzertifikat ohne Beanstandungen ausgestellt. Demnach durfte die *Waratah* 432 Personen befördern. Sie wurde auch von Lloyd's inspiziert und als » + 100 A1« klassifiziert. Da sie weitgehend für den

Auswandererverkehr zwischen London und australischen Häfen mit Weg über das Kap der Guten Hoffnung gebaut worden war, wurde sie außerdem auch noch von den Auswanderungsbehörden einer Prüfung unterzogen und für einsatzfähig befunden.

Am 5. November 1908 trat die *Waratah* von England aus ihre Jungfernfahrt an. An Bord waren 67 Kabinenpassagiere, 689 in den zu Schlafsälen umfunktionierten Laderäumen untergebrachte Emigranten und 154 Mann Besatzung, darunter Extrastewards, wahrscheinlich Auswanderer, die für ihre Überfahrt arbeiteten. Die Reise verlief ohne Zwischenfall. Zumindest wurde nichts Derartiges verzeichnet, denn das Schiff geriet in kein Unwetter und machte sich allem Anschein nach recht gut. Besatzungsmitglieder bemerkten allerdings, daß Kapitän Ilbery Schwierigkeiten hatte, das Schiff gleichmäßig zu beladen: Es war gar nicht so einfach, die unterschiedlich schwere Fracht in den verschiedenen Häfen zu verstauen. Erschwerend kam noch hinzu, daß ein Fahrgast-Frachtschiff auf der Reise große Mengen Wasser und Treibstoff verbraucht, so daß sich die Stabilität laufend verändert. Doch hatten die Lotsen bei ihrem Dienst die *Waratah* gelobt und nur eingewendet, sie sei etwas instabil. Die einzige wirkliche Panne war ein kleiner Brand in einem Kohlebunker, der jedoch schnell gelöscht wurde.

Kapitän Ilbery war offenbar nicht gehalten, auf der Rückfahrt nach England einen Bericht über das Schiff abzugeben, und von selbst kam er anscheinend auch nicht auf die Idee. Immerhin machte er bei einem Gespräch mit Freunden den Eindruck, als sei er ganz zufrieden. Er war zu der Einsicht gekommen, daß die *Waratah* nicht so »steif« in der See lag, wie er hätte wünschen mögen, und darüber hinaus wußte man, daß es nicht ratsam war, sie im Dock ohne Ballast zu bewegen, aber das alles reichte nicht aus, um eine Untersuchung zu fordern. Ob nun mit oder ohne Ilberys Einverständnis, jedenfalls erzählten die Eigner den Erbauern, der Kapitän halte die *Waratah* für längst nicht so stabil wie ihr Schwesterschiff *Geelong*, aber Barclay, Curle & Co. war es ein leichtes, sie hinsichtlich der Stabilität des Schiffes in beladenem wie auch leerem Zustand zu beruhigen.

Nach einem Aufenthalt im Trockendock, einer Überprüfung durch Lloyd's und ein paar kleineren Reparaturen verließ die *Waratah* am 27. April 1909 erneut London. Der Kapitän, alle Offiziere, außer einem, und alle Ingenieure, bis auf zwei, waren auch für diese zweite Reise angemustert. Dieses Mal war das Schiff jedoch unterbesetzt mit nur 22 Kabinenfahrgästen und 193 Auswanderern neben der Besatzung von 119 Mann. Wieder hatte die *Waratah* Glück mit dem Wetter. Nachdem sie australische Häfen angelaufen und die volle Fracht von 6500 Tonnen aufgenommen hatte, hauptsächlich landwirtschaftliche Produkte wie Getreide und Felle, ferner um die 1000 Tonnen Bleikonzentrate und noch 200 Passagiere, lief sie am 7. Juli von Adelaide aus und kam am 25. Juli in Durban, Südafrika, an. Dort bunkerte sie Kohlen und lud weitere 248 Tonnen zu, so daß sie auf eine Gesamtladung von etwas über 10 000 Tonnen kam. Mit wehenden Flaggen stach sie am winterlichen Abend des 26. Juli mit 92 Fahrgästen an Bord wieder in See. Laut Wetterbericht herrschte leichter Nordostwind.

Ein Passagier jedoch, der englische Ingenieur und Geschäftsmann Claude G. Sawyer, der von Australien mitgefahren war, zog es vor, in Durban zu bleiben, obwohl seine Passage bezahlt war und er nichts in Südafrika zu tun hatte. Ozeanreisen waren ihm nach zwölf Fahrten auf anderen Schiffen nichts Neues, aber auf der Reise von Australien hierher hatte er offenbar wiederholt Alpträume gehabt, aus denen er Nacht für Nacht voller Entsetzen hochgeschreckt war. Er sah sich selbst an der Reling des Fahrgastdecks lehnen und plötzlich aus den Wogen die Gestalt eines mittelalterlichen Ritters in einer blutbefleckten Rüstung auftauchen. In der einen Hand trug dieser ein blutgetränktes Tuch, in der anderen ein Schwert. Sein Mund öffnete und schloß sich wieder, und Sawyer hatte das Gefühl, als spreche er: »Die *Waratah*! Die *Waratah*!« Dann sank die Traumfigur in die Wellen zurück. Sawyer war immerhin so abergläubisch, daß er diese Warnung ernst nahm.

Mitpassagiere, denen er seine Geschichte erzählte, waren belustigt. Nicht so Kapitän Ilbery. Der sandte ihm einen Offizier, um ihm diplomatisch zu verstehen zu geben, daß er keine Schwarzmalerei betreiben solle. Sawyer trauerte der *Waratah* nicht nach, nur hatte er die einzige Sorge, seine Frau könnte ihn ebenfalls für einen Dummkopf und Unruhestifter halten. In dem Telegramm, mit dem er ihr die Änderung seiner Pläne mitteilte, stand lediglich, die *Waratah* sei seines Erachtens topplastig. Das hatte er wahrscheinlich andere sagen hören, denn es war schon mehrfach aufgefallen. Es war auch die Rede davon gewesen, die *Waratah* hätte sehr eigenartig und heftig gerollt, nachdem sie Melbourne verlassen hatte und Port Phillip Heads passierte. Aber andere Fahrgäste waren wieder so angetan von ihr, daß sie sich vornahmen, auch die Rückfahrt nach Australien zu buchen.

Die *Waratah* fuhr indessen mit 211 Personen an Bord gen Süden auf ihren nächsten Anlaufhafen zu, das 600 Seemeilen entfernte Kapstadt. Am 27., um etwa 6 Uhr morgens, wurde sie von der *Clan MacIntyre* angerufen, einem kleineren und langsameren Dampfer, der schon vor ihr von Durban nach East London ausgelaufen war. Als die *Waratah* ihn einholte und etwa auf der Höhe des Bashee River an ihm vorbeifuhr, ersuchte der Dampfer das größere Schiff, seinen Namen zu signalisieren.

» *Waratah* nach London.«

» *Clan MacIntyre* nach London. Wie war das Wetter von Australien bis hier?«

»Starker Wind aus wechselnder südwestlicher bis südlicher Richtung.«

»Danke. Auf Wiedersehen. Gute Reise.«

»Danke gleichfalls. Auf Wiedersehen.«

Das war die Normalunterhaltung zwischen Schiffen, die einander mitten auf dem Ozean begegneten.

Die *Waratah* blieb bis 9.30 Uhr morgens, dreieinhalb Stunden, in Sicht, dann hatte sie das andere Schiff weit hinter sich gelassen. Als man von der *Clan MacIntyre* aus beobachtete, wie ihre Silhouette vom Horizont verschluckt wurde und eine letzte dünne Rauchfahne in der Luft verging, ahnte keiner, daß sie zu den letzten gehörten, die einen Blick auf das Blue-Anchor-Linienschiff warfen.

Das kleinere Schiff dampfte weiter und nahm, ebenso wie kurz vor ihm die *Waratah*, Kontakt mit dem Leuchtturm von Kap Hermes auf, um den Wetterbericht zu erfahren. Der Leuchtturm hebt sich unnatürlich weiß von dunklen Klippen ab, auf denen heute ein paar strohgedeckte Strandhütten stehen, die 1909 noch nicht existierten. Die Leuchtturmwärter antworteten auf die Anfrage von *Waratah* und *Clan MacIntyre*, das Wetter sei diesig, ansonsten aber gut, und gaben Luftdruck und Wind durch. Kap St. Francis sagte ebenfalls leichten Nordostwind voraus. Bei Nordostwind kommt es jedoch an jener Küste vor, daß der Luftdruck sinkt und sich der Wind plötzlich legt. Dann auf einmal dreht der Wind aus heiterem Himmel nach Südwest und wird jäh zu einem regelrechten Sturm.

Das war an diesem Tag der Fall. Die *Waratah* war nur etwa 12 Seemeilen von der Küste entfernt, als sie in eine schwere Kopfsee lief. Die *Clan MacIntyre* geriet in einen heftigen Südweststurm, der bis abends tobte.

Um 17.30 Uhr desselben Tages machte ein kleines Schiff, die *Harlow*, die 1½ bis 2 Meilen vom Land entfernt in nordöstlicher Richtung an der Küste Südafrikas entlangfuhr, am Horizont den Rauch eines Dampfers aus. So dick war der Qualm, daß ihr Kapitän, John Bruce, seinem Steuermann Robert Ovens gegenüber bemerkte: »Verdammt will ich sein, wenn das kein Feuer ist.« Als es dunkel wurde, sah er dort, wo der Rauch aufgestiegen war, zwei Topplichter und ein rotes Licht achtern. Zwei Stunden später, als die *Harlow* nur noch 1 Seemeile von Kap Hermes entfernt war, schimmerten die Lichter in 10 bis 12 Seemeilen Entfernung; anscheinend gehörten sie zu einem Dampfer, der schnell aufholte. Bruce ging ins Kartenhaus, um einen Blick auf die Seekarte zu werfen. Als er zurückkam, sah er achteraus zwei helle Blitze, von denen der erste etwa 1000, der zweite etwa 300 Fuß hoch schoß. Er dachte sofort an eine Explosion, aber der Steuermann, der die gleiche Beobachtung gemacht hatte, meinte, es handle sich lediglich um zu dieser Jahreszeit häufig auftretende Buschbrände. Die kurz zuvor entdeckten Schiffslichter waren jetzt verschwunden. Bruce machte sich keine weiteren Gedanken darüber.

Noch ein drittes Schiff, das Union-Castle-Linienschiff *Guelph*, nahm für sich in Anspruch, die *Waratah* zuletzt gesehen zu haben. Die *Guelph* war gerade auf der Höhe von Hood Point in der Nähe East Londons, 8 Seemeilen weit draußen, als kurz vor 21.30 Uhr desselben Tages, gute drei Stunden, nachdem Kapitän Bruce die Dampferlichter entdeckt hatte, in ungefähr 5 Seemeilen Entfernung ein großes Fahrgastschiff in Sicht kam. Die beiden Schiffe begannen, Morsesignale auszutauschen. Die *Guelph* signalisierte ihren Namen, woraufhin das andere Schiff antwortete, aber Blanchard, der Dritte Offizier der *Guelph*, konnte die Nachricht nicht entziffern. Das Morselichtsignal war sehr schwach, und alles, was er mit einiger Gewißheit feststellen konnte, waren die letzten drei Buchstaben »T-A-H«. Da es ihnen nicht gelungen war, das Schiff zu identifizieren, trug weder er noch Kapitän James Culverwell den Vorfall ins Logbuch ein. Erst nach der Ankunft in Durban, als er hörte, daß die *Waratah* vor kurzem ausgelaufen war, äußerte er

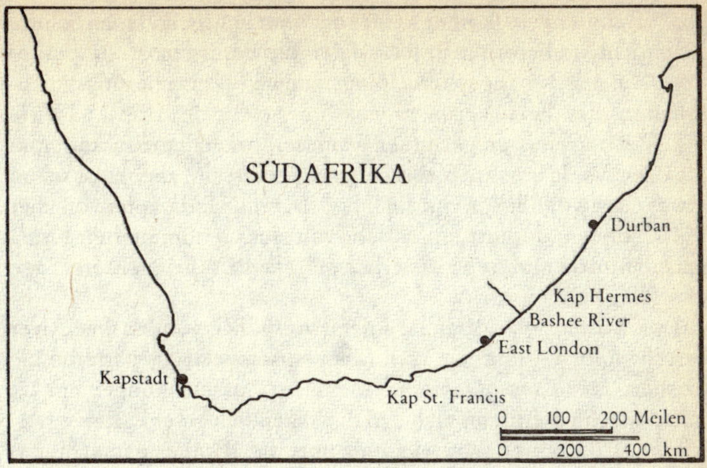

dem Vierten Offizier gegenüber, das müsse das Schiff gewesen sein, dessen Signale er zu entziffern versucht hatte.

Der Sturm, der die *Clan MacIntyre* in Schwierigkeiten gebracht hatte, legte sich wieder, als der Wind nach Nordost drehte, aber am nächsten Tag brach ein Hurrikan los, der stundenlang wütete und als schwerster Sturm in diesen Gewässern seit Menschengedenken bezeichnet wurde. Der Kapitän der *Clan MacIntyre*, der wohl wußte, daß das Kap der Guten Hoffnung auch Kap der Stürme genannt wurde, bemerkte, er habe in den dreizehn Jahren seiner Seemannszeit noch nie etwas so Übles an dieser Küste erlebt. Der Wind, sagte er, schien das Wasser aufzureißen, so außergewöhnlich grimmig wütete er, und der Seegang war ungeheuerlich. Manchmal, fuhr er fort, wurde die *Clan MacIntyre* gegen die eigene Maschinenkraft rückwärts getrieben, aber immerhin kam sie ohne Schaden davon.

Am 29. war die *Waratah* in Kapstadt fällig – und dann überfällig. Der Dampfer *Illovo* kam mit 24 Stunden Verspätung in Kapstadt an, der norwegische Dampfer *Solveig* lief am 31. Juli beschädigt ein. Beide hatten nichts von der *Waratah* gesehen. Als noch andere Schiffe einliefen, die ebenfalls erst nach ihr Durban verlassen und eine ähnliche Route verfolgt hatten, kam Besorgnis auf. Offiziell sprach man von »Verzögerung durch technische Schwierigkeiten«, aber seltsamerweise konnte keines der später ausgelaufenen Schiffe Nachrichten überbringen. Jetzt nahm die Besorgnis zu, insbesondere bei den für die *Waratah* zuständigen Versicherungsgesellschaften. Ein Versicherungsagent äußerte vor der Presse: »Wäre die *Waratah* ein weniger guter Dampfer, brauchte man kaum im gleichen Maße um ihre Sicherheit besorgt zu sein, aber es ist schon etwas ungewöhnlich, wenn ein Doppelschraubendampfer von über 9000 Tonnen, der erst im Vorjahr von einer renommierten Firma gebaut wurde und unter zuverlässiger Flagge fuhr, mehrere Tage überfällig ist.«

Die *Waratah* war offenbar irgendwo südlich vom Bashee River verschwunden – und wie vom Meer verschluckt, als hätte sie nie existiert. Der *Clan MacIntyre* kamen laut Aufzeichnungen am 27. und 28. zehn Schiffe in Sicht, so daß eigentlich zu erwarten gewesen wäre, daß eins davon Meldung über die *Waratah* gemacht hätte. Und angenommen, es hätte eine Katastrophe stattgefunden, dann hätte man davon ausgehen können, Spuren davon zu finden wie beispielsweise treibende Rundhölzer, Rettungsgürtel, Liegestühle oder Leichen. Die *Clan MacIntyre*, die hinter der *Waratah* herfuhr, und die *Guelph*, die ihr entgegenkam, hätten etwas bemerken müssen. Aber nichts von alledem, zumindest nichts Schlüssiges.

Langsam dämmerte es allen, daß ein Unglück geschehen sein mußte. Doch wenn auch verschiedentlich von einer Sichtung der *Waratah* die Rede gewesen war, hatte man letztlich keine Ahnung, wo es passiert sein könnte. Nur bei der *Clan MacIntyre* stand mit Sicherheit fest, daß sie die *Waratah* gesichtet hatte. Gehörten hingegen die Topplichter, die von der *Harlow* aus gesehen wurden, zur *Waratah*, dann mußte sie aus irgendeinem Grund gedreht und Kurs auf Durban zurück genommen haben. Was Bruce sah, waren wohl die Lichter eines anderen Schiffes, und sein Steuermann hatte sicher recht mit seiner Behauptung, der beobachtete Lichtschein müsse von Buschbränden herrühren. Die Aussage der *Guelph*-Besatzung war schon überzeugender, aber wenn das ansignalisierte Schiff wirklich die *Waratah* war, hatte sie nur etwa 70 Seemeilen zurückgelegt, denn sie war um 6 Uhr morgens an der *Clan MacIntyre* vorbeigelaufen. Und das wiederum war bei einem 13-Knoten-Schiff wie der *Waratah* nur dann denkbar, wenn ein Maschinenschaden vorlag. In diesem Fall war es jedoch seltsam, daß sie nicht von der hinter ihr herfahrenden *Clan MacIntyre* eingeholt wurde.

Es war schon unglaublich, daß ein Schiff von nahezu 17000 Tonnen mit voller Ladung und 200 Menschen an Bord spurlos verschwinden konnte. Die Öffentlichkeit sträubte sich auch hartnäkkig gegen eine solche Annahme, und so wurde das Meer wochenlang abgesucht. Am 31. Juli lief der Schlepper *T. E. Fuller* aus, am 1. August der Schlepper *Harry Escombe*, und die Admiralität schickte schließlich noch die Kreuzer H. M. S. *Pandora* und H. M. S. *Forte* los, in der festen Erwartung, sie würden die lahme *Waratah* schon auftreiben. Am 8. August lief das Dampfschiff *Runce* in Kapstadt ein, das seinen Kurs geändert hatte, um nach der *Waratah* Ausschau zu halten, aber nicht einmal das kleinste Stückchen Treibgut gesichtet hatte.

Die Besorgnis wuchs, besonders in Australien, woher viele der Passagiere gekommen waren. In Melbourne hielten die Kirchen Sondergottesdienste ab, und alle Schiffsbesatzungen wurden gebeten, die Augen offenzuhalten nach der *Waratah*. Die Admiralität brachte nun noch den Kreuzer *Hermes* auf den Plan. Alle möglichen Theorien wurden erörtert, wohin die *Waratah* getrieben sein könnte, falls sie Maschinenschaden hatte. Tagelang waren die Suchschiffe im Einsatz, und in der Annahme, die manövrierunfähige *Waratah* sei möglicherweise durch die starke Agulhasströmung Richtung Antarktis getrieben worden, stießen sie weit nach Südosten vor.

Am 10. August kehrte die *Pandora* erfolglos zurück. Sie war in äußerst schlechtes Wetter geraten, aber dessenungeachtet bei ihrer Suche bis 300 Seemeilen weit südlich von East London gekommen. Ihr Kommandant war der festen Überzeugung, die *Waratah* sei gesunken, und sagte, wenn sie östlich von Kap St. Blaize liegengeblieben wäre, hätte sie von der *Pandora* oder der *Forte* aus gesichtet werden müssen. Das schlechte Wetter – fortan *Waratah*-Wetter genannt – hielt immer noch an und brachte infolge der kurzen, heftigen Sturmböen starke Erschütterungen mit sich, die Wogen türmten sich 40 Fuß hoch, und am schwarz-purpurnen Himmel darüber jagten Wolken dahin. Es hatte die Suchschlepper zurückgetrieben und der *Hermes* neun Tage lang so zugesetzt, daß sie mit beschädigtem Rumpf ins Trockendock mußte.

Als eben alle Welt über die Suchaktion der *Pandora* las, äußerte am 11. August der Dritte Offizier des Dampfers *Tottenham*, er hätte zwischen der Mündung des Bashee River und East London so etwas wie menschliche Leichen im Wasser treiben sehen. Und einer der Schiffsjungen behauptete, er habe die Leiche eines kleinen Mädchens in einem roten Morgenrock gesehen. Der Zweite Steuermann war genauer. Er sagte, das kleine Mädchen hätte einen roten Umhang mit Kapuze und schwarze Strümpfe getragen, und fügte hinzu, es sei zehn oder zwölf Jahre alt gewesen und hätte nackte Knie gehabt. Außerdem habe er noch eine Schiffskoje vorbeitreiben sehen.

Als der Kommandant des Schiffes, Kapitän Charles Edward Cox, davon hörte, ließ er sofort wenden und kehrte an die Stelle zurück, von der ihm die Funde gemeldet worden waren. Wie er sagte, brauchte er kein Boot aussetzen zu lassen, weil er sich hinreichend davon überzeugen konnte, daß die vermeintlichen Leichen nichts anderes als Sonnenfische oder Rochen waren. Jedenfalls hatte er persönlich nichts gesehen, was an die sterblichen Reste von Menschen erinnert hätte. Sein Chefingenieur war der gleichen Auffassung und meinte, »das kleine Mädchen im roten Cape« sei in Wirklichkeit eine große Rolle Druckpapier mit einer roten Hülle um die Mitte gewesen. »Als wir zurückfuhren«, erzählte Cox weiter, »sah ich allerlei im Wasser treiben, was wie Walspeck aussah, aber nichts hatte auch nur die geringste Ähnlichkeit mit einer menschlichen Leiche.« Das klang plausibel, denn Walfänger warfen oft unerwünschte Abfälle vor der südafrikanischen Küste ins Meer.

Nun glaubten aber auch noch der Kapitän, ein Offizier und die Stewards des Dampfschiffes *Insizwa*, am gleichen Tag und offenbar an ungefähr demselben Ort Leichen im Wasser gesehen zu haben. Darum wurde schließlich der Entschluß gefaßt, einen Marineschlepper von East London zur Mündung des Bashee River zu schicken. Doch der fand keine der Leichen, von denen die Rede gewesen war, nur Walspeck und Abfälle.

Als die *Insizwa* in Kapstadt eingelaufen war und draußen in der Table Bay lag, ging sofort in der frühen Morgendämmerung ein Kapstadter Reporter namens Blenkin an Bord. Er interviewte den Schiffsführer, Kapitän W. O. Moore, als der sich gerade in seiner Kajüte anzog, und war somit der erste, der die Geschichte erfuhr.

So weit das Auge sehen konnte, flogen Vögel [sagte Moore] ... und alle in die gleiche Richtung. Das war um 9 Uhr morgens ... Ich habe nicht den geringsten Zweifel, daß es sich um menschliche Leichen handelte. Zwei waren weiß gekleidet, zwei dunkel. Wrackteile schwammen nicht herum. Die Leichen trieben in nächster Nähe des Schiffes, so daß ich sie von meinem Kajütenfenster aus sehen konnte. Die anderen wurden bei einer Inspektion vom Mast aus beobachtet.

Auf die naheliegende Frage Blenkins, warum kein Boot ausgesetzt wurde, um die Leichen aufzunehmen, erwiderte Moore, erstens habe er weibliche Fahrgäste an Bord gehabt, die er nicht in Aufregung versetzen wollte, und zweitens sei seine Ladung verrutscht, so daß sein Schiff leichte Schlagseite hatte und es bei dem schweren Seegang gefährlich gewesen wäre, derartiges zu veranlassen.

Wieder an Land, erstattete Blenkin in wesentlichen Zügen seiner Zeitung und dem Kolonialminister Sir David Graaf Bericht von dem Interview. Zunächst wurde diese Neuigkeit fraglos akzeptiert, aber als Moore seine Feststellungen gedruckt sah, machte er einen Rückzieher. Blenkin kam sofort der Verdacht, dahinter stecke mehr als nur Zweifel.

An Bord der *Insizwa* [schrieb er] befand sich ein Agent der Eignergesellschaft, dem schlagartig klar war, daß im Falle, Kapitän Moore bliebe bei seiner Behauptung, sowohl er (der Kapitän) als auch der Dampfer aufgehalten würden und der Linienbetrieb durcheinanderkäme, wenn er und einige Besatzungsmitglieder, wie vorauszusehen war, bei den Kap-Ermittlungen anwesend sein mußten.

Diese Begründung hatte Hand und Fuß, denn die Sache hätte die Reederei eine Menge Geld gekostet. Kapitän Moore wurde mit jedem weiteren Tag unbestimmter, und seine Offiziere waren ohnehin nicht alle seiner Meinung. Immerhin wurde die Vermutung, es habe sich um Leichen gehandelt, durch den Dampfer *Bannockburn* bekräftigt, der am 19. August einlief. Er war in ähnliches Wetter geraten wie die *Clan MacIntyre*, und für seinen Kapitän stand außer Frage, was mit der *Waratah* passiert war.

Nun hatten an dem Tag, als die *Pandora* zurückkehrte, die Agenten der Blue Anchor Line ein Telegramm aus East London erhalten, in dem es hieß, in ziemlicher Entfernung vom Land sei ein Blue-Anchor-Schiff gesichtet worden, das langsam auf Durban zufahre. Wie ein Lauffeuer verbreitete sich die Nachricht, das sei die *Waratah*, aber der Dampfer fuhr am nächsten Morgen 10 Seemeilen weit draußen an Durban vorbei, und obgleich es diesig war und das Schiff nicht identifiziert werden konnte, stand doch fest, daß es sich nicht um die *Waratah* handelte. Man schöpfte erneut Hoffnung, als vier Tage später die *Port Caroline* in Sicht kam, denn man glaubte schon, daß sie die *Waratah* im Schlepp hätte, aber sie kam allein, und niemand hatte etwas von dem vermißten Schiff gesehen.

Die nächste Geschichte, die die Runde machte, lautete, die *Waratah* hätte Durban mit Kohle auf ihren Decks verlassen. Kohle war in manchen Häfen billiger als anderswo, und in der Regel wurde sie eingekauft, wo immer sich eine Gelegenheit bot, und dann an Deck transportiert. Vielleicht war sie bei schlechter Witterung verrutscht. Nur hatte der Kapitän der *Clan MacIntyre* keine Kohlen an Deck gesehen, und dem pflichteten andere bei.

Die Sache wurde immer rätselhafter. Die *Waratah* hatte Vorräte für ein Jahr dabei, und da die australische Regierung glaubte, sie würde irgendwo treiben, schickte sie auf ihre Kosten das Schiff *Severn* auf eine mehr als einmonatige Suche, bei der es 2700 Seemeilen zurücklegte. Die gründlichste Suchaktion aber unternahm der Union-Castle-Dampfer *Sabine* im Auftrag der Blue Anchor Line. An Bord befanden sich zusätzlich zur Besatzung ein Offizier und 75 Unteroffiziere, Suchscheinwerfer, Schleppgerät und Extravorräte. Sie lief am 11. September von Kapstadt aus und kehrte nach einer 88 Tage währenden 14000-Meilen-Kreuzfahrt durch die Meere und Inseln der Antarktis am 7. Dezember wieder zurück. 1899 war in ebenden Gewässern, wo die *Waratah* zuletzt gesichtet worden war, ein Schiff mit Namen *Waikato* seeuntauglich geworden und vierzehn Wochen lang südwärts getrieben, bis es endlich in der Nähe der einsamen Insel St. Paul, fast auf halbem Weg nach Australien, aufgefunden wurde. Die *Sabine* folgte der Route der *Waikato*, aber ohne Erfolg, außer daß auf St. Paul die Überreste anderer verschollener Schiffe angetroffen wurden. Da nicht das kleinste Stückchen Treibgut auftauchte, blies die Admiralität schließlich die Suche ab, und am 15. Dezember 1909 wurde die *Waratah* endlich in die Vermißtenliste von Lloyd's eingetragen. Nach Verlauf eines weiteren Jahres glaubte niemand mehr daran, sie treibe noch irgendwo. Aber man gab die Hoffnung nicht ganz auf, und im Februar 1910 wurde nach einer öffentlichen Versammlung in Melbourne der Dampfer *Wakefield* auf eine systematische Suchaktion geschickt, die drei Monate andauerte.

Es gab weder Nachrichten noch Hoffnung auf Nachrichten,

und damit schlug natürlich die Stunde der Hellseher. Von einer Frau Morris, die in King William's Town in Südafrika lebte und angeblich zum Zeitpunkt des Verschwindens der *Waratah* nichts von diesem Schiff wußte, hieß es, sie habe eine Vision gehabt, wie die *Waratah* 3 Seemeilen von ihrem Kurs abgetrieben wurde und bei Sturm auf einen nicht in der Karte verzeichneten Felsen traf, sich auf die Seite legte und in Sekundenschnelle mit dem Schornstein voran unterging. Auch die Weltpresse steuerte wilde Geschichten und Spekulationen bei. Eine Zeitung behauptete, weiße Kinder seien an Land gespült und von afrikanischen Küstenstämmen in Pflege genommen worden. Gewiß waren Kinder an Bord gewesen, fünf in einer Familie, die trotz Mr. Sawyers Bedenken in Durban zugestiegen war. Aber diese Geschichten entbehrten jeder Grundlage – wenn sich auch Mr. Sawyer inzwischen einer gewissen Berühmtheit erfreute.

Immer mehr Gerüchte verbreiteten sich. Leute, die den Mund gehalten hatten, bis das Schiff schließlich abgeschrieben war, rückten jetzt auf einmal mit der Sprache heraus, sie hätten gleich gewußt, daß die *Waratah* nicht seetüchtig war, daß sie topplastig war, daß der Kapitän oder ein Offizier gesagt hätte, sie sei das labilste Schiff, auf dem sie jemals gefahren wären, und sie wäre ja beinahe schon im Dock gekentert. Einem Besatzungsmitglied wurde die Äußerung nachgesagt, er würde auch für die zehnfache Heuer nicht noch einmal mit ihr fahren. Es hieß, sie wäre durch eine Sturzsee oder ein Seebeben versenkt worden, Piraten hätten sie geentert und jedermann getötet – alle 211 Leute an Bord, sie wäre in Adelaide auf Grund gelaufen, ihre Decks wären auf der Jungfernfahrt beinahe auseinandergebrochen, ihre Boote seien unbrauchbar gewesen und sie wäre abnorm gerollt und gestampft, selbst bei ruhigem Seegang. An manchen Geschichten war ein Körnchen Wahrheit, aber nur ein winziges. Nicht weniger als fünf Flaschenpostnachrichten wurden innerhalb eines Jahres an australischen Stränden gefunden, alle angeblich von der *Waratah*, und an der Küste in der Nähe von Durban ein Stück Bauholz mit der deutlichen Aufschrift »S. S. *Waratah*«. Alles Schwindel.

Eine Sache jedoch gewann an Glaubwürdigkeit: daß die Stabilität der *Waratah* fragwürdig war, und es gab sogar Leute, die darauf schwören wollten, sie hätte schwere Schlagseite gehabt, als sie aus Port Natal auslief.

Am 16. Dezember 1910, nach über einem Jahr, begannen in der Londoner Caxton Hall die Ermittlungen des Handelsministeriums, und zwar gleich mit einer Falschmeldung aus East London, die besagte, in Coffee Cove an der südafrikanischen Ostküste wären Liegestühle mit der Aufschrift »*Waratah*« angespült worden, und dann mit der Meldung, in der Nähe von Brisbane sei eine Flaschenpost an Land getrieben mit der Nachricht: »*Waratah* auf See, 40 Grad südlicher Breite, liegengeblieben. Treibt südwärts. Alle gesund, aber besorgt.« Unterzeichnet war sie mit »J. G. Jones«, und der Finder wurde ersucht, mit Mrs. J. G. Jones in Sydney, 58 George Street, Kontakt aufzunehmen. Leider ergaben diesbezügliche Nachforschungen, daß keine Mrs. Jones existierte.

Von der *Waratah* war ein Modell angefertigt worden, dessen Oberteil abgehoben werden konnte und den Blick freigab auf den Musiksalon mit der Künstlerbühne. Aber ohne einen einzigen Überlebenden war die Beweisführung schwierig, und viele der Zeugen waren Seeleute, die eigens aus Australien oder Südafrika anreisen mußten. Vorsitzender war der Polizeirichter J. Dickinson, dem vier Beisitzer assistierten, darunter ein Admiral und ein Professor, der zugleich Schiffbauingenieur war.

Es wurde gleich deutlich, daß es Lücken in der Beweisaufnahme geben würde. Zuerst einmal war kein Plan vorhanden, auf dem zu sehen gewesen wäre, wie die Ladung beim Auslaufen aus Durban auf der *Waratah* verstaut war. Zwar war nach den Papieren der Agenten und Schauerleute sowie nach Angaben von Kapitän Ilbery über die Ladung in Australien ein Plan erstellt worden, aber den hatte der Erste Offizier in Besitz genommen, und jetzt war er mit dem Schiff verschollen. Zudem konnte niemand etwas Genaues über die Stabilität des Schiffes aussagen, und über die letzte Reise schon gar nicht. Manche Aussagen erwiesen sich als widersprüchlich oder unsachlich. Bald stellte sich heraus, daß sich der Untersuchungsausschuß in erster Linie mit der Stabilitätsfrage befassen wollte, wohingegen den Schiffseignern ebensosehr daran gelegen war, alles andere für den Verlust verantwortlich zu machen, nur nicht das Schiff. Diese Haltung war ganz natürlich, denn ihr guter Ruf stand auf dem Spiel.

Die befragten Experten waren sich ziemlich einig. Ihrer Auffassung nach entsprach das Schiff in Konstruktion und Bau den Vorschriften, befand sich in seetüchtigem Zustand, war angemessen bemannt und verfügte über einsatzbereite Rettungsmittel. Der Verlust könne mit Bestimmtheit nicht auf Fehler in der Baukonstruktion zurückgeführt werden, meinten sie und wiesen darauf hin, daß die *Waratah* fünfmal inspiziert worden sei – von den Erbauern, den Eignern, dem Handelsministerium, von Lloyd's und von den Auswanderungsbehörden. Drei dieser Überprüfungen waren von unparteiischen Sachverständigen vorgenommen worden, die kein Interesse daran hatten, Schwachstellen zu übersehen, insgesamt vier waren technischer Art gewesen, und nicht eine hatte auch nur den geringsten Defekt offenbart. Nach Angabe der Erbauer waren die Reeder nach ihrer ersten Reise so angetan von der *Waratah*, daß sie sich eine Kopie der Pläne erbaten, um sie künftig als Grundlage für den Bau weiterer Schiffe zu verwenden.

Thomas Miller, zweiter Chefzeichner bei Barclay, Curle & Co., ging sogar so weit, zu sagen, das Schiff würde sich selbst bei einer starken Seitenneigung wieder aufrichten, und 290 Tonnen Kohle auf einer Schiffsseite würden nur eine Schlagseite von 15 Grad ergeben. Die eingegangenen Beschwerden hätten nicht das Verhalten der *Waratah* auf See betroffen, sondern ihre Tendenz, ohne Ballast im Dock ihre Lage zu verändern. Die Firma habe nahezu 500 Schiffe ohne Beanstandung gebaut.

Die Aussagen der Fachleute gründeten sich hauptsächlich auf Angaben von Sir William White, dem ehemaligen Chefkonstrukteur der Königlichen Marine, und von Robert Steele, einem Schiffbauingenieur. White erklärte, aus den Stabilitätsdiagrammen der *Waratah* gehe hervor, daß sie nicht topplastig war, und er sei sicher, die »Schlagseite« und die übermäßig lange Schlingerperiode, die mehreren Leuten aufgefallen war, hätten nichts mit der Katastrophe zu tun gehabt. Steel war der Überzeugung, kein noch so heftiger Wind oder Seegang könne das Kentern des Schiffes bewirkt haben, wenn nicht durch irgendein Vorkommnis Seewasser in die Laderäume eingedrungen sei.

Im Grunde waren die Experten nur bemüht, aufzuzeigen, was nicht geschehen sein konnte, denn keiner von ihnen hatte letztlich eine Erklärung für das, was passiert *war*. Einige waren anscheinend sogar der Meinung, das Schiff könne unmöglich gesunken sein. Aber wenn die *Waratah* wirklich gute Stabilität gehabt hatte, warum sollte sie dann bei einem Sturm verlorengehen, den viele andere Schiffe in den gleichen Gewässern heil überstanden hatten?

Jetzt wurde Mr. F. W. Lund ersucht, zum Verhalten des Schiffes während seiner Fahrt von der Bauwerft bis London Stellung zu nehmen. Lund gab an, es habe sich völlig normal verhalten. »Es schlingerte ein wenig, als es vor Dungeness eine volle Stunde warten mußte«, räumte er ein, »zeigte jedoch quer zur See bei Sturm nur leichte Schlagseite.« Der Dritte Offizier Henry hatte diese Meinung anscheinend nicht geteilt. Er war mit der *Waratah* verschollen, aber ein Mr. Latimer aus Sydney berichtete, Henry habe ihm erzählt, wie er es in Dungeness mit der Angst bekam, weil er dachte, das Schiff würde kentern.

Eine stattliche Anzahl unfachmännischer Zeugen wurde aufgerufen, die wenig oder gar nichts von Technik verstanden. Viele ihrer Angaben waren widersprüchlich oder sogar falsch. Bei manchen handelte es sich einfach nur um aufgeregte Passagiere, die nicht an die See gewöhnt waren, und die Erinnerungen waren in den achtzehn Monaten seit dem Verschwinden der *Waratah* verblaßt. Einer jedoch war dabei, der immerhin als Fachmann gelten konnte, und er hatte einiges zum Thema zu sagen. Das war Professor William Bragg, Mitglied der Königlichen Lebensrettungsgesellschaft, der an der Leeds-Universität den Lehrstuhl für Physik innehatte und später den Nobelpreis für Physik erhielt. Er war in Australien zugestiegen, auf der ersten Heimfahrt der *Waratah*, und bestürzt über ihr Verhalten auf See. Wie er ausführte, war eines Morgens die Steuerbordschlagseite so stark, daß das Wasser in den Bädern nicht ablaufen konnte. Mehrere Tage lang blieb es bei dieser Schlagseite, und das hatte seines Erachtens nichts mit dem Wind zu tun. Ein Wasserballasttank wurde gefüllt, um die Neigung auszugleichen, erzählte er weiter, aber das führte nur dazu, daß das Schiff sich jetzt nach Backbord überlegte.

Nach seiner Auffassung hatte das Schiff »negative Anfangsstabilität«, und da er etwas davon verstand, fragte er den Kapitän nach den Stabilitätskurven. Darauf hatte Ilbery erwidert, er verfüge nicht über derlei Informationen und habe keinerlei diesbezügliche Daten an Bord.

»Mein Eindruck war«, fuhr Bragg fort, »daß bei aufrechter Schiffslage das Metazentrum nur eben unter dem Gewichtsschwerpunkt des Schiffes lag, und wenn sie nach einer Seite hin krängte, blieb sie dort im Gleichgewicht und verharrte eine ganze Weile darin.« Es schien ihm, als wäre die *Waratah* nicht genügend in Balan-

Lady Franklin

Sir John Franklin

H. M. S. *Erebus* und *Terror* trennen sich von ihren Versorgungsschiffen

H. M. S. hips Erebus and Terror

28 of May **184**7 { Wintered in the Ice in **Lat.** 70°5' N **Long.** 98°23' W

Having wintered in 1846—7 at Beechey Island in Lat 74°43'28" N. Long 91°39'15" W. After having ascended Wellington Channel to Lat 77° and returned by the West side of Cornwallis Island.

Commander.

Sir John Franklin commanding the Expedition. All well

WHOEVER finds this paper is requested to forward it to the Secretary of the Admiralty, London, *with a note of the time and place at which it was found:* or, if more convenient, to deliver it for that purpose to the British Consul at the nearest Port.

QUINCONQUE trouvera ce papier est prié d'y marquer le tems et lieu ou il l'aura trouvé, et de le faire parvenir au plutot au Secretaire de l'Amirauté Britannique à Londres.

CUALQUIERA que hallare este Papel, se le suplica de enviarlo al Secretarie del Almirantazgo, en Londrés, con una nota del tiempo y del lugar en donde so halló,

EEN ieder die dit Papier mogt vinden, wordt hiermede verzogt, om het zelve, ten spoedigste, te willen zenden aan den Heer Minister van de Marine der Nederlanden in 's Gravenhage, of wel aan den Secretaris den Britsche Admiraliteit, te London, en daar by te voegen eene Nota, inhoudende de tyd en de plaats alwaar dit Papier is gevonden geworden.

FINDEREN af dette Papiir ombedes, naar Leilighed gives, at sende samme til Admiralitets Secretairen i London, eller nœrmeste Embedsmand i Danmark, Norge, eller Sverrig. Tiden og Stœdit hvor dette er fundet önskes venskabeligt paategnet.

WER diesen Zettel findet, wird hier-durch ersucht denselben an den Secretair des Admiralitets in London einzusenden, mit gefälliger angabe an welchen ort und zu welcher zeit er gefundet worden ist.

Party consisting of 2 Officers and 6 Men left the Ships on Monday 24th May 1847

Gm. Gore Lieut.

Chas F. Des Voeux mate

25th April 1848. HM Ships Terror and Erebus were deserted on the 22nd April. 5 leagues N.N.W of this having been beset since 12th Septr 1846. The Officers & Crews consisting of 105 souls - under the Command of Captain F. R. M. Crozier landed here - in Lat. 69°37'42" Long. 98°.41'. This paper was found by Lt. Irving under the Cairn supposed to have been built by Sir James Ross in 1831 - 4 miles to the Northward - where it had been deposited by the late Commander Gore in May 1847. Sir James Ross' pillar has not however been found and the paper has been transferred to this position which is that in which Sir J. Ross' pillar was erected - Sir John Franklin died on the 11th June 1847 and the total loss by deaths in the Expedition has been to this date 9 officers & 15 men.

James Fitzjames Captain HMS Erebus

F. R. M. Crozier Captain & Senior Offr

and start on tomorrow 26th for Backs Fish River

Sie gaben ihr Leben hin für die Nordwestpassage« – Impression eines Künstlers zum
nde der Franklin-Expedition

aksimile einer von Offizieren aus Franklins
xpedition unterzeichneten Nachricht, die
apitän McClintock auf der
rince-of-Wales-Insel fand

r Robert McClure, der 1850 auf der Suche
ch Franklin die Nordwestpassage vor sich
n, in »Polarkleidung«

Die Besatzung der *Dei Gratia* sichtet die *Mary Celeste*

Mary Celeste unter voller Besegelung

Kapitän Morehouse von der *Dei Gratia*

Kapitän Charles Sigsbee von der *Maine*

Das bemooste Wrack der *Maine* in einem Kofferdamm

Der amerikanische Zeitungszar William Randolph Hearst, der viel dazutat, das Kriegsfieber gegen Spanien zu entfachen

Das Blue-Anchor-Linienschiff *Waratah*, 1908 gebaut, 1909 verschollen

Kapitän Ilbery, der Erste Offizier Owen und die Mannschaft der *Waratah*

Das US-Marine-Kohlenschiff *Cyclops*

Die vollgeschlagene, treibende *Joyita* bei ihrer Auffindung

Die *Joyita* wird nach Suva geschleppt

Donald Crowhursts Start in Teignmouth an Bord der *Teignmouth Electron*

Die *Teignmouth Electron* wird vom Frachter *Picardy* nach Santo Domingo geschlep

ce, um sich beim Rollen wiederaufzurichten, und als sei es reine Glückssache, daß sie nicht schon auf der Jungfernfahrt untergegangen war. Einer der jüngeren Offiziere hatte ihm noch erzählt, die *Waratah* sei das »weichste« Schiff, auf dem er jemals gefahren wäre, aber Bragg fühlte sich nach einem Gespräch mit dem Leitenden Ingenieur so beruhigt, daß er für die Dauer seiner Heimfahrt an Bord blieb.

Braggs Aussage hatte Gewicht, aber die Eigner schafften einfach noch mehr Sachverständige herbei, die bereit waren, einen entgegengesetzten Standpunkt einzunehmen, und darüber hinaus etliche Fahrgäste, die schworen, sie hätten nichts Nachteiliges bemerkt. David Tweedie, der angeblich auf sechzehn Seereisen verschiedenster Art zurückblicken konnte, ließ verlauten, er sei niemals auf einem besseren Schiff gewesen. Wie er sagte, waren ihm keine Beschwerden von Professor Bragg zu Ohren gekommen, obwohl er bei den Mahlzeiten neben ihm saß; man hätte sich unbekümmert unterhalten oder die gebräuchlichen Bordspiele gespielt. Leider verlor seine Aussage an Überzeugungskraft, als bekannt wurde, daß er »eng mit den Schiffseignern befreundet« war. Der Kohlentrimmer William Marshall hingegen hatte die Art und Weise, wie die *Waratah* rollte, gar nicht gemocht und zugesehen, daß er eiligst von Bord kam. Der Vollmatrose Nicholas gab an, bei der Unterzeichnung seines Heuervertrages hätte ihm der Erste Offizier Owen gesagt: »Wenn du irgendwas anderes kriegen kannst, nimm's. Dieses Schiff ist ein schwimmender Sarg.« Auch er machte sich in Sydney schleunigst davon.

Vollmatrose Edward Dischler, ein Mann, der auf langjährige Erfahrung in der Hochseeschiffahrt sowohl bei Nordatlantik- wie auch bei Australienlinien zurückblicken konnte, erzählte, daß sich die *Waratah* beim Schlingern gleich auf die Seite legte und den Eindruck erweckte, als könne sie sich nicht von selbst wiederaufrichten; in dieser Lage sei sie eine ganze Weile geblieben und die Bullaugen hätten verschlossen bleiben müssen, damit während des Rollens kein Wasser eindrang. »Sie war das instabilste Schiff, auf dem ich je gefahren bin«, meinte er. Dr. Harold Skarratt Thomas, Schiffsarzt auf der ersten *Waratah*-Fahrt, äußerte sich ziemlich ähnlich; er klagte über eine schwere Schlagseite und einen plötzlichen Ruck, der ihm eines Morgens das Baden verleidet hätte. Auch er verließ das Schiff.

Steward Frederick Little, der in Durban von Bord gegangen war, um sich dort nach Arbeit umzusehen, erzählte, die *Waratah* habe stark geschlingert und sei oft bei Offizieren und Stewards Gesprächsgegenstand gewesen und einige Stewards hätten die Auffassung vertreten, sie sei topplastig. Er habe jedoch sonst nichts Ungewöhnliches bemerkt. Auch Steward Herbert, der auf der Jungfernfahrt dabei war, behauptete, die *Waratah* hätte schwere Schlagseite gehabt. »Sie rollte unheimlich stark, viel mehr als die *Geelong*«, sagte er. Eine Menge Geschirr ging kaputt, aber es kam noch schlimmer, denn das Promenadendeck verschob sich beim Schlingern des Schiffes auf den Balken. Herbert berichtete: »Die Bolzen, mit denen die Decksplanken befestigt waren, hatten sich gelöst und fielen dem Bäcker darunter auf den Kopf.« Man konnte einen Finger zwischen die Decksplanken und die Balken stecken, mit denen sie eigentlich verschraubt sein mußten. Samuel Lyons, Steward auf der ersten Fahrt, bekam vom Bootsmann zu hören: »Bei Gott, ich möchte auf diesem Schiff keinen Sturm erleben. Es geht bestimmt unter.« Und den Fahrgast Duncan Mason, der ein Patent als Erster Ingenieur besaß und 33 Jahre zur See gefahren war, hatte das Schwanken des Schiffes so beunruhigt, daß er mit dem ihm befreundeten Ersten Offizier sprach. »Owen«, sagte er, »wenn ich an deiner Stelle wäre, würde ich machen, daß ich von Bord komme. Dieses Schiff wird eines Tages ein tiefes Loch ins Wasser reißen«, worauf der Steuermann erwiderte: »Das fürchte ich auch.«

Doch viele Passagiere und ehemalige Besatzungsmitglieder waren völlig entgegengesetzter Ansicht. Sie hatten angeblich nichts von einer Schlagseite bemerkt oder sie einfach übersehen, weil sie kaum merklich war, fanden das Schlingern keineswegs zu stark und die *Waratah* so bequem und seetüchtig wie jedes andere Schiff, auf dem sie schon gefahren waren.

Harry McKay Bennett, ein ehemaliger Schiffsoffizier, meinte, auf der ersten Reise habe sich gezeigt, daß sie nur leicht schlingerte und auch keine ungewöhnliche Schlagseite hatte. »Sie stampfte und rollte eigentlich ganz normal«, äußerte sich John F. Ryan, der auf der ersten Fahrt Vierter Ingenieur gewesen war und nur auf ein anderes Schiff überwechselte, weil er dort zum Dritten Ingenieur befördert wurde.

Mr. Worthington Church, der als Passagier die Jungfernfahrt mitgemacht hatte, war anderer Ansicht. »Ich habe schon drei Reisen ums Kap herum nach Australien gemacht«, sagte er, »meines Erachtens war sie stark topplastig. Bei einem Gespräch mit Kapitän Ilbery erfuhr ich, daß er nicht ganz zufrieden mit dem Schiff war.« Der Fahrgast Leslie Wade wiederum sagte, das Schiff habe so stark geschlingert, daß im Salon das Klavier ins Rutschen geriet. So unvorhersehbar sei die Bewegung gewesen, daß auf dem Weg vom Kap nach Sydney die Schlingerleisten dauernd an den Tischen blieben. Demgegenüber meinte Mr. Morley Johnson, ebenfalls Passagier auf der Jungfernfahrt: »Das Verhalten des Schiffes glich im allgemeinen ziemlich genau dem anderer Schiffe, auf denen ich gefahren bin. Das Rollen war nicht außergewöhnlich. Niemand hat mir gegenüber Zweifel an der Schiffsstabilität geäußert.«

Andere Fahrgäste schlossen sich dieser Aussage an. Und Schlingerleisten dürften in jenem Abschnitt des Ozeans immer gebraucht worden sein, denn dort mußte jedes Schiff, gleich welcher Art, bei jedem Wetter auf starken Seegang mit entsprechendem Schlingern gefaßt sein.

Allem Anschein nach hatte die *Waratah* nicht allzu schlecht abgeschnitten, auch wenn sie kein wirkliches Unwetter erlebt hatte, und doch konnte man sich des Eindrucks nicht erwehren, daß sie tatsächlich Schlagseite hatte und daß das Schlingern immerhin stark genug gewesen war, um die Aufmerksamkeit etlicher Leute auf sich zu ziehen.

Jetzt versuchte man das plötzliche Verschwinden damit zu erklären, daß vielleicht die Ruderanlage während des Sturms ausfiel und das Schiff ein Opfer der Wogen wurde, ehe die Handruderanlage in Betrieb genommen werden konnte. Aber Mr. James Shanks, seit dreizehn Jahren Leitender Ingenieur der Reederei, meinte dazu, die Umstellung hätte nur vier bis fünf Minuten in Anspruch genommen und außerdem hätte die *Waratah* mit ihren Doppelschrauben eine Zeitlang mit Hilfe ihrer Maschinen gesteuert werden können.

Dann kam Mr. Claude Sawyer an die Reihe. Abgesehen von seinen Träumen schien er ein ganz vernünftiger Mensch zu sein, und er war einer der wenigen Überlebenden von der zweiten Australienrückreise der *Waratah*. Von den Begriffen aus Technik und Seefahrt, die er zu hören bekam, verstand er nicht viel, aber ihm war die Schlagseite selbst noch beim Auslaufen von Melbourne aufgefallen. Wenn das Schiff rollte, brauchte es sehr lange, um wieder ins Gleichgewicht zu kommen, und richtete sich dann mit einem

Ruck auf, der mehrere Fahrgäste umwarf und verletzte. Angeblich hatte er vom Dritten Offizier die Äußerung aufgeschnappt, das Schiff sei topplastig und er würde am liebsten von Bord gehen, wenn er damit nur nicht gleichzeitig seinen Abschied von der Gesellschaft nehmen müsse. Eines Morgens, fuhr Sawyer fort, stellte er anhand des Wasserspiegels in seinem Bad fest, daß das Schiff etwa 45 Grad Schräglage hatte, und in seiner Besorgnis sprach er mit einem der Offiziere, der ihn zu beruhigen versuchte.

Seltsamerweise hatte ihn aber anscheinend das Stampfen am meisten beunruhigt, und er hatte darüber mit einem Mitreisenden, einem Anwalt namens Ebsworth, gesprochen, der selbst einmal Schiffsoffizier war. Ebsworth, sagte er, sei gleichermaßen über das Schiff in Sorge gewesen und sie wären zusammen das Promenadendeck entlanggegangen und hätten die Bewegungen des Schiffes beobachtet, wie es sich mit der Dünung hob und senkte. Wenn es in ein Wellental hinabsank, hob es sich nicht etwa mit der nächsten Welle wieder, sondern pflügte hindurch, wobei es eine Menge Wasser übernahm, und dann erholte es sich nur sehr langsam.

Sawyer war so in Unruhe versetzt, daß er schon daran dachte, in Durban von Bord zu gehen, aber die Reise verlief ohne weitere Zwischenfälle. Er hatte sein Vorhaben fast vergessen, als drei oder vier Tagereisen von Durban entfernt seine beängstigenden Träume anfingen.

»Ich sah einen Mann in sehr eigenartiger Kleidung ... mit einem langen Schwert in seiner rechten Hand ... In der anderen Hand hielt er einen blutgetränkten Lappen. Das sah ich an jenem Morgen dreimal kurz hintereinander, und beim letztenmal ... konnte ich fast die Machart des Schwertes erkennen.« Damit hatte Sawyer genug, er entschloß sich, das Schiff zu verlassen, und versuchte sogar, Ebsworth dazu zu überreden, auch von Bord zu gehen.

Selbst in seinem Hotel in Durban hörten die Träume nicht auf, erzählte er weiter. Am 28. Juli, in der Nacht, als die *Waratah* verschwand, aber noch ehe sie vermißt gemeldet wurde, hatte er einen anderen Traum. »Ich sah die *Waratah* zwischen hohen Wogen. Eine ... rollte über ihren Bug und drückte sie herunter. Sie legte sich auf die Steuerbordseite und ging unter.«

Sawyer änderte nie etwas an seiner Geschichte und versuchte auch nicht, sie noch auszuschmücken. Irgendwie machte sie Eindruck, denn er hatte sie auch dem Geschäftsführer der Union

Castle Line in Durban erzählt, bei dem er noch vor Verschwinden der *Waratah* seine Rückreise buchte. Ganz offensichtlich hatte ihn seine Angst um das Schiff so gequält, daß er Alpträume bekam. Sogar abgebrühte Seeleute hatten das Gefühl, es müsse irgend etwas merkwürdig gewesen sein mit der *Waratah*, um einen Mann, der ein erfahrener Reisender und alles andere als hysterisch war, dermaßen aus dem Gleichgewicht zu werfen.

Das Gericht war immerhin so beeindruckt von Sawyer, daß es ihm für die Rechtschaffenheit und den Mut, mit dem er vorgetreten war, seine Anerkennung aussprach. Und in der Gestalt, die er geschaut hatte, wollten viele, wie könnte es anders sein, Cornelius Vanderdecken wiedererkennen, den Fliegenden Holländer, den gotteslästerlichen Kapitän, der dazu verdammt ist, bis in alle Ewigkeit die Kapgewässer zu durchkreuzen. Nur Sawyers Aussage über Ebsworth' Besorgnis wirkte nicht sehr überzeugend, da Ebsworth sich nicht hatte überreden lassen, von Bord zu gehen, sondern mit dem Schiff verschollen war. Ebsworth' Witwe konnte sogar einen Brief ihres Mannes aus Durban vorweisen, in dem er schrieb, die *Waratah* sei »ein gutes Schiff«.

Sawyers Geschichte erfuhr eine Bestätigung durch Mr. George S. Richardson, den leitenden Maschinenbauingenieur der Geelong-Hafen-Treuhandgesellschaft, obwohl dessen Beobachtungen ursprünglich als Witz gedacht waren. Er hatte eines Tages nach besonders wildem Rollen, das noch dazu von Stampfen und Zittern begleitet wurde, Sawyer gegenüber geäußert: »Eines Tages wird sie ihre Nase zu tief eintauchen und nicht mehr hochkommen.« In Wirklichkeit war das nicht ernst gemeint, und er hätte sich auch kaum daran erinnert, wenn das Schiff nicht verlorengegangen wäre. Durch Sawyers und Richardsons Aussagen im Verein eröffneten sich zwar neue Perspektiven, aber bei schwerem Seegang stampft und zittert jedes Schiff, und manchmal kommt es auch zu Schaden, und es erschien doch ziemlich abwegig, daß die *Waratah* in ihrer Abwärtsbewegung so weit gegangen sein sollte, in den Fluten zu verschwinden.

Das Gericht ging gründlich vor und hörte sich geduldig alles an, was vorgebracht wurde. Selbst William Saunders, ein blinder Passagier der ersten Fahrt, den das Schlingern geängstigt hatte, kam zu Wort. Aber für jeden, der sagte, es sei etwas nicht richtig mit dem Schiff gewesen, gab es einen anderen, der entgegengesetzter Meinung war. Erzählte ein Passagier, das Schiff habe so starke Schlagseite gehabt, daß Leute auf der einen Schiffsseite denen auf der anderen zuriefen: »Wie geht's euch da oben?«, behauptete ein anderer, er hätte nichts Außergewöhnliches bemerkt. Ein Kohlentrimmer, der die erste Reise mitgemacht hatte, meinte, das Schiff habe stark geschlingert; dagegen sagte ein anderer, alles sei in Ordnung gewesen. Und sprach ein Seemann von einer Schlagseite des Schiffes, äußerte ein anderer, es sei recht normal gefahren.

Vor Gericht kam die Rede auch auf den Kapitän des P. & O.-Dampfers *Mongolia*, der angeblich von Ilbery darüber informiert worden war, das sei seine letzte Fahrt mit der *Waratah*, wenn sie nicht nach ihrer Rückkehr nach England gründlich umgebaut würde. Aber der Kapitän der *Mongolia* telegrafierte später, er hätte Ilbery nie in seinem Leben getroffen. Das Gericht schenkte sogar dem Kapitän eines Schiffes mit Namen *Talis* Gehör, der schrieb, er habe die *Waratah* gesehen und wisse, was mit ihr geschehen sei, aber dieser Briefpartner verschwand, ehe er noch in Person vernommen werden konnte. Danach stellte sich heraus, daß ein Schiff namens *Talis* gar nicht existierte.

Steward B. J. Shore erzählte, hauptsächlich die alten Seeleute wären unzufrieden mit dem Schiff gewesen. Man gewann den Eindruck, daß viele von ihnen nach Art aller alten Seebären die Gefahren vor Neuankömmlingen und Passagieren stark übertrieben, um sich mit ihrer Erfahrung zu brüsten, aber es waren genug an Bord, die keinen zweiten Gedanken an das Schlingern oder die Schlagseite verschwendet hätten, wenn das Schiff nicht verlorengegangen wäre. Doch auch verschiedene erprobte Ozeanreisende waren anscheinend keineswegs glücklich. Einer davon, Mr. A. W. Sedgwick, dem es so vorkam, als liege die *Waratah* sehr hoch im Wasser, war im Verlauf eines Gesprächs vom Ersten Offizier Owen gefragt worden: »Glauben Sie, daß sie topplastig ist?«, worauf er erwiderte: »Glauben nicht, aber wissen. Ich bin schließlich keine Landratte.« Als er mit einem anderen Offizier darüber sprach, stimmte der ihm zu und erzählte ihm, der Grund dafür sei die Deckshöhe. Sie betrüge 10 Zoll bis 1 Fuß mehr als bei anderen Schiffen dieser Größe. Danach war er sicher, daß die *Waratah* eines Tages kentern würde.

Einmal wurde das Gericht auch von einem Matrosen der ersten Fahrt, Nicholas Sharp, auf eine falsche Fährte gelockt. Der sagte, das Schiff sei schwer zu steuern und nie kursstabil gewesen, die Boote mangelhaft und dick mit Farbe überstrichen, die in die Fugen geschmiert worden sei. In diesem Punkt wurde seine Zeugenaussage vom Zimmermannsmaat Alfred Pinel bekräftigt, einem ehemaligen Marinesoldaten, der erzählte, daß die Boote aus frischem Holz waren und die Davits sich nicht bewegen ließen. Abgesehen davon, sagte er, sei mit dem Schiff alles in Ordnung gewesen, wenn er auch zugab, daß es oft Schlagseite hatte und daß es einer der Matrosen auf der letzten Fahrt als »toten Mann« bezeichnet hätte, was so ziemlich das gleiche heißen sollte wie das, was Professor Bragg in Fachausdrücke gekleidet hatte.

Selbst die Aussagen der Talleyleute von Sydney widersprachen sich. John Latimer berichtete, einer der Offiziere hätte ihm erzählt, die *Waratah* habe ein Deck zuviel; sein Kollege Alan George Melville wiederum behauptete, der Erste Offizier Owen hätte ihm gegenüber geäußert, er sei nie mit einem besseren Schiff auf Fahrt gewesen. »Sie ist wie ein Schaukelpferd«, hätte er gesagt, und das war ein Lob.

Nun kamen die Leute an die Reihe, die als letzte die *Waratah* gesehen hatten. Der Lotse, der zugesehen hatte, wie sie nach dem Auslaufen von Melbourne an Port Phillip Heads vorbeifuhr, hielt dafür, daß sie heftig und auf ungewöhnliche Art schlingerte; dagegen sagte der Kapitän des Schleppers *Richard King*, mit dem sie aus der Werft in Durban geschleppt worden war, sie wäre ihm völlig in Ordnung vorgekommen und hätte nicht den Eindruck eines topplastigen Schiffes gemacht. Der Kapitän der *Clan MacIntyre*, der letzte, der etwas von ihr sah, berichtete, soviel er gesehen habe, hätte sie weder Schlagseite gehabt noch sei sie übermäßig geschlingert, sondern hätte ihre Fahrt vollkommen stetig fortgesetzt. Dem stimmte sein Erster Offizier zu, aber einer seiner Schiffsjungen erzählte, als er die *Waratah* gesehen habe, wäre sie wie eine Jacht gefahren und hätte sich so weit übergelegt, daß ihre Schrauben sichtbar wurden.

Der Kapitän der *Guelph* schilderte, wie sie das Signal empfangen hatten, von dem sie nur die Buchstaben »T-A-H« zu entziffern vermochten. Er gab jedoch zu, daß er zu diesem Zeitpunkt weniger als 100 Seemeilen von Durban entfernt war und die *Waratah* viel weiter südlich hätte sein müssen. Der Kapitän der *Harlow*, der auf der Höhe von Kap Hermes die Blitze gesehen hatte, gab an, zuerst hätte er gedacht, die Bunkerkohle der *Waratah* habe sich erhitzt und sei hochgegangen, es wäre aber kein Explosionsknall zu hören gewesen. Der Leuchtturmwärter an Land hatte weder Stichflammen noch Feuer gesehen und auch nichts gehört, und der Erste Offizier der *Harlow* hatte auch keine Raketen aufsteigen sehen, was seiner Ansicht nach sicher der Fall gewesen wäre, wenn die *Waratah* gebrannt hätte. Sie alle hatten dem Vorfall so wenig Gewicht beigemessen, daß keiner darüber Meldung oder einen Eintrag ins Logbuch machte, und niemand dachte weiter daran. Erst als bekannt wurde, daß die *Waratah* vermißt sei, meinte der Offizier Alfred Harris von der *Harlow*, die Dampferlichter könnten ihre gewesen sein.

Jetzt machten die Leute von der *Tottenham* ihre Aussage, und wieder einmal ergaben sich beträchtliche Widersprüche. Der Jungmann M. W. Curtis gab an, er habe rotgestreifte Gegenstände im Wasser gesehen. Später hatte er gehört, das wären Sonnenfische, aber er war weiterhin der Überzeugung, dabei sei auch die mit einem roten Morgenmantel bekleidete Leiche eines kleinen Mädchens gewesen. Mr. T. Stewart, der Zweite Ingenieur, glaubte ebenfalls, die Mädchenleiche gesehen zu haben, und kurze Zeit später vermeinte er gleich unter der Wasseroberfläche so etwas wie den Körper einer weiteren Leiche zu sehen und dann eine herantreibende Matratze mit Bettuch, so daß schließlich ein chinesischer Heizer meldete: »Leichen seewärts!« Ingenieur A. J. Tucker kam auch etwas vor Augen, das er für die Leiche des Mädchens hielt. Und auch der Dritte Offizier E. F. Humphrey sichtete das Bettuch und die vermeintlichen Leichen, aber der Erste Offizier David Evans war der Meinung, er habe Walspeck gesehen, und Chefingenieur John Hammond wiederum glaubte, was *er* sah, wäre eine Rolle Papier mit einem roten Band gewesen.

Klar war jedenfalls, daß alle von der Vermißtmeldung der *Waratah* wußten und mehr oder weniger erwartet hatten, Leichen zu finden. Auch hatte man Verständnis dafür, daß Kapitän Cox wie auch Kapitän Moore von der *Insizwa* sich nicht samt Schiff durch eine Zeugenvorladung aufhalten lassen wollten. Moore persönlich hatte seine Beobachtung wirklich für Sonnenfische gehalten und seiner Mannschaft untersagt, einen Vermerk darüber zu machen.

Als die Leute von der *Insizwa* ihre Aussage machten, kam heraus, daß zu dem Zeitpunkt, an dem sich ihr Schiff auf der Höhe des

Bashee River befand, die *Tottenham* 100 Seemeilen davon entfernt südlich von East London lag und den beiden Schiffen folglich nicht ein und dasselbe in Sicht gekommen sein konnte. Da die *Waratah* überdies von der *Clan MacIntyre* aus zuletzt am Bashee gesichtet wurde, war mit Sicherheit zu erwarten, daß Leichen, wenn überhaupt, weiter südlich zu finden sein würden. Das Gericht wollte also nicht recht glauben, daß es sich tatsächlich um Leichen gehandelt hatte.

Ins Gewicht fiel die Tatsache, daß kein Bericht von Kapitän Ilbery über das Verhalten des Schiffes vorlag, und es hatte fast den Anschein, als würde alles damit Zusammenhängende unterdrückt. Es gab Briefe von Kapitän Ilbery, aber in keinem einzigen erwähnte er, wie sich das Schiff machte. Das Gericht bemerkte säuerlich, es sei immerhin seltsam, daß die Briefe zwar alle möglichen Banalitäten behandelten, Ilbery als überaus erfahrener Schiffsführer jedoch versäumt habe, die Aufmerksamkeit der Eigner auf die einzige Sache zu lenken, die für sie von Interesse sein mußte, zumal doch die *Waratah* ein neuer Schiffstyp für sie war und sie ja erwogen, die Baupläne für weitere Schiffe zu verwenden. »Das Gericht sieht sich außerstande, zu begreifen, warum über ein so wichtiges und interessantes Thema wie die Stabilität und das Verhalten der *Waratah* auf See kein Bericht gemacht wurde«, konstatierte der Präsident, denn das war gegen alle Regeln der Seefahrt. Damit gab er deutlich zu verstehen, das Gericht habe den Verdacht, die Eigner würden etwas verheimlichen oder gar absichtlich Ilberys Bericht zurückhalten, weil er ein schlechtes Licht auf sie warf.

Diese Vermutung war nicht aus der Luft gegriffen, wie die frühere Korrespondenz zwischen Reedern und Erbauern zeigte. Nachdem die *Waratah* zum erstenmal volle Ladung aufgenommen hatte, waren die Eigner auf ein Treffen mit den Erbauern erpicht gewesen, und dafür mußte es einen triftigen Grund geben. In einem Brief an die Erbauer hatten sich die Lunds kritisch geäußert: »Danach zu urteilen, was unsere Repräsentanten berichten, hat die *Waratah* nicht die gleiche Stabilität wie die *Geelong*.« In einem weiteren Schreiben vom 4. April 1909 hieß es: »Wir haben Kapitän Ilbery zu Rate gezogen; er vermochte uns davon zu überzeugen, daß dieses Schiff nicht die gleiche Stabilität aufweist wie die *Geelong*. Bedenkt man, daß er beim Bau beider Schiffe anwesend war und auch beide kommandiert hat, muß man sein Urteil darüber und über die anderen Dinge als sachverständig anerkennen.« Aber die Reeder konnten nichts von Ilbery vorlegen, worin er sich zur Stabilitätsfrage oder zum Grund für die Konferenz geäußert hätte. Und was waren das wohl für »andere Dinge«, die im zweiten Brief erwähnt wurden?

Dazu befragt, beharrten die Eigner darauf, daß ihnen die Stabilität der *Waratah* nur im Hafen beim Laden und Bunkern Sorge bereitet habe. Das Gericht fand das nicht sehr überzeugend, aber obgleich es recht nachdrücklich die Ansicht vertrat, ein Teil der Geschichte werde ihm vorenthalten, war nichts weiter herauszubekommen. Die Reeder blieben dabei, die Frage der Stabilität sei überhaupt nur durch ihre Liegegeldforderungen aufgekommen – die vereinbarten 50 Pfund pro Tag, die ihnen zustanden, weil das Schiff nicht zum vertraglich festgelegten Datum ausgeliefert worden war. Ihre Beschwerden hinsichtlich der Stabilität, beteuerten sie, seien reiner Bluff gewesen. Daraufhin wollte das Gericht wissen, wann denn das Liegegeld bezahlt worden war, aber das konnten die Reeder nicht sagen.

Im Hinblick darauf, wie wenige Tatsachen bekannt und wie viele theoretische Möglichkeiten dagegen offenblieben, hatte es keinen Zweck, den vielen Mutmaßungen nachzugehen, die Hellseher und Amateurdetektive in Umlauf brachten, und so zog sich der Untersuchungsausschuß zurück. Die zwei wesentlichsten Verfahrenspunkte blieben allem Anschein nach die Aussage von Professor Bragg und die Tatsache, daß die Eigner nichts vorweisen konnten, woraus hervorging, was Kapitän Ilbery von dem Schiff hielt.

Am 22. Februar 1911 gab das Gericht seine Erkenntnisse bekannt. Die *Waratah* war zuletzt von der *Clan MacIntyre* aus gesehen worden und hatte einen Kurs eingeschlagen, der sie mitten ins Zentrum eines Sturms führen mußte. Man war jedoch der Meinung, daß sie nicht nur betriebsunfähig gewesen sein konnte, denn sonst hätte sie von der *Clan MacIntyre* noch einmal gesichtet werden müssen oder wäre später von den Suchschiffen entdeckt worden. Sie verfügte vorschriftsgemäß über Boote und Rettungsmittel in ausreichender Zahl, alle gut in Ordnung und gebrauchsbereit. Die Ladung war auch richtig gestaut. Das Schiff war gut getrimmt für die Reise und befand sich alles in allem in seetüchtigem Zustand. Natürlich ließ sich nicht genau feststellen, ob auch alle notwendigen Vorsichtsmaßnahmen getroffen worden waren wie

Schalken der Luken, Sicherungsöffnungen, Bunkeröffnungen usw. Folglich konnte das Gericht nur die Entscheidung treffen, der Verlust des Schiffes sei einem außergewöhnlich heftigen Sturm zuzuschreiben, der es zum Kentern brachte.

Es legte sich allerdings nicht auf eine bestimmte Begründung für dieses Kentern fest, beurteilte jedoch die Tatsache ungünstig, daß Kapitän Ilbery nach der Jungfernfahrt offenbar nicht um einen Bericht über die Stabilität der *Waratah* oder ihr Verhalten auf See ersucht worden war. Durch Ilberys Feststellung, die *Waratah* sei nicht so stabil wie die *Geelong*, und aufgrund der diesbezüglichen Korrespondenz zwischen Reedern und Erbauern sah es sich aber dazu genötigt, unvorteilhafte Schlüsse auf die Eigner zu ziehen. Dann empfahl es noch, bei Hochseeschiffen die Frage der Stabilität eingehender zu überprüfen, eine Empfehlung, die zehn Jahre später im Fall der vermißten *Hopestar* und 30 Jahre darauf im Fall des verschollenen Trampschiffes *Anglo-Australian* erneut Bedeutung erlangte.

Die Blue Anchor Line war zwar nicht verurteilt, aber doch scharf kritisiert worden und entschloß sich daraufhin, alle ihre anderen Schiffe, *Commonwealth, Geelong, Narrung, Wakool* und *Wilcannia*, an die P. & O.-Gesellschaft zu verkaufen, die damit ausgerechnet einen Service nach Australien eröffnete.

Was war der *Waratah* zugestoßen? Sie war wohl kaum auf ein Riff gelaufen, denn dann hätte man Wrackteile gefunden, und sie konnte auch nicht in die Luft geflogen oder in Brand geraten sein, denn in diesem Fall hätten mit Sicherheit noch Leuchtkugeln abgefeuert und Boote ausgesetzt werden können. Obwohl die *Waratah* nun schon lange verschollen war, blieben die Fragen bestehen. Wenn sie gesunken war, kieloben, mit losem oder ungesichertem Gut unter den Hauptrumpf geklemmt, hätte sie sich gewiß allmählich wieder auf die Seite gelegt und dabei das lose Gut freigesetzt. Aber nie wurde etwas gefunden, selbst vier Jahre später noch nicht, und so rankten sich weiterhin Gerüchte um die Frage, was wohl geschehen sein mochte.

Natürlich war auch die Rede davon, die *Waratah* hätte Schätze an Bord gehabt. Das war natürlich Unsinn. Sie hatte Gefrierfleisch in Australien geladen, Erz, 2000 Tonnen Bunkerkohle und 279 Tonnen Trinkwasser.

1922 verkündete ein gewisser John Noble, er sei zwar nicht an

Bord der *Waratah* gewesen, als sie von Durban auslief, aber mitten auf See von der *Telemachus* auf sie übergewechselt und Erster Heizer geworden. Als sie kenterte, wäre es ihm gelungen, an Land zu kommen. Er sei sofort nach Kapstadt gegangen, aber dort habe man ihm seine Geschichte von der Katastrophe nicht geglaubt. Dann habe er auf der *Themistocles* angeheuert und bis 1922 über den Vorfall Schweigen bewahrt. Noble wurde schnell als Schwindler entlarvt, denn die *Themistocles* wurde erst zwei Jahre nach seinem angeblichen Dienstantritt gebaut. Und die *Telemachus* muß zu dem Zeitpunkt, an dem die *Waratah* verschwand, etliche tausend Meilen weit von ihr entfernt gewesen sein.

In den 20er Jahren erzählte jemand, der den größten Teil seines Lebens in Südafrika verbracht hatte, dem Schriftsteller J. G. Lockhart, kurz nach Verschwinden des Schiffes sei ein Mann in Küstennähe im Busch herumstreifend aufgefunden worden. Er habe sich durch nichts ausweisen und über sich keine Angaben machen können, außer der vagen Andeutung, er sei von der *Waratah* an Land gekommen. Mehr war nicht aus ihm herauszubekommen, und da er offensichtlich nicht klar bei Verstand war, brachte man ihn in die Pflegeanstalt von Grahamstown.

Wieder eine andere Geschichte, die Lockhart zu hören bekam, stammte von einem Mann namens Carter, der behauptete, er habe beim Laden der *Waratah* mitgeholfen, und am Nachmittag des Abfahrtstages hätte ihm Ilbery die Hand geschüttelt und gesagt: »Gerne gehe ich nicht, aber ich will mein Versprechen halten und das Schiff führen.« Seiner Ansicht nach war die *Waratah* topplastig und ragte sehr hoch aus dem Wasser, und die Kohle war angeblich an Deck abgeladen worden. Das Schiff lief dann in einen Sturm, ehe die Kohle verstaut werden konnte, und kenterte. Es traf zu, daß die *Waratah* einen Kohlebunker auf dem Spardeck hatte, aber selbst wenn er voll gewesen wäre, hätte das ihre Stabilität nicht ernstlich gefährdet, und außerdem hatten etliche Leute bezeugt, daß sie keine Kohle an Deck hatte.

Dann brachte ein gewisser H. D. Barry eine neue Geschichte auf. Er schrieb an die *Daily Mail*, er sei 1913 während eines Aufenthalts in Südafrika in der Transkei gewesen, einem Eingeborenenreservat zwischen East London und St. John's. Bei den Einwohnern von Willowvale sei allgemein bekannt, daß ein Weißer, der in der Nähe lebte, den Untergang der *Waratah* vom Land aus beobachtet hatte.

Barry gab an, ins Lager dieses Mannes an der Mündung des Qokaflusses gefahren zu sein, wo er in Erfahrung brachte, daß dieser in einer sehr stürmischen Nacht einen großen Dampfer in Küstennähe gesichtet hatte. Der Mann war zu seiner Hütte zurückgekehrt, um seinen Feldstecher zu holen, aber als er die Stelle aufs Korn nahm, war das Schiff verschwunden. Der Verlust der *Waratah* kam ihm erst drei Monate später zu Ohren, und als er dann die Daten verglich, kam er zu der Überzeugung, daß sie das von ihm entdeckte Schiff gewesen sein mußte. Er besaß sogar ein Stück Holz, in das die Buchstaben »W-A-R« eingeschnitzt waren.

Die Geschichte klang einleuchtend, denn die Kap-Südoststürme sind berüchtigt. Wenn sie stark wehen, peitschen sie die Wasseroberfläche auf, wie schon der Kapitän der *Clan MacIntyre* bemerkt hatte, und reißen das Oberflächenwasser parallel zu den Wogen mit sich fort. Gezeitenströme und Brandung entfalten in diesem Gebiet gewaltige Kraft. Bei der ungeheuren Höhe der Wellen ist es durchaus denkbar, daß ein Schiff kentert, und die großen Haie würden sicherlich jede Spur von in den Fluten treibenden Menschen tilgen.

Doch nur wenige Tage später ließ ein Mr. Harry Hulse, ehemals zu den berittenen Kapsoldaten gehörig und einer von denen, die entlang der Küste nach Wrackteilen gesucht hatten, kein gutes Haar an dieser Geschichte.

»Es ist mir ganz neu«, schrieb er entrüstet, »daß ein Weißer in Küstennähe einen großen Dampfer gesehen haben soll.« Wie er sagte, waren die weißen Händler und auch die Eingeborenen, die an der Küste lebten, verhört worden, »aber es fiel nicht die leiseste Andeutung darüber, daß ein Schiff in der Nähe des Strandes gesichtet worden wäre«. Er selbst hatte einige Jahre in diesem Landstrich gelebt und nicht ein einziges Mal von Aussagen oder Beobachtungen gehört, die zur Lösung des Rätsels beitragen konnten. Auch die fragliche Gegend, auf die sich Barry bezog, kannte er, aber nie war ihm die Geschichte dort zu Ohren gekommen. Dann jedoch behauptete ein Kollege von den berittenen Kapsoldaten, Edward Conqueror, er habe bei militärischen Übungen in Xora Point, südlich von Port St. John's, ein Schiff gesehen, auf das die Beschreibung von der *Waratah* gepaßt hätte, wie sie schwer im Sturm stampfte, sich schließlich auf die Seite legte und unterging.

Die Geschichten nahmen kein Ende. 1936 erhielt Lockhart einen

Brief von Mr. Percy Evans, dem Ersten Offizier der *Rabaul*, der ein beunruhigendes Erlebnis in ebenden Gewässern schilderte, in denen die *Waratah* verschollen war. Evans befand sich an Bord eines stattlichen 11000-Tonnen-Dampfers, der mit Getreideladung auf der Heimreise begriffen war. Nach dem Auslaufen von Durban geriet das Schiff in einen Südsturm, der bald Hurrikanstärke erreichte. Dampfrohre und Stahlleitern wurden weggerissen, Deckshäuser zertrümmert, und das Steuerbordboot wurde zermalmt. Um 3 Uhr morgens schlug eine gewaltige Woge über den Steuerbordbug, zerschmetterte die vorderen Luken und brachte den Salon und den vorderen Brückenaufbau zum Einsturz. Eine Zeitlang war die Lage kritisch. Evans machte darauf aufmerksam, daß infolge des steil abfallenden Meeresbodens und des Zusammenpralls von einer warmen Strömung mit kalten Polarwinden örtlich begrenzt heftige Stürme aufkommen können. Er nahm mit Gewißheit an, daß die *Waratah* von einer riesigen Sturzwelle getroffen wurde, der eine zweite folgte, die die Laderäume unter Wasser setzte und das Schiff versenkte.

Einige Jahre später behauptete ein Ire namens Staunton von sich, er sei ein Überlebender von der *Waratah*, und erfreute sich dadurch eine Zeitlang einer gewissen Berühmtheit. Seine Geschichte klang recht authentisch, bis einmal jemand die Akten einsah und feststellte, daß weder in der Passagier- noch in der Besatzungsliste ein Staunton vorkam.

Im Winter 1942 entdeckte der südafrikanische Luftwaffenpilot Leutnant D. J. Roos bei einem planmäßigen Postflug in der Gegend, wo die *Waratah* verschollen war, ein abgesacktes Wrack. Als er das einem Seeoffizier gegenüber erwähnte, der damals eine Suchaktion entlang der südafrikanischen Küstenlinie geleitet hatte, wunderte sich der, denn an der von Roos bezeichneten Stelle war kein Wrack bekannt. Roos zeichnete eine Karte und beschrieb dazu, das Schiff läge zur Seite gekippt auf einem der drei Felsplateaus vor der Mazeppa Bay. Dem Seeoffizier kam plötzlich die *Waratah* in den Sinn. Eine Durbaner Zeitung charterte ein Flugzeug, und in Begleitung des Reporters Lindsay Smith flog Roos die Route noch einmal ab, aber sie hatten mit schlechter Witterung und Maschinenschaden zu kämpfen und fanden nichts. Kurze Zeit danach kam Roos bei einem Autounfall ums Leben, und seine Zeichnung vom Fundort verschwand.

Die Theorien rissen nicht ab. Eine lautete, die *Waratah* sei durch eine starke landwärts gerichtete Gegenströmung in eine Art »Loch im Wasser« gesogen und dann in eine riesige Unterwasserhöhle gezogen worden. Wieder einer anderen zufolge hatte sich ein natürlicher Strudel gebildet und das Schiff in die Tiefe gerissen. Entlang jener Küste fließt der Agulhas-Strom, der nördlich von Laurenço Marques als Mozambique-Strom bekannt ist, eine warme tropische Strömung, die in dieser Gegend eine Oberflächengeschwindigkeit von etwa 5 Knoten und unter Wasser noch höhere Geschwindigkeiten erreicht. Da konnte schon eine mächtige Gegenströmung mit verheerender Wirkung entstanden sein und einen Mahlstrom der Art verursacht haben, wie ihn die *Clan MacIntyre* gemeldet hatte, die nur knapp einer Katastrophe entgangen war.

1954 rückte der Engländer Frank Price damit heraus, ein Bure namens Jan Pretorius wäre vor vierzig Jahren Zeuge des Untergangs der *Waratah* gewesen. Er habe mit angesehen, wie sie sich, ohne eine Menschenseele an Bord, landwärts wälzte, sich dann überlegte und versank. Price erklärte, der Mann sei nicht eher an die Öffentlichkeit getreten, weil er illegal nach Diamanten schürfte und für den Rest seines Lebens hinter Gitter gekommen wäre, wenn er seine Anwesenheit dort offenbart hätte. Er hatte Price ins Vertrauen gezogen, aber darauf bestanden, daß bis zu seinem Tode nichts davon verlauten dürfe. 1954 war Price sicher, daß er gestorben war.

Ende 1955 machte Alan Villiers, einer der bekanntesten Seefahrtsschriftsteller, für die BBC eine Radiosendung über die *Waratah*. Er war kaum damit zu Ende gekommen, als auch schon ein Zuhörer anrief und erzählte, er sei zur fraglichen Zeit in Durban gewesen und habe die *Waratah* von der Steilküste aus beobachtet. Die Decks des Schiffes seien schwer mit Gelbholz beladen gewesen und hätten topplastig gewirkt, was ihn seiner Frau gegenüber zu der Bemerkung veranlaßt hätte, das Schiff würde bestimmt kentern. Nur leider hatte die *Waratah* alles andere, nur kein Holz geladen.

Immerhin kontaktierten jetzt auch noch lebende Freunde von Kapitän Ilbery und seinem Ersten Offizier Owen den Autor Villiers. Einer schrieb aus Lewes in Sussex, Ilbery sei ein enger Freund seiner Familie, sie wären 1901 mit ihm auf der *Wilcannia* nach Australien gefahren und zwei Jahre später auf der *Commonwealth* wieder heimwärts. Danach sei Ilbery öfters zu Besuch gekommen.

Nach der Jungfernfahrt der *Waratah* wäre Ilbery weniger heiter gewesen als sonst, und eines Abends habe er ihm erzählt, er sei mit dem Schiff nicht glücklich. Als das Oberhaupt der Lund-Familie sich zur Ruhe setzte, hatten, wie Ilbery sagte, die Söhne seinen Platz eingenommen und die *Waratah* gebaut, um größere Profite zu machen. Ilbery hatte das Schiff nie gemocht.

Ein anderer, seines Zeichens ehemaliger Schiffsmakler und angeblich mit dem Vater des Chefingenieurs Hodder bekannt, berichtete, sobald das Schiff überfällig war, sei sich der alte Mann sicher gewesen, daß es gekentert wäre. Im Laufe des letzten Gespräches habe sein Sohn geäußert: »Ich werde nach dieser Fahrt nicht noch mal auf ihr anheuern. Sie ist topplastig.«

Nach Alan Villiers' Auffassung hing die Tragödie mit der Stabilität zusammen. Die Reeder hatten den Erbauern in gutem Glauben sehr komplizierte Baupläne geliefert, und obwohl jeder sein Bestes tat, war das Ergebnis nicht ganz zufriedenstellend. Dann war die Zeit zu knapp, um herauszufinden, wie das labile Schiff am besten beladen würde, ehe es in seinen ersten schweren Sturm geriet. Seiner Meinung nach war die *Waratah* bei Sturm gekentert, wobei die fünf Stahlkessel aus ihren Fundamenten brachen und die Passagiere durch die hereinflutenden Wassermassen und die gewaltigen Dampffontänen sofort erstickt wurden.

K. C. Barnabys Überlegungen waren mehr technischer Art, führten aber zu gleichen Ergebnissen. »Offensichtlich«, schrieb er, »war die *Waratah* ein extrem topplastiges Schiff mit geringem Stabilitätsumfang.« Topplastige Fahrgastschiffe waren damals an der Tagesordnung, denn die Konstrukteure gaben sich oft keine Mühe, mehr als nur die Minimalstabilität zu garantieren. Der Normalpassagier konnte nicht zwischen unangenehm ruckartigem, aber sicherem Rollen und lang anhaltendem, angenehm langsamem, aber gefährlichem Schlingern unterscheiden, und die Eigner fürchteten, heftige Schiffsbewegungen könnten ihrer Linie eher einen schlechten Ruf eintragen.

Ein topplastiges Schiff erfordert allerhöchste Sorgfalt beim Verstauen der Fracht sowie Vorsicht bei seiner Inbetriebnahme, und wenn nicht genügend Wasserpforten vorhanden sind, bedeuten größere Wassermengen an Deck schon ein Risiko. Wie Barnaby weiter ausführte, fuhren etliche Atlantiklinien unter Berücksichtigung dieser und anderer Gegebenheiten unfallfrei bis ans Ende ihrer Lebensdauer. Allerdings war es viel leichter, das Stauen auf einem reinen Fahrgastschiff mit wenig oder gar keiner Ladung vorzunehmen als bei einem Schiff wie der *Waratah*, das über eine große Ladekapazität verfügte.

Nach Barnabys Meinung waren die bekannte Tatsache der Topplastigkeit wie auch das Ausbleiben von Treibgut ein Hinweis darauf, daß die *Waratah* bei Annäherung an die Gefahrenzone von einer schweren See erfaßt wurde und kenterte. Es bestand auch die Möglichkeit, daß eine Verlagerung der schweren Bleikonzentrate in den Laderäumen die Katastrophe mit bewirkt oder gar ausgelöst hatte. Wenn ein Schiff kenterte und kieloben versank, blieb oft das lose oder ungesicherte Gut unter dem Hauptrumpf eingeklemmt und kam nicht mehr frei. Damit wäre auch erklärt, warum im Fall *Waratah* keinerlei Treibgut auftauchte. Nach heutiger Vorschrift muß jedes Schiff, dessen metazentrische Höhe (ein für die Stabilität wichtiges Maß) zu gering ist, festen Ballast mitführen. Auch die Einführung von Schlingerdämpfungsanlagen hat zur Sicherheit beigetragen, denn jetzt sind die Konstrukteure nicht länger in Versuchung, durch eine gefährlich niedrige metazentrische Höhe für sanftes, langsames Rollen zu sorgen.

Noch immer wurden die unterschiedlichsten Meinungen laut. Kapitän W.S. Byles vom 28000-Tonnen-Schiff *Edinburgh Castle* schilderte ein Erlebnis, das er in den 60er Jahren hatte. Als er in der Gegend, in der die *Waratah* einst verschwand, in schwere See geriet, nahm er die Dünung von Backbord voraus und konnte die *Edinburgh Castle* zunächst relativ ungefährdet auf Kurs halten. Der Abstand zwischen den Wellen betrug etwa 150 Fuß, aber dann erschien die nächste Woge plötzlich in 300 Fuß Entfernung – doppelt so weit weg –, so daß das stampfende Schiff in einem Winkel von mehr als 30 Grad kopfüber hineinstürmte und dabei wie die *Rabaul* Wassermassen in sich hineinschaufelte, ehe es sich wiederaufrichten konnte, geradeso als wäre es in ein »Loch im Ozean« geplumpst, wie Kapitän Byles sagte.

W. Recknell, ein Seemann im Ruhestand, schrieb 1962 an eine Durbaner Zeitung, er erinnere sich noch daran, wie er zum Zeitpunkt des Verschwindens der *Waratah* auf See Offiziere davon reden hörte, ihre Schiffe wären in dem betreffenden Gebiet in ein »Schlagloch« gesackt, dessen Ursache eine Spalte im Meeresboden war. Die gleiche Sache hatte Kapitän Byles als »Loch im Ozean«

bezeichnet. Und Kapitän J.C. Brown, der frühere Kommandant der *Pretoria Castle*, berichtete, er habe in der nämlichen Gegend einen tiefen Riß im Meeresboden ausgemacht, der deutlich durch das Echolot angezeigt wurde.

Unbezweifelbar ist jenes Meeresgebiet für seine haushohen Wogen bekannt. Der Kreuzer H. M. S *Birmingham* erlebte im Zweiten Weltkrieg vor der Küste von Pondoland phänomenale Seeverhältnisse etwa der Art, wie sie die *Waratah* angetroffen haben mußte, und ähnliches wußten später auch verschiedene große britische und niederländische Linien zu berichten.

Das Geheimnis um die *Waratah* verlor jedoch nichts von seiner Anziehungskraft. 1972 stellte William C. Lindemann, ein angesehener Ingenieur aus Durban, die Überlegung an, die *Waratah* müsse infolge einer Kesselexplosion gesunken sein oder zwischen den Kohlen habe eine Knallkapsel gelegen, die versehentlich in die Feuerung geriet und eine Kette von Explosionen auslöste. Das neu erwachte Interesse war Wasser auf die Mühlen der südafrikanischen Zeitungen, die natürlich auch Vergleiche mit dem Fall *Mary Celeste* anstellten.

Im März 1973 behauptete Oberstleutnant C. V. Beadon, ehemaliger Offizier der Königlichen Luftwaffe, mit Hilfe eines eigens von ihm entwickelten Verfahrens sei es ihm gelungen, die genaue Position der *Waratah* auf 29° 46′ 38″ Ost und 32° 36′ 8″ Süd bei einer Tiefe von 21 bis 24 Metern zu ermitteln. Der Romanschriftsteller Geoffrey Jenkins gab ihr in seinem Buch *Scend of the Sea* (1971) etwa die gleiche Position, und damit kam eine neue Geschichte auf, diesmal vom 32jährigen Bürgermeister von Grahamstown, Pat E. McGahey. Dem hatte vor langen Jahren ein erfahrener Pilot der South African Airways erzählt, er habe verschiedene Male auf genau der von Beadon angegebenen Position ein auf der Seite liegendes Schiff gesehen. McGahey machte sich daraufhin selbst auf den Weg und gab an, das Schiff bei zwei Gelegenheiten etwas nördlich vom Fish River zu Gesicht bekommen zu haben. Zudem hatte er noch einen alten Arbeiter mit Namen Mpundulu gefunden, der sich an einen »mächtigen Sturm« erinnern konnte, der vor Jahren in diesem Gebiet getobt hätte, bei dem er Blitze vom Himmel zucken sah, als er seine Ziegen zusammentrieb. McGahey hielt die » Blitze« für Notsignalraketen von der *Waratah*.

1973 tauchte in einem Familienalbum Roos' Karte wieder auf.

Aber trotz aller neuen Aktivitäten ist die *Waratah* noch immer nicht gefunden worden. Anfang November 1979 hieß es auch von dem norwegischen 224000-Tonnen-Erzfrachter *Berge Vanga*, der vor Kapstadt verschwand, er sei gesunken, weil »plötzlich auseinanderklaffende Wellen« ein riesiges Loch verursacht hätten, in das er hineingeglitten wäre, während die zurückflutenden Wogen über ihm zusammenschlugen.

»Mit diesem Phänomen steht der südliche Ozean einzig da«, schrieb der *Sunday Telegraph*, »dort vermag das Zusammentreffen von Sturm, Strömung und Meeresbodenkonturen die See so auseinanderzureißen, daß sich ein tiefes Loch bildet und jedem Schiff, das hineinfällt, ein nasses Grab bereitet.«

Seeleute, die das Erlebnis heil überstanden haben, hieß es weiter, wußten von »Killerwellen« zu erzählen, die sich sogar höher als die Brücken von Supertankern auftürmten, »so hoch wie ein zehnstökkiges Haus«. Solche »Löcher«, kommentierte das Blatt, träten hauptsächlich vor der südafrikanischen Küste, dem Transkei-Freistaat gegenüber, auf, und dann zitierte es den Fall der *Waratah*. Wenig später rückte es allerdings damit heraus, daß die *Berge Vanga* 600 Seemeilen genau westlich von Kapstadt war – mit anderen Worten, ganz und gar nicht in der fraglichen Gegend –, fügte aber hinzu, das »Loch-im-Ozean-Phänomen« sei damit längst nicht abgetan.

Was ursprünglich wohl nichts weiter war als eine anschauliche Metapher von Kapitän Byles, hat sich zu einer Theorie verdichtet, die in den letzten Jahren mehr und mehr Gewicht erlangte. Doch ebenfalls 1979 äußerte sich George Young, Herausgeber der *Cape Times* und seit 45 Jahren mit der Schiffahrt in jenem Landstrich vertraut, in einem Brief an den Autor noch bedeutend freimütiger. Er meinte, der Verlust der *Waratah* sei bis zur Unkenntlichkeit dramatisiert worden, dabei wäre die Sache nicht einmal besonders rätselhaft. Von »Löchern« im Ozean hielt er nicht viel, räumte aber ein, daß eine ungewöhnlich starke Dünung in Verbindung mit einer nach Süden fließenden Strömung und nach Norden wehendem Wind manchmal drei oder vier außerordentlich steile Wogen zur Folge habe, von Schaumkämmen gekrönte Brecher. Seines Wissens war es in den vergangenen Jahren verschiedentlich vorgekommen, daß Schiffe in diese abnorm hohen Wellen hineinliefen. Er erinnerte an die *Edinburgh Castle*, die mit einer Geschwindigkeit von

19 Knoten auf eine solche Sturzwelle traf, und an die *Bencruachan*, die mit 20 Knoten in einen dieser Brecher geriet, wobei die Wassermassen die Aufbauten des Backdecks mit solcher Kraft niederdrückten, daß der Bug in Gefahr war wegzubrechen und das Schiff nach Durban zurückkehren mußte. Seiner Auffassung nach war die *Waratah*, ein Schiff ohne moderne Finessen, das Holzluken hatte, 13 Knoten Fahrt machte und schwer beladen war, in eine dieser Sturzseen gelaufen. Die Wasserladung ging auf das vordere Welldeck nieder und füllte die Laderäume, so daß das Schiff unterging wie ein Stein. Ähnlich erging es auch anderen Schiffen, hob Young hervor, nur hatten sie es noch geschafft, eine Nachricht loszuwerden. Seines Erachtens war die Annahme, die *Waratah* sei durch ihre Topplastigkeit gekentert, durch nichts begründet. »Sie lief vorne voll und sank sofort«, sagte er. Zur Frage, warum sich keine Trümmer fanden, zitierte er den Fall der *Melanie Schulte*, eines deutschen 40 000-Tonnen-Schiffes, das im Atlantik verlorenging und von dem nichts übrigblieb als ein paar Container, ein oder zwei Flöße und eine Funkbake, Gegenstände, die alle innerhalb weniger Stunden aufgefischt wurden. Er machte darauf aufmerksam, daß die *Waratah* schon zwei Wochen verschollen war, bevor endlich Alarm geschlagen wurde.

Young hatte kaum Zeit, auf Entdeckungsfahrt nach abgesackten Schiffen zu gehen. In dem betreffenden Gebiet lägen an die dreißig Stück, erklärte er, ein Resultat der U-Boot-Aktivitäten im Zweiten Weltkrieg, und Luftwaffenpilot Roos habe wahrscheinlich nicht die *Waratah*, sondern das niederländische Fahrgastschiff *Colombia* entdeckt, das im Krieg als U-Boot-Mutterschiff fungierte und 1942 vom U-156 in Küstennähe versenkt wurde.

Die Ereignisse, die Recknell, die Kapitäne Byles und Brown, der Erste Offizier Evans von der *Rabaul* sowie Offiziere der *Birmingham* und anderer Schiffe beschrieben haben, bilden eine gute Grundlage für Youngs Theorie. Aber letztlich passen dazu auch Sawyers und Richardsons Besorgnisse über die Schlingerbewegungen der *Waratah*. Vielleicht war am Ende auch etwas Wahres an Sawyers Träumen, und die Katastrophe war gar nicht der Instabilität und der Topplastigkeit zuzuschreiben, sondern den gewaltigen ostafrikanischen Brechern, die dem Bug der *Waratah* so zusetzten, daß sie, mit Youngs Worten, » vorne vollief und sofort sank«, ohne sich wiederaufrichten zu können.

5. U.S.S. Cyclops († 1918)

Ein amerikanisches Drama

Vielleicht kreuzt sie durch öde arktische Gefilde
Und sucht nach fernen neuen Zielen mit Franklins Männern
Oder sieht den Pazifik neu erblauen
Wie jene auf der Darien.

Diese phantasiereichen Verse aus einem Gedicht des Amerikaners T. H. Ferril, das während des Ersten Weltkriegs im *Literary Digest* erschien, spielten überraschenderweise nicht etwa auf ein verschollenes Forschungsschiff an, sondern auf das moderne, völlig unromantische, zur US-Flotte gehörige Kohlenschiff *Cyclops*, das Anfang April 1918 auf seiner Fahrt zwischen Barbados und dem Delaware River verschwand. Das war im Ersten Weltkrieg, zu einem Zeitpunkt, als die Deutschen zum letzten verzweifelten Schlag ausholten und die Alliierten in der zweiten Schlacht an der Somme beinahe ins Wanken gerieten.

Im Ersten Weltkrieg wurden häufig Schiffe torpediert oder durch Minen versenkt, und es war eigentlich denkbar, daß die *Cyclops* das gleiche Schicksal ereilt hatte. Aber das war offensichtlich nicht der Fall.

1918 waren Schiffe generell mit Funk ausgerüstet, und daran knüpfte sich allgemein die Hoffnung, daß es nun mit unerklärlichen Katastrophen vorbei sei, denn ein Funkruf mußte Hilfe herbeiholen können, ehe noch der letzte Schiffbrüchige ertrunken war. Aber die *Cyclops* verschwand mit 304 Personen an Bord, und das war der schwerste Verlust, den die Kriegsmarine der Vereinigten Staaten im Ersten Weltkrieg erlitt. Natürlich schlug gleich wieder die Stunde der Lügenbarone und Gerüchtemacher, und sie überboten einander mit Geschichten von Riesentintenfischen, feindlichen Agenten, meuternden Mannschaften oder auch vom neuesten Buhmann, den Bolschewiki.

»Auf großen Schiffen passieren die schlimmsten Sachen«, lautet ein Seemannswort, wenn etwas schiefgeht. Die *Cyclops* war das größte Schiff, das jemals ohne ersichtlichen Grund spurlos verlorenging. Mit ihren 10 000 Tonnen war sie eines der größten Hochseeschiffe ihrer Zeit. Sie war 542 Fuß lang, bei einer enormen Breite von 65 Fuß. Sie konnte 14 Knoten Fahrt machen und hatte selbsttrimmende Laderäume sowie Ballastwassertanks zur Stabilisierung. Auf ihrem Deck ragten paarweise vierzehn riesige Ladepfosten empor, mit deren Hilfe die Versorgung der Flotte mit Kohlen schnell und leicht vonstatten ging. 1909 wurde sie in der Schiffswerft von William Cramp & Sons in Philadelphia auf Kiel gelegt, und am 7. Mai 1910 lief sie vom Stapel. Sie war das erste von drei Schiffen neuen Typs, die für den Überseetransport gebaut wurden, und das erste von sieben Schwesterschiffen, die alle nach Gestalten aus der griechischen Mythologie benannt und in verschiedenen Schiffswerften an der amerikanischen Küste in Auftrag gegeben wurden.

Die Schiffstaufe wurde feierlich von Mrs. W.H. Groves, der Schwiegertochter des Generaldirektors der Erbauerfirma, ausgeführt, aber die *Cyclops* wollte sich nicht vom Fleck rühren, bis Hebeböcke geholt wurden. Erst nach einem zehnminütigen Kampf glitt sie endlich in den Delaware.

Ihr Kapitän war ein seltsamer Typ. Er war deutscher Abstammung und 1878 unter dem Namen Johann Friederich Georg Wichmann aus Bremen nach San Franzisko gekommen. In die Vereinigten Staaten hatte er sich aufgemacht, um den Schlägen seines Vaters zu entgehen. Nach seiner Ankunft nahm ihn ein freundlicher pensionierter Schiffskapitän namens Worley unter seine Fittiche, der ihn zum Segeln mitnahm und in ihm die Liebe zur See weckte. Wichmann brachte sich selbst Englisch in Wort und Schrift bei, fiel aber manchmal noch in seine deutsche Muttersprache zurück. Als Jugendlicher und eben Erwachsener verbrachte er die meiste Zeit auf Segelschiffen, die regelmäßig zwischen San Franzisko, den Philippinen und Australien hin- und herpendelten. Nach 1880 unterhielt er eine Zeitlang eine Bar in San Franzisko, kehrte aber danach als Kapitän der Jachten *Aloha* und *Detolina* auf See zurück. Ungefähr 1890, nach seiner Einbürgerung, trat er in den Übersee-Transportdienst der amerikanischen Marine ein, der aus Kohlen-, Transport- und Versorgungsschiffen bestand. Diese Schiffe wurden nicht mit Marinepersonal bemannt, sondern mit allen möglichen an der Küste aufgegabelten Seeleuten, die nicht einmal Amerikaner sein mußten. Wichmann wurde Stabsbootsmann und war berechtigt, Schlepper und andere kleine Schiffe zu befehligen. Als 1898 der Spanisch-Amerikanische Krieg begann, wurde er zum Leutnant befördert und nahm Dienst auf dem Transporter *St. Mark* an, der sich mit den Spaniern auf den Philippinen herumschlug, bis Admiral Dewey und Kommodore Schley die feindliche Flotte vernichteten.

Danach kommandierte er Kohlenschiffe, von Mal zu Mal größere, aber meistens verwahrloste, schmutzige Schiffe, die entsprechend schlampige Seeleute anzogen. Als Kapitän der *Leonidas* heiratete er im Februar 1906 Selma Schold aus Bremerton in Washington, und wenn er auch ein überaus strenger Vorgesetzter war, so gab er doch einen guten Ehemann ab und schrieb zärtliche Briefe nach Hause. Zwei Jahre später ermordete der Zimmermann seines Schiffes *Abarenda*, ein Russe mit angenommenem Namen Dixon, den Dritten Offizier. Wichmann hatte zwar nichts mit der Bluttat zu tun, aber das Gericht bemängelte doch die schlechte Disziplin auf seinem Schiff. Der Vorfall beeinträchtigte jedoch seine Karriere nicht weiter.

Um keine Nachteile durch seine deutsche Herkunft zu haben, änderte Wichmann 1909 seinen Namen in George Worley um, während sich der deutsche Kaiser Wilhelm II. mit seinem Säbelrasseln und Kriegsdrohen weiter unbeliebt machte. Im darauffolgenden Jahr wurde er Kommandant der 10000-Tonnen-*Cyclops*, die zum US-Marinehilfsdienst gehörte, in dem Kohlen-, Fracht-, Kühl- und Lazarettschiffe zusammengefaßt waren. Das Personal bestand noch immer aus Zivilisten, aber 1914, kurz nach Ausbruch des Krieges, wurden die Schiffe offiziell zur Marine geschlagen und Offiziere wie Mannschaften der Zuständigkeit der Marinereserve unterstellt.

Worley ging 1910 zum erstenmal mit der *Cyclops* auf Fahrt und befand, daß sie trotz aller technischen Neuerungen übel rollte und stampfte und einmal gar 47 Grad überholte. Aber mit guter Bemannung machte sie kaum Schwierigkeiten. Ihr Chefingenieur Samuel Dowdy war so von ihr angetan, daß er einen Artikel über sie schrieb (»Die hervorragenden Leistungen des US-Marinehilfsschiffes *Cyclops*«), der im Juli 1915 in der Zeitschrift *American Marine Engi-*

neer veröffentlicht wurde. Nach seinen Worten konnte die *Cyclops* ein Geschwader Schlachtschiffe und zehn Zerstörer mit Kohlen für 4000 Seemeilen Kreuzfahrt versorgen, und trotz ihrer wilden Mannschaft hatte sie bereits den Verladerekord der Flotte aufgestellt – 574 Tonnen Kohlen für das Schlachtschiff *Arkansas* in einer Stunde.

Worley stand mittlerweile in dem Ruf, ein guter Kapitän zu sein, der allerdings auch hart mit seinen Leuten umspringen konnte, wenn nötig. Ein Student aus Annapolis, der vorübergehend Dienst an Bord der *Cyclops* tat, beobachtete einmal, wie er mit einem Schraubenschlüssel in der Hand Kohlentrimmer, die bei schwerem Seegang in Panik geraten waren, wieder unter Deck scheuchte. Doch trotz seiner harten Methoden war er stets bereit, seinen Männern Schuhe, Ölzeug, Kleidung oder Geld zu leihen, und hatte immer ein Bier oder einen Schluck Whisky im eigenen Spind für sie bereit. Einmal erzählte er im Scherz, sie hätten statt einer Schiffskatze einen Löwen an Bord, und erhielt dafür einen Verweis vom Marineministerium.

Worley steckte noch immer voll wehmütiger Erinnerungen an Deutschland und behauptete sogar, in Kiel hätte der Kaiser einmal sein Schiff inspiziert. Als der Krieg ausbrach, machte er kein Hehl daraus, wo seine Sympathien lagen, und bewirtete häufig Offiziere von deutschen Schiffen, die die Häfen der anfangs neutralen Vereinigten Staaten anliefen, insbesondere Offiziere des internierten Handelskreuzers *Prinz Eitel Friedrich*. Damit machte er sich nicht gerade beliebt. Nichtdeutsche Seeleute, deren Sympathien auf seiten der Alliierten waren, beschwerten sich darüber, daß Worley ihnen Vorhaltungen machte, weil sie Großbritannien und Frankreich verteidigten, und Paul Roberts, einem seiner Verwaltungsoffiziere, fiel auf, daß er oftmals Freude über deutsche Siege zeigte und außerdem die Gewohnheit hatte, mit Deutschen aus seiner Mannschaft einen zu trinken.

Als Amerika in den Krieg eintrat, änderte sich diese Haltung schlagartig, und Worley wurde nun ganz und gar Amerikaner. Gleich beim ersten Geleitzug amerikanischer Truppen, bei der gesamten Ersten Division in Richtung Frankreich, war er mit seinem Schiff dabei. Sie stachen am 14. Juni 1917 von New York in See. Da die achtzehn Transporter, zu denen auch die *Cyclops* gehörte, von nicht weniger als fünf Kreuzern, dreizehn Zerstörern und einer umgebauten Jacht eskortiert wurden, hielt man sie für gut geschützt. Nach seiner Rückkehr wurde Worley jedoch nur noch auf der amerikanischen Atlantikseite eingesetzt, wahrscheinlich wegen seiner deutschen Abstammung. Es waren auch Beschwerden von seiten seiner Mannschaft eingegangen, er wäre betrunken gewesen und nachlässig mit den Schiffslichtern umgegangen. Einer unglaubhaften Geschichte zufolge sollte er sogar Topplichter umgebaut haben, um damit U-Booten zu signalisieren. Dann hieß es noch, er habe gedroht, Rotterdam anzulaufen und sein Schiff an die Deutschen auszuliefern. Die Klagen erhob in erster Linie der assistierende Schiffsarzt Dr. Burt Asper, der Worley anscheinend nicht mochte, wohingegen andere gut mit ihm auskamen.

Es wurde eine Untersuchung eingeleitet, die zwar eindeutig ergab, daß er manchmal einen über den Durst trank und womöglich auch bei der Erteilung von Landurlaub diesen oder jenen begünstigte, ansonsten aber nicht, wie behauptet wurde, seinen Leuten gegenüber ausfallend wurde oder sie bis aufs Blut tyrannisierte. Seit Eintritt der Staaten in den Krieg machte sich eine gewisse Feindseligkeit gegenüber deutschstämmigen Mitbürgern bemerkbar, und es ist anzunehmen, daß Worley Opfer solcher Antipathien wurde. Die Strafen, die er über seine Besatzungsmitglieder verhängte, unterschieden sich nachweislich nicht von denen anderer Schiffsführer. Er wurde schließlich freigesprochen, aber sein Schiff blieb in amerikanischen Hoheitsgewässern und versorgte Marineschiffe aus Neuschottland sowie North und South Carolina mit Kohle, eine merkwürdige Sache, da eigentlich jedes Schiff gebraucht wurde, um Truppen und Vorräte nach Frankreich zu schaffen, und die *Cyclops* doch eines der größten einsatzfähigen Schiffe war.

Im Dezember 1917 stürzte Worley, und dabei verschlimmerte sich ein alter Bruch so sehr, daß er fortan am Stock gehen mußte. Er litt unter dieser Verletzung und sagte seiner Frau, nach seiner nächsten Fahrt wolle er sich einer Operation unterziehen, der dann hoffentlich ein langer Urlaub folgen werde.

Kurz vor Neujahr 1918 erhielt Worley Order, Kohle nach Brasilien zu liefern und auf dem Rückweg für die US-Stahlindustrie eine Ladung Mangan mitzubringen, das in der Rüstungsindustrie gebraucht wurde. Die *Cyclops* sollte für dieses Unternehmen als Handelsschiff unter Chartervertrag mit der amerikanischen Regierung und der Brasilianischen Dampfschiffahrtsgesellschaft laufen. Da

Worleys Tochter zu der Zeit krank war und er selbst noch immer unter dem Bruch litt, hätte er von dem Auftrag freikommen können. Er war niedergeschlagen, und einmal äußerte er sogar seinem Freund Samuel Harris gegenüber: »Vielleicht siehst du mich das letztemal. Die See wird wohl mein Grab werden.« Trotzdem machte er keinen Versuch, den Auftrag abzuschieben, und am 8. Januar lief die *Cyclops* von Norfolk, Virginia, aus. Sie war bis zur obersten Lademarke mit Kohle, Post und Gemischtwaren für die amerikanischen Schiffe beladen, die vor der südamerikanischen Ostküste patrouillierten. Es war ein diesiger, kalter Tag mit leichtem Schneetreiben. Tagelang war der Hafen völlig zugefroren, und wer auf den vor Anker liegenden Schiffen Landurlaub hatte, konnte an diesem Morgen zu Fuß über das Eis zu seinem Schiff zurückkehren.

Die *Cyclops* pflügte durch die Eisschollen in der Fahrrinne und wich nur um ein Haar einer Kollision mit der U. S. S. *Survey* aus, die auf der Ausreise zum Mittelmeer begriffen war, um ihren Dienst als Patrouillen- und U-Boot-Abwehrschiff anzutreten. Das war der erste von mehreren unglücklichen Zwischenfällen, die ihr auf ihrer Reise widerfahren sollten. Bei Einbruch der Nacht hatte sie jedoch die Kaps von Virginia glücklich passiert und steuerte mit einer für ein so schwer beladenes Schiff erstaunlichen Geschwindigkeit nach Süden in schwere winterliche See hinein. Etwa um 20 Uhr ging Conrad A. Nervig, einer der Wachoffiziere, nach vorn, um den wachhabenden Offizier abzulösen. Da hörte er zu seiner Verblüffung ein Geräusch, das wie aneinanderreibende Metallplatten klang. Er stellte fest, daß das Schiff derartig stark »arbeitete« – sich verzog und krümmte –, daß an den Stellen, wo Dampf- oder Wasserrohre durch die Spanten liefen oder mit dem Rumpf in Berührung kamen, die Bewegung ziemlich deutlich zu sehen war. Als Nervig im Lauf des nächsten Tages den Kapitän darauf aufmerksam machte, zuckte der nur die Achseln. »Mein Sohn«, sagte er, »sie wird's schon so lange machen wie wir.«

Am fünften Seetag bekam Leutnant Forbes, der Erste Offizier, nach einem Streit mit dem Kapitän Stubenarrest, eine laut Nervig bei Worley häufig vorkommende Praxis. Noch am gleichen Abend wurde Leutnant Cain, einer der Wach- und Verwaltungsoffiziere, in die Krankenliste eingetragen und mußte auf ärztliches Geheiß das Bett hüten, obwohl er offensichtlich kerngesund war. In der

Offiziersmesse war man allgemein der Auffassung, diese Maßnahme diene nur dazu, ihn vor einem Wutanfall des Kapitäns zu schützen. Der Kapitän gab keinen Kommentar ab.

Da Nervig jetzt Cains Pflichten übernehmen mußte, hatte er von nun an mehr als sonst mit Worley zu tun. Eines Abends gegen Mitternacht erschien zu seinem Erstaunen der Kapitän in langem, wollenem Unterzeug, mit einer Melone auf dem Kopf und einem Spazierstock. Er entschuldigte sich nicht etwa für seinen Aufzug, ja berührte das Thema nicht einmal, sondern nahm nur zur Kenntnis, daß Nervig salutierte, und erwiderte den Gruß.

Kapitän Worley blieb etwa zwei Stunden, während derer er an der Brückenreling lehnte und Nervig mit Anekdoten aus der Heimat und Seefahrtgeschichten unterhielt. Diese nächtlichen Besuche wurden zur Gewohnheit, und Nervig fing allmählich an, Gefallen daran zu finden. Worleys Aufmachung blieb indessen immer die gleiche. Nervig betrachtete seinen Kapitän als bärbeißigen, exzentrischen Seebären der alten Schule, nannte ihn aber auch einen »sehr mittelmäßigen Seemann« und »schlechten, übervorsichtigen Nautiker«. Unfreundlich und wortkarg, wie er war, mochten ihn weder seine Offiziere noch die Mannschaft. Auf Nervig hielt er anscheinend große Stücke, denn als dieser später in Rio auf ein anderes Schiff versetzt werden sollte, versuchte er, die Order rückgängig zu machen. Zu Nervigs Glück hatte er damit keinen Erfolg.

Als sich das Schiff zwei Wochen später Pernambuco in Südamerika näherte, wechselte Worley den Kurs, bis er 48 Seemeilen an Bahia vorbei war, ehe er umkehrte und vor der Stadt ankerte. »Noch drei weitere Stunden auf dem Kurs, und sie wäre aufgelaufen«, meinte Nervig. Der Navigationsoffizier hatte zwar protestiert, war jedoch barsch zurückgewiesen worden.

Es hatte wohl noch mehr Schwierigkeiten mit der Mannschaft gegeben. Asper, der assistierende Schiffsarzt, schrieb an seinen Bruder, er habe nur den einen Wunsch, das Schiff zu verlassen. Von William Wolf, einem Matrosen, kam ein seltsamer Brief bei seiner Mutter an. Sie würden »von Brasilien nach drüben fahren«, schrieb er, wahrscheinlich sei er bis zum folgenden Jahr unterwegs.

In Bahia versorgte die *Cyclops* die U. S. S. *Raleigh* mit Kohlen, einen Veteranen der Manilabucht-Schlacht aus dem Spanisch-Amerikanischen Krieg, und als sie wieder Fahrt aufnahm, kollidierte sie zweimal mit dem Kriegsschiff, kam allerdings nur leicht zu Schaden. Dann wandte sie sich nach Süden auf Rio de Janeiro zu, wo sie am 8. Januar ankam. Am Nachmittag des Vortages gab es noch Ärger mit der Maschinenanlage. Ein Hochdruck-Dampfzylinder der Steuerbordmaschine explodierte, und da er erst nach der Rückkehr in Norfolk oder Philadelphia repariert werden konnte, mußte das Schiff mit der einen Maschine auskommen. Admiral R. Caperton, der Oberbefehlshaber der Pazifikflotte, ordnete eine Untersuchung an. Kapitän George B. Bradshaw, der mit dieser Aufgabe betraute Offizier, war bestürzt über Worleys schlechtes Aussehen, das er einem Kater zuschrieb, und dachte im stillen, Worley sei ein recht eigenartiger Kauz für einen Kommandanten.

Die Untersuchung erbrachte keinerlei Beweis für eine Sabotage, wie man zuerst gefürchtet hatte. Nur Leutnant Louis J. Fingleton, einer der Ingenieure im Offiziersrang, wurde gerügt, weil er warnende Geräusche vernommen hatte, bevor der Zylinder explodierte, aber keine entsprechenden Maßnahmen traf. Die *Cyclops* sollte sich mit der einen Maschine nach Hause schleppen, so gut es ging, und Worley bekam von Bradshaw den Rat, die Fahrt so schnell wie möglich zu Ende zu bringen.

In Rio wurde die noch übrige Ladung an die verschiedenen dort vor Anker liegenden Schiffe ausgeliefert. Nervig wurde auf die U.S.S. *Glacier* versetzt und war erleichtert, daß seine Dienstzeit auf der *Cyclops* ohne weitere unangenehme Zwischenfälle abgelaufen war. Für die Rückfahrt übernahm die *Cyclops* Manganerz. Man war ein wenig in Sorge, daß die schwere Ladung verrutschen und das Schiff zum Kentern bringen könne, aber die *Cyclops* und ihre Schwestern waren ja feste Schiffe, die Hurrikansaison war noch nicht angebrochen, und außerdem hatte sie noch nicht einmal in den acht Jahren ihrer Dienstzeit Schwierigkeiten mit einer verrutschenden Ladung gehabt. Auch bei ihrem Schwesterschiff *Jason*, das schon öfter Manganerz transportiert hatte, war nie von Problemen die Rede gewesen. Das Laden ging voran.

In diesem Zeitraum passierte es, daß eines der Beiboote in die Schiffsschraube gezogen wurde, als die Maschine ohne Vorwarnung in Gang gesetzt wurde. Der im Boot befindliche Matrose wurde verletzt, über Bord gestoßen und ertrank. Nach Nervigs Ansicht war Worley für den Unfall verantwortlich, weil er durch seine vernunftwidrigen Methoden die Mannschaft gründlich zerrüttet hatte.

Mit Worleys Gesundheit ging es bergab, und er steckte bald in neuen Schwierigkeiten. Einer seiner Leute hatte im Highlife Club einen Bordkameraden mit einer Flasche erschlagen. Ein Brief Worleys an seine Verwandten zeigte auf, wie elend er sich fühlte. Seine Niedergeschlagenheit war nicht gewichen, und offenbar hatte er überhaupt keine Lust mehr, in der Kriegszeit zur See zu fahren. Der Brief schloß mit dem für Worley ganz uncharakteristischen Wunsch, die Deutschen möchten ihren Kaiser aufhängen und den Kampf beenden. Auch in einem Brief an seine Frau beklagte er sich über seine schlechte Gemütsverfassung und die bevorstehende Reise.

Im letzten Augenblick stieg noch ein Fahrgast zu, der Zivilist Alfred Louis Moreau Gottschalk, 45 Jahre alt und US-Konsul in Rio, ebenfalls ein eigenartiger Mensch. Aus New York gebürtig, war er während des Spanisch-Amerikanischen Krieges Korrespondent des *New York Herald* und des Londoner *Telegraph* gewesen, ehe er es mit Zuckerrohrplantagen in Santo Domingo und Haiti versuchte und 1902 schließlich in den diplomatischen Dienst der Vereinigten Staaten eintrat. Er stand im Verdacht, mit den Deutschen zu sympathisieren und sogar mit deutschen Firmen in Brasilien zusammenzuarbeiten. Außerdem wurde ihm nachgesagt, er habe dem Deutschen Roten Kreuz Geld zukommen lassen. Der Marinenachrichtendienst hielt ihn für einen skrupellosen Lügner, dem in erster Linie daran lag, seine eigenen Interessen wahrzunehmen. Seine Ferien hatte er stets in Berlin verbracht, erzählte aber seinen Freunden, nach seiner Rückkehr nach New York hätte er vor, in die Armee einzutreten. Gottschalk war nur ein Rädchen im Getriebe der prodeutschen Partei Südamerikas. Tatsächlich hatte sich die Pazifikflotte eine Zeitlang die Aufgabe gestellt, feindliche Agenten abzufangen, die zwischen Spanien und Südamerika hin- und herpendelten. Da nur Brasilien auf seiten der Alliierten den Krieg mitmachte, waren alle anderen südamerikanischen Häfen ein sicherer Hort für deutsche Agenten, Funker und Saboteure. Zwei waren bereits durch einen Offizier der *Pittsburgh* verhaftet worden.

Die *Cyclops* lief am 16. Februar aus, die Laderäume gefüllt mit 10 800 Tonnen Mangan, das mit einer halben Million Dollar versichert war. Mit den zusätzlichen 1000 Tonnen Kohle, die sie gebunkert hatte, lag sie 15 Zoll tiefer im Wasser, als sie laut Tiefladmarke sollte, und hatte 31 Fuß Tiefgang, soviel wie ein Schlachtschiff, aber da das ihrer Schlingerbewegung entgegenwirken würde, galt das als Vorteil. In seinem Abfahrtstelegramm schätzte Worley seine Fahrgeschwindigkeit auf 10 Knoten statt der normalen 14.

Das Schiff lief am 20. Februar Bahia an. Nervig sah der Ankunft von Bord der *Glacier* aus zu – überraschenderweise kam es von Norden, obwohl es eigentlich von Süden einlaufen sollte. Er führte diese neuerliche Abweichung wieder auf Worleys seltsame Navigationsmethoden zurück. Während die *Cyclops* im Hafen lag, stattete der Zahlmeister Carrol G. Page seinem Freund Nervig einen Besuch ab. Als er wieder aufbrach und sie sich auf der Fallreepstreppe die Hände schüttelten, sagte er: »Lebe wohl, mein Freund.« Das hatte vielleicht nichts zu bedeuten, aber Nervig war tief betroffen von der Endgültigkeit dieser Abschiedsworte, und seine Ahnung sollte ihn nicht trügen.

Während ihres Aufenthaltes in Bahia übernahm die *Cyclops* Offiziere der Kriegsmarine und Angehörige des Marine Corps von der U.S.S. *Raleigh*, Passagiere, die in die Staaten zurückfuhren, weil sie Urlaub hatten, entlassen waren oder abgelöst wurden. Etliche Männer sahen auch einem Disziplinarverfahren entgegen, fünf von ihnen machten die Reise als Gefangene mit, darunter drei, die in den Mordfall im Highlife Club verwickelt waren. Der Mörder selbst befand sich allerdings nicht an Bord. Ansonsten bestand die Besatzung der *Cyclops* nach Angabe eines *Raleigh*-Offiziers aus tüchtigen Männern mit gutem Leumund. Insgesamt waren jetzt 304 Personen an Bord des Schiffes.

Die *Cyclops* lief am Abend des 21. Februar von Bahia aus, und die *Raleigh* gab als voraussichtliche Ankunftszeit in Baltimore, Maryland, den 7. März durch. Sie fuhr mit etwa 10 Knoten durch vollkommen glatte See und lief mysteriöserweise am 3. März ganz unplanmäßig Bridgetown auf Barbados an. Zusätzliche 600 Tonnen Bunkerkohle und 180 Tonnen Vorräte wurden bestellt. Da die *Cyclops* Brasilien mit 1500 Tonnen Kohle an Bord verlassen hatte, fand Brockholst Livingston, der amerikanische Konsul in Barbados, die Bestellung überhöht und meinte, es wäre richtiger gewesen, die Kohle erst in Baltimore oder einem anderen Hafen an der Ostküste zu laden, wo die Preise niedriger waren. Worley schien sehr in Eile zu sein und machte nicht einmal den üblichen Besuch beim britischen Hafenbeamten, der darüber verstimmt war und sich dann seinerseits weigerte, an Bord der *Cyclops* zu gehen.

Am Morgen des 4. März gab Worley über Funk seine voraussichtliche Ankunftszeit durch und steuerte sein Schiff in den spiegelglatten Atlantik. Dank seiner merkwürdigen Navigationsmethoden dampfte es wieder einmal nach Süden, obwohl es Kurs nach Norden hätte nehmen müssen. Das war so eigenartig, daß es selbst Livingstons Sohn auffiel. Das auf seiner normalen Fahrt begriffene Lamport & Holt-Linienschiff *Vestris* tauschte 24 Stunden, nachdem die *Cyclops* Barbados verlassen hatte, Funksprüche mit ihr aus. Die *Cyclops* meldete Schönwetter, von Störungen oder Schwierigkeiten war keine Rede. Danach war es still um die *Cyclops*, weder das Schiff noch irgend jemand von Bord des Schiffes wurde je wiedergesehen.

Das Wetter an der Ostküste der Vereinigten Staaten war warm und naß, die für gewöhnlich auftretenden Frühlingsstürme blieben aus, außer im Norden. Am 13. März bemerkte ein junger Offizier im Marinehauptquartier von Norfolk, Virginia, daß die längst im Hafen fällige *Cyclops* nicht aufgetaucht war. Routinemäßig ersuchte er sie über Funk, ihr voraussichtliches Ankunftsdatum zu melden. Es kam keine Antwort. Seltsamerweise unternahm die Marine eine ganze Woche lang keine weiteren Schritte. 1945, als der Kreuzer *Indianapolis* bei seiner Rückkehr von Guam (dorthin hatte er die für Hiroshima bestimmte Atombombe gebracht) torpediert wurde, stellte sich heraus, daß es zwar genaue Vorschriften über Schiffsan- und -abfahrten gab, aber keinerlei Vorschriften zur Meldung von Schiffen, die nicht ankamen. Zweifellos war das 1918 nicht anders.

Am 18. März wachte aber doch jemand auf, und an den Kreuzer *Pittsburgh*, der zum Rio de la Plata ausgelaufen war, während die *Cyclops* in Rio bunkerte, erging die Anfrage, wieviel Kohle die *Cyclops* an Bord hatte, als sie die südamerikanischen Gewässer verließ. Die Antwort lautete, die *Cyclops* hätte genug Kohle geladen, um Baltimore direkt anzulaufen. Am 23. März wurde die Marinedienststelle von Charleston in South Carolina ersucht, die *Cyclops* so lange zu rufen, bis sie antwortete, aber am darauffolgenden Tag kam die Erwiderung, man habe keine Verbindung herstellen können. Trotzdem sollte weiter versucht werden, Kontakt aufzunehmen, denn mittlerweile wuchs die Sorge, die *Cyclops* könne verlorengegangen sein, und das wäre, wenn es zutraf, der schwerste Verlust der Marine während des Krieges. Noch am selben Tag

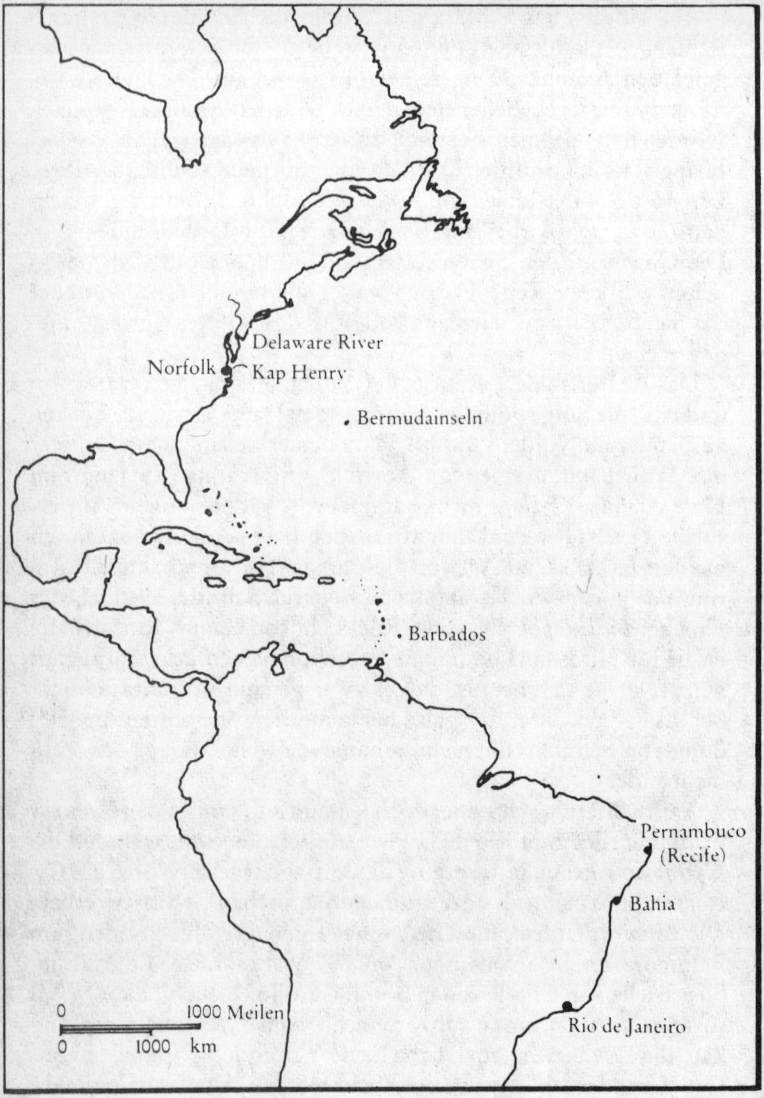
Delaware River
Norfolk
Kap Henry
Bermudainseln
Barbados
Pernambuco
(Recife)
Bahia
Rio de Janeiro
0
1000 Meilen
0
1000 km

wurden drei Vorpostenboote von Guantanamo auf Kuba zur Suche befohlen, und an alle Stationen südlich von Norfolk erging Order, weiterhin zu versuchen, mit dem Schiff in Kontakt zu kommen.

Am 28. März meldeten die Station St. Thomas auf den Jungferninseln und Konsul Livingston aus Barbados, sie hätten keine Nachricht. Jetzt erhielt die *Pittsburgh* Befehl, den Versuch zu machen, eine Verbindung herzustellen, und auch die britische Marine wurde um ihre Mithilfe gebeten. Anfang April endlich fingen die Marinebehörden an, Ermittlungen anzustellen. Angehörige der an Bord befindlichen Leute wurden über zuletzt eingegangene Briefe befragt, insbesondere über solche aus Südamerika oder Barbados. Man stellte Fragen über Worley sowie Deutschfreundliche in der Besatzung – und ob die *Cyclops* vielleicht nach einer Meuterei in die Hände des Feindes gelangt sein könne. Oder hatte Worley selbst das Schiff nach Deutschland gefahren?

Die routinemäßigen Ermittlungen erstreckten sich schließlich auch auf ein Schiffahrtsbüro in Manhattan, das für die Verschiffung der Manganladung der *Cyclops* verantwortlich war, und dabei stieß der Marinenachrichtendienst auf eine merkwürdige Geschichte, die anscheinend mit dem Fall in Zusammenhang stand: Derjenige, der die Papiere für das Mangan unterzeichnet hatte, war verschwunden. Dieser Mann war Franz Hohenblatt, ein Deutscher, der gerade seine Papiere für die Einbürgerung als Amerikaner bekommen hatte. Als die *Cyclops* in Rio das Mangan übernommen hatte, war ihm in trunkener Vertraulichkeit seinem Kollegen Harry Lambert gegenüber die Bemerkung entschlüpft, er hasse Amerika, weil sein Eintritt in den Krieg es ihm unmöglich mache, nach Deutschland zurückzukehren. Über andere Angestellte der Firma hatte er gesagt: »Sie sollten erschossen werden. Sie sind Narren, für dieses Land zu kämpfen.« Lambert war damals im Zweifel gewesen, ob er dieses Geständnis weiterleiten solle, hatte sich aber dann in seiner Angst, Hohenblatt könne sich dafür rächen, entschlossen, nichts zu tun. Nun berichtete er den Leuten vom Geheimdienst, Hohenblatt hätte ihm erzählt, er habe 700 an ihn gerichtete Briefe aus Deutschland verbrannt und gesagt: »Sie können mir nichts wollen.« Was meinte er damit? Hatte er lediglich die Befürchtung, daß seine Einbürgerung auf Eis gelegt werden würde, oder bestand ein Zusammenhang mit der vermißten *Cyclops*?

Dann erstattete Brockholst Livingston, der amerikanische Konsul auf Barbados, in einem langen Schreiben Bericht darüber, wie Worley 600 Tonnen Kohle einkaufte, obwohl er genug an Bord hatte, um die Bermudas zu erreichen. Worley hatte Livingston gebeten, die Rechnung doch in seinem Namen zu begleichen, da er sonst nicht genug Geld bei sich habe, um die Vorräte zu bezahlen. Er hatte nämlich auch noch 1 Tonne Frischfleisch, 1 Tonne Mehl und 1000 Pfund Gemüse übernommen, die 775 Dollar kosteten. Livingston glaubte, mehr als die 600 angeforderten Tonnen Kohle seien an Bord gebracht worden. Er wies auch darauf hin, daß Worley sich darüber ärgerte, von anderen Offizieren »ein verdammter Dutchman« genannt zu werden, und gab an, gerüchtweise gehört zu haben, daß es auf dem Weg nach Barbados Zwischenfälle und Andeutungen von Meuterei auf der *Cyclops* gegeben habe, woraufhin etliche Männer in Haft genommen wären und einer sogar hingerichtet worden sei. Wie er betonte, waren schon vorher etliche Gefangene an Bord, darunter ein lebenslänglich Verurteilter. Schließlich habe er festgestellt, daß viele Besatzungsmitglieder deutsche Namen trugen.

Diese Darstellung warf eine Menge Fragen auf. Das Attribut »Dutch« war leicht genug zu erklären. Damit bedachten englischsprechende Seeleute im allgemeinen sämtliche Nordeuropäer, die zur See fuhren. Aber warum hatte Worley soviel Kohle übernommen, mehr noch, als er ursprünglich angefordert hatte, und warum soviel Proviant? Was hatte er für Schwierigkeiten, und was steckte hinter den Gerüchten von Meuterei und Hinrichtungen?

Die Fragen setzten der Kriegsmarine so zu, daß der Marineeinsatzleiter Admiral William S. Benson in einer Botschaft an Admiral William H. Sims, den ranghöchsten amerikanischen Marineoffizier in Europa, die Andeutung machte, was immer mit der *Cyclops* geschehen sei, versenkt worden wäre sie wohl nicht. Er gab aber zu, daß seine Ansicht vielleicht auf einer instinktiven Abneigung beruhte, die er ebenso wie Livingston für Worley empfand. Der Marinenachrichtendienst war der Auffassung, das Verschwinden des Schiffes sei möglicherweise einer Munitionslagerexplosion zuzuschreiben; man glaubte nicht so recht daran, daß es durch Feindeshand versenkt worden sei, denn die Deutschen gaben normalerweise die Zerstörung großer Schiffe bekannt, und von der *Cyclops* war nichts verlautet. Bis zum 15. April war jedoch noch keine ernsthafte Suchaktion in Gang gebracht worden, und zu diesem Zeitpunkt war die *Cyclops* bereits einen Monat überfällig.

An diesem Tag erschien im *New York Herald* neben den Meldungen über die zweite Schlacht an der Somme die Titelschlagzeile: »Großes Kriegsversorgungsschiff verschwindet spurlos.« Im *Virginian-Pilot* hieß es: »Amerikanisches Marinekohlenschiff wahrscheinlich verloren: ein rätselhaftes Schicksal des Meeres.« Das Blatt widmete dem Verlust und den Namen der Norfolker Männer an Bord des Schiffes eine ganze Spalte und teilte darin mit, daß die *Cyclops* seit dem 13. März überfällig sei und größte Besorgnis über ihre Sicherheit bestehe. Die Marine mußte zwar eingestehen, daß die *Cyclops* vermißt war, ließ aber dessenungeachtet wissen, es gäbe keinen vernünftigen Grund für die Überfälligkeit. Ihre Stellungnahme lautete:

Für die Überfälligkeit der *Cyclops* gibt es keine wohlbegründete Erklärung, da weder eine Funkverbindung zu ihr bestand noch eine Spur von ihr aufgenommen wurde, seit sie den westindischen Hafen verließ. Das Wetter war in dem Gebiet, das sie passiert haben muß, nicht schlecht und dürfte ihr kaum Schwierigkeiten bereitet haben. Der Verlust könnte theoretisch einem Handelskreuzer oder U-Boot zugeschrieben werden, aber es liegen keine Meldungen vor, die die Anwesenheit solcher Schiffe in jenem Gebiet bestätigt hätten ...

Weiter hieß es, obgleich eine der beiden Maschinen beschädigt gewesen sei und das Schiff deshalb nur mit halber Kraft vorankam, hätte es selbst bei Ausfall beider Maschinen noch funken können. Der Reporter Harry P. Moore, der als erster Wind von der Sache bekommen hatte, mußte feststellen, daß die Washingtoner Behörden nicht nur versuchten, seine Geschichten zu bagatellisieren, sondern darüber hinaus auch noch mit einem Verfahren drohten, falls er weiter darauf beharrte, daß das Schiff verschollen sei.

Einen Tag nach Erscheinen der Marinestellungnahme verkündete der *Virginian-Pilot*, Beamte in Washington wollten nicht glauben, daß der große Kohlendampfer mit 304 Personen an Bord einfach ausgelöscht worden sein könne, ohne eine Spur zu hinterlassen. Wie verlautete, war an Suchschiffe der Befehl ergangen, Zoll für Zoll die von der *Cyclops* eingeschlagene Route zu verfolgen und »jedes einzelne Eiland der in jenem Teil des Meeres verstreuten Inselgruppen« aufzusuchen. Einige Beamte gaben mittlerweile zu, daß keine der Theorien, mit denen das Verschwinden des Schiffes annähernd zu erklären versucht worden war, angesichts der bekannten Fakten überhaupt noch plausibel klang. Wenn eine Explosion im Schiffsinnern mit einem Schlag das Funkgerät und die Maschinen zerstört hätte, wäre mit Sicherheit Treibgut übriggeblieben und hätte das Schiffsgrab markiert. Anscheinend hatte niemand seine Lehren aus dem spurlosen Verschwinden der *Waratah* gezogen. In der Stellungnahme hieß es weiter, »ein plötzlicher Hurrikan, wie er in jenen Gewässern nicht selten vorkomme«, hätte das Kohlenschiff möglicherweise betriebsunfähig gemacht und versenkt, daß in diesem Fall jedoch sicherlich Beweise für die Katastrophe zu finden sein müßten.

Die Suche wurde bis Mai ergebnislos fortgesetzt. Die Marine berechnete die Stabilität des Schiffes und kam zu dem Schluß, es müsse unangenehm und ruckhaft, aber nicht übermäßig geschlingert haben. Sie zog auch die Möglichkeit in Erwägung, daß das schwere Erz verrutscht sein, eine starke Schlagseite hervorgerufen und den Decksrand unter Wasser gedrückt haben könnte und daß eine solche Verlagerung je nach See- und Witterungsverhältnissen unter Umständen verhängnisvoll gewesen wäre, aber dagegen spräche ja, daß andere Schiffe auf genau derselben Route kein Unwetter erlebt hatten.

Der Marinenachrichtendienst stellte einen ganzen Katalog von Theorien zusammen, um den Verlust des Schiffes zu begründen: Meuterei der Mannschaft, woraufhin die normale Handelsroute verlassen worden sei; das Schiff sei möglicherweise torpediert worden; die unter gewissen Umständen hoch feuergefährliche Manganerzladung könnte explodiert sein; das Schiff wäre womöglich durch übermäßiges Schlingern gekentert oder auseinandergebrochen; Worley hätte das Schiff den Deutschen ausgeliefert oder seiner Zerstörung durch U-Boote Vorschub geleistet. Dennoch blieb die Marine eiskalt dabei, diese Theorien seien durch nichts zu beweisen, also unhaltbar, und das Marineamt in Rio wollte keinesfalls Sabotage auch nur in Erwägung ziehen – obwohl das eigentlich nahegelegen hätte.

Das Gerede nahm kein Ende. Am hartnäckigsten hielt sich das Gerücht, Worley hätte sein Schiff selbst versenkt oder es nach Deutschland gebracht. Diese Annahme war allerdings lächerlich, denn sie würde bedeuten, daß Worley es geschafft hatte – allein oder mit nur wenigen Gleichgesinnten –, die Mehrzahl der 304 an Bord befindlichen Personen zu überwältigen, von denen die meisten ihrer aufrichtigen Überzeugung nach auf seiten Amerikas und gegen Deutschland waren. Und doch gab Admiral Benson wenige Tage nach dem Waffenstillstand an Admiral Sims die Botschaft durch: »Setzen Sie alles daran, aus deutschen Quellen etwas über das Verschwinden der U. S. S. *Cyclops* in Erfahrung zu bringen.«

Diese Angelegenheit wiederum brachte Worleys Frau aus der Fassung. Sie bestand darauf, ihr Mann sei ein rechtschaffener Amerikaner, und fügte hinzu, ein Unbekannter habe sie wissen lassen, die *Cyclops* sei in Sicherheit. Aber wo? Die Frau konnte schließlich das Gerede ihrer Nachbarn und die Fragen der Ermittlungsbeamten nicht mehr ertragen und zog am 7. Mai von Norfolk nach Port Orchard um. Am 1. Juni wurde die *Cyclops* als verschollen deklariert, und alle an Bord befindlichen Personen wurden amtlich für tot erklärt. Gegen Ende des Jahres hatte Admiral Sims herausgefunden, daß weder deutsche U-Boote noch deutsche Minen an der Katastrophe schuld waren.

Obwohl die *Cyclops* jetzt von Amts wegen als gesunken galt, kamen immer noch neue Gerüchte auf: Sie wäre von einem brasilianischen Zerstörer torpediert worden; man hätte sie in Kiel, in Antwerpen, im Adriatischen Meer, vor Kolumbien und in der Antarktis gesehen. Auch versuchte man wieder, den Bolschewisten den Schwarzen Peter zuzuschieben. Und dann wurde noch gemunkelt, die *Cyclops* sei an irgendeiner einsamen, nicht kartographierten Insel in der Karibik auf Grund gelaufen oder gestrandet und die 304 Leute warteten nur darauf, endlich gerettet zu werden.

Von den vielen Hinweisen, die eingingen, führte nicht einer zu einer brauchbaren Spur. 1919 erhielt die Mutter eines Besatzungsmitgliedes ein Telegramm aus New York, in dem stand, ihr Sohn sei in Sicherheit und die *Cyclops* in einem deutschen Hafen. Wie sich herausstellte, hatte ihr jemand einen Bären aufbinden wollen. Natürlich spülten wie immer Flaschenpostnachrichten an Land, vor allem an der Ostküste der Vereinigten Staaten. Eine wurde in der Nähe von Valesco in Texas aufgefunden und besagte, die *Cyclops* wäre am 7. April 1000 Seemeilen von der Küste Neufundlands entfernt torpediert worden. Das war eine ebensolche Falschmeldung wie alle anderen. Es wurde sogar getuschelt, eine versenkbare »U-Boot-Festung« habe die *Cyclops* mit 15-Zoll-Granaten in die

Luft gesprengt, und eine renommierte Zeitschrift übernahm diese Geschichte auch sogleich und schmückte sie noch aus. Die *National Marine* veröffentlichte eine Story, in der es hieß, die *Cyclops* sei von einem gewaltigen Tintenfisch zu Kleinholz zerdrückt und unter Wasser gezogen worden. Er muß wirklich »gewaltig« gewesen sein, um ein 10000-Tonnen-Schiff hinabzuziehen.

Dann bot ein Astrologe seine Dienste an, und T.H. Ferril verfaßte das eingangs zitierte langatmige Gedicht, in dem er darauf anspielte, die *Cyclops* hätte sich Franklins Schiffen in der Arktis angeschlossen.

Nur eins stand mit Sicherheit fest: Die *Cyclops* war nach der Abfahrt von Barbados auf ihrem Weg nach Baltimore keinem einzigen Schiff in Sicht gekommen. Auch die Mutmaßungen, Worley hätte das große Schiff nach Deutschland gebracht, waren völlig haltlos, denn er hätte niemals den britischen und amerikanischen Blockadeschiffen entkommen können. Er war mit Sicherheit ein kranker Mann und, nach seinen letzten Briefen zu urteilen, offenbar auch etwas verstört, aber das reichte natürlich nicht aus, um das Verschwinden des Schiffes zu erklären.

Die meisten Befürworter fand die Vermutung, die schwere Ladung hätte sich plötzlich verlagert und das Schiff zum Kentern gebracht. Einen solchen Verdacht äußerte auch Kommandant Mahlon S. Tisdale 1920 in einem Schreiben an das US-Marineinstitut. Tisdale, der die *Cyclops* und ihr Schwesterschiff *Neptune* gut kannte, hatte die Erfahrung gemacht, daß diese Schiffe dazu neigten, sich plötzlich überzulegen. Er schrieb diesen Fakt der Anordnung der Wassertanks zu, die so montiert waren, daß Hunderte Tonnen Wasser von einer Schiffsseite zur anderen schwappen konnten.

Tisdale beschrieb, welche Erfahrungen er mit der leeren *Cyclops* bei einem Einsatz vor der Küste Neufundlands in rauher Witterung gemacht hatte. Er war durch eine Schlingerbewegung des Schiffes von einem Laufsteg, der über die Dampfrohre der Ladewinden führte und als Verbindungsbrücke diente, auf das Deck geschleudert worden. Als er in der Nähe des etwas abseitigen Einstiegs eines Deckballasttanks landete, fiel ihm auf, daß der Mannlochdeckel nicht aufgelegt war. Besorgt informierte er den Kapitän, aber Worley hatte darüber gelacht, daß er die Sache so ernst nahm, und gesagt, die Deckel würden in Übereinstimmung mit den Vorschriften der Marinewerft immer weggelassen. Nach Tisdales Ansicht war bei der schwer beladenen *Cyclops* vielleicht die Ladung verrutscht, so daß die See in die offenen Tanks fluten konnte und das Schiff zum Kentern brachte. Das könne in Sekundenschnelle vor sich gehen, meinte er, ehe noch Zeit war, das Schiff zu verlassen; wenn alles Gut seefest gesichert worden wäre, gäbe es nachher so gut wie keine treibenden Wrackteile, keine Trümmer, es bleibe auch keine Zeit für den SOS-Ruf, und kleineres davonschwimmendes Gut hätte sich bis zum Anlaufen einer Suchaktion längst zerstreut.

Diese Lösung galt lange Zeit hindurch als die einleuchtendste, aber sie beruhte auf der Voraussetzung, daß schwerer Seegang herrschte. In ihrem Funkspruch an die *Vestris* hatte die *Cyclops* jedoch gutes Wetter gemeldet. Kommandant I. I. Yates von der Norfolker Marinewerft wies in einer Gegendarstellung darauf hin, daß zu dem Zeitpunkt, als Tisdale die offenen Einstiegschächte entdeckte, die *Cyclops* ja leer war und es folglich keine Rolle spielte, ob sie zu oder offen waren, weil unter diesen Umständen die Decksballasttanks, zu denen die Einstiegsöffnungen führten, normalerweise ohnehin voll Wasser gehalten wurden. Von der Marinewerft sei keine Anordnung ergangen, die Einstiege offenzuhalten, fuhr Yates fort, er vermute daher, daß der als Spaßvogel bekannte Worley den jungen Tisdale nur auf den Arm genommen habe, mit voller Ladung aber niemals ohne aufgelegte Deckel gefahren wäre.

Immerhin hatte Tisdale in seinem Bericht zugegeben, daß das Schiff zwar »auf dem Ozean herumsprang wie ein ausgelassenes Füllen«, aber nachweislich kein Wasser auf das Oberdeck übernahm. Doch hatte er andererseits festgestellt, daß der Neigungsmesser 48 Grad Backbord und 56 Grad Steuerbord anzeigte, und fragte sich jetzt, ob nicht vielleicht das Mangan verrutscht war und die Schlagseite verstärkt hatte. Womöglich hatte auch noch die eine intakte Maschine oder zumindest der Rudermechanismus versagt, und da ohne die Steuerbordschraube kein Ausgleich zustande kam, legte sich die *Cyclops* über. Dadurch rutschte das Mangan weiter auf die Seite und verstärkte die Schlagseite derart, daß das Schiff sich nicht wiederaufrichten konnte. Die zuständige Marineabteilung war anderer Meinung. Schwer beladen, wie sie war, mußte die *Cyclops* steif sein und durfte bei rauher See kein Wasser übernehmen. Dann mischte sich ein Kapitän Zearfoss in den Disput ein. Er war überzeugt, die *Cyclops* sei ein Opfer ihrer eigenen Ladung geworden, denn Mangan habe die Tendenz, langsam zusammenzusacken und dabei alles Darunterliegende zu zermahlen. Seines Erachtens hatte einfach der Schiffsboden nachgegeben.

Viele Angehörige der Marine gaben den topplastigen Decksaufbauten der *Cyclops* die Schuld. Massiv-eiserne Ladepfosten und Ladebäume, eigens für das schnelle Laden und Löschen der Kohle konstruiert, ragten hoch über das Deck hinaus, und bei starker Schlagseite war anzunehmen, daß die oberlastigen Einrichtungen das Schiff ernstlich daran hindern würden, sich wiederaufzurichten, so daß es schließlich kentern mußte. In nur teilweise gefüllten Laderäumen wie bei der *Cyclops* verlagerte sich die Ladung viel leichter als in vollen. Aber auch diese Theorie hatte den einen Haken, daß die notwendige Voraussetzung hierfür Schlechtwetter war, und dagegen sprachen offensichtlich die Tatsachen.

Immerhin stand ziemlich fest, daß die *Cyclops*, was auch immer geschehen sein mochte, unglaublich rasch von ihrem Schicksal ereilt wurde, vielleicht in Sekundenschnelle. Niemand hatte ein Notsignal empfangen, und nicht das kleinste Stückchen Treibgut konnte identifiziert werden.

Eine Weile erregte ein Nachruf für Konsul Gottschalk in Rios Zeitungen Aufmerksamkeit, der angeblich schon erschienen war, bevor die Schiffsverlustmeldungen zur Veröffentlichung freigegeben wurden. Die Aufregung legte sich schnell wieder, als sich herausstellte, daß er doch erst ein paar Tage später herausgekommen war. Seltsamerweise hielt niemand die zur Aufenthaltszeit der *Cyclops* in Rio herrschende Atmosphäre von Spionage und Sabotage für erwähnenswert. Der Marinenachrichtendienst schien sich auch nicht daran erinnern zu wollen, daß die kleine Pazifikflotte vor allem dazu dienen sollte, amerikanische wie auch brasilianische Schiffe und Schiffahrtswege vor feindlichen Machenschaften zu schützen.

Dabei waren die Deutschen nachweislich Sabotageexperten. 1916 hatten deutsche Agenten den Black Tom Pier in New York zerstört. Munition im Werte von Millionen Dollars, das Dock, Lagerhäuser, Schleppkähne, Schiffe und Züge waren hochgegangen. Unter Führung Franz von Papens, des späteren Botschafters in der Türkei und Angeklagten im Nürnberger Prozeß, der damals noch Militärattaché im auswärtigen Dienst war, hatten Verschwörer an Bord des internierten Schiffes *Friedrich der Große* in Hoboken Brandbomben hergestellt. Zu dieser Gruppe, die mit ihren Bomben vierzig auslaufende Schiffe in Brand setzte, gehörte auch der bereits erwähnte Franz von Rintelen. Und was war mit Franz Hohenblatt, der für die Manganladung gesorgt hatte und später verschwand, nachdem er seine Briefe aus Deutschland vernichtet hatte? Stand er mit der Gruppe an Bord der *Friedrich der Große* in Verbindung oder mit deutschen Agenten in Rio?

Nach offiziellen Erkenntnissen (die der Schriftsteller K. C. Barnaby allerdings anzweifelt) verlor die italienische Kriegsmarine die Kriegsschiffe *Leonardo da Vinci* und *Benedetto Brin* an österreichische Saboteure; die Briten verloren die *Vanguard* und die *Natal* durch die Aktionen feindlicher Agenten. Kurz bevor die *Cyclops* verschwand, war sogar ein Plan aufgedeckt worden, nach dem eine große Reparaturwerft am Delaware River in die Luft gesprengt werden sollte. Trotzdem wurde feindliche Sabotage nicht in Betracht gezogen.

Die *Cyclops* war das erste dampfgetriebene US-Marineschiff, das verschwand, ohne irgendeine Spur zu hinterlassen. Nach allgemeiner Auffassung konnte sie unmöglich einem Sturm zum Opfer gefallen sein, denn trotz kleinerer Probleme hatte sie sich mehr als acht Jahre lang im Kampf mit atlantischen Stürmen als robustes Schiff bewährt, so daß eigentlich keinerlei Grund vorhanden war, warum sie kentern sollte. Schließlich lag sie so tief, daß sie besonders stabil war, ganz abgesehen davon, daß auch noch Schlingertanks eingebaut waren. Außerdem war es nicht stürmisch gewesen, wie immer wieder betont wurde.

Dr. H. D. Stailey, ehemals Leutnant auf der *Raleigh* in Bahia, vertrat die Ansicht, eine Bombenexplosion im Schiffsinnern müsse die Ursache gewesen sein. Seines Erachtens mußte es etwas Plötzliches und Gewaltsames sein, da die *Cyclops* sonst kaum gesunken wäre, ohne vorher noch SOS zu funken. Marineminister Josephus Daniels verfaßte den Nachruf für die *Cyclops*. »Es gibt kein rätselhafteres Geheimnis in den Annalen der Marine«, schrieb er, »als das Verschwinden der U. S. S. *Cyclops*.« Andere Marinebeamte äußerten sich ähnlich: »... das Verschwinden der *Cyclops* ist heute noch ein ebenso verwirrendes Rätsel wie im März 1918.« Und dann faßte Präsident Woodrow Wilson den Fall mit den weihevollen Worten »Nur Gott und das Meer wissen, was mit dem großen Schiff passiert ist« zusammen.

Jeden März zum Zeitpunkt des Verschwindens der *Cyclops* lebte die ganze Sache wieder auf. 1930 machte das Schiff erneut von sich reden, als die Marine ein Tagebuch zugeschickt bekam, das stellenweise »Enthüllungen« enthielt, wie vom Feind engagierte Männer Dynamit in der Maschinenanlage angebracht und es versenkt hätten. Zuerst glaubte man an die Echtheit der Aufzeichnungen, aber damit war es schnell vorbei, als Seiten später die Beschreibung kam, wie ein feindliches Schiff mit einer Besatzung von 700 Mann Beistand leistete und die See von Trümmern reinigte.

1956 tauchte ein verspäteter Bericht auf, in dem jemand beobachtet haben wollte, wie die *Cyclops* »kurz vor Ostern« 1918 in der Floridastraße in die Luft flog, aber eine vernünftige Begründung, warum dieses Zeugnis fast vierzig Jahre lang zurückgehalten wurde oder warum das Schiff so weit ab vom Kurs war, fehlte natürlich.

1969 schrieb Nervig, der Wachoffizier, der die nächtlichen Besuche des nur mit Unterwäsche bekleideten Worley empfangen hatte, in den *Proceedings* des US-Marineinstituts nach seinen Tagebuchaufzeichnungen einen Bericht über alles, was während seiner Dienstzeit an Bord geschehen war. Darin äußerte er die Vermutung, das Schiff sei in zwei Teile auseinandergebrochen. Er schilderte, wie er entdeckt hatte, wie stark das Schiff »arbeitete« und wie ihm diese Bewegung an den Stellen, wo Rohre mit dem Schiffsrumpf in Berührung kamen, deutlich ins Auge fiel. Das Deck mittschiffs, führte er aus, hob und senkte sich, als würde sich »das Schiff den Oberflächenkonturen der See anpassen«. Er glaubte nicht, daß die Ladung der *Cyclops* verrutscht war und sie zum Kentern gebracht hatte, weil Manganerz, wenn überhaupt, sich nur sehr wenig verlagert. Obgleich er keine Ahnung hatte, wie das Erzladen verlaufen war, unterstellte er, daß statt des in seiner Kabine arrestierten Ersten Offiziers ein junger unerfahrener Offizier die Ladeaufsicht geführt hätte, und meinte, der hätte wahrscheinlich die Mittschiffsladeräume gefüllt, anstatt die Ladung über die ganze Schiffslänge zu verteilen; infolge der Biegebeanspruchung sei die *Cyclops* dann auseinandergebrochen und die beiden Teile wären kopfüber untergegangen; darum hätte man keine Boote aussetzen und kein SOS funken können.

Mit derartigem Fehlverhalten beim Laden schweren Gutes begründete 1952 die deutsche Untersuchungskommission das – fast spurlose – Verschwinden der *Melanie Schulte.* Aber bewiesen werden konnte nichts, und im Fall *Cyclops* war das Schiff unter Aufsicht Kapitän Worleys, der sein Schiff nach acht Jahren mit Sicherheit kannte, und des Vorarbeiters Manuel Pereira von der Brasilianischen Schiffskohlengesellschaft beladen worden. Pereira, der seit vielen Jahren mit der Beladung von Schiffen betraut war, bemerkte nur trocken, das Schiff hätte ruhig noch 2000 Tonnen Erz mehr übernehmen können, ohne Gefahr zu laufen. Wie er sagte, war die Ladung ordentlich verteilt und gut getrimmt.

Die Route, die die *Cyclops* nach dem Auslaufen von Barbados hätte einschlagen müssen, war einer der von Dampfern vielbefahrenen Schiffahrtswege, und es ist äußerst unwahrscheinlich, daß ein von der *Cyclops* ausgehender Funkspruch überhört worden sein sollte. Das Schiff hatte zwar eine kleine Munitionskammer vorn und eine weitere achtern, aber in beiden nur wenig Munition, und selbst wenn die Depots explodiert wären, wäre es lange genug auf dem Wasser getrieben, um noch Notsignale abzugeben. Und obgleich mit Kohlenstaub vermischtes Mangan unter gewissen Umständen feuergefährlich wird, bestehen berechtigte Zweifel, ob Agenten eine genügende Menge Sprengstoff einführen konnten, um das Schiff in Sekundenschnelle zu versenken.

Natürlich war keine dieser Theorien ganz von der Hand zu weisen, denn Ladung verrutscht – und Funkgeräte versagen wirklich manchmal. Und Worley war schließlich dabei beobachtet worden, wie er mit einem Schraubenschlüssel Männer bedrohte, die beim Schlingern des Schiffes in Angst geraten waren. Welchen Grund hatte aber wohl Worley für die Äußerung seinem Freund Samuel Harris gegenüber gehabt, sie würden sich zum letztenmal sehen? Was bedeutete William Wolfs Brief an seine Mutter, in dem es hieß, sie würden »von Brasilien nach drüben fahren« und er wäre wahrscheinlich bis zum folgenden Jahr unterwegs? Seinem Namen nach konnte er wie Worley deutscher Abstammung sein. Bestand also doch die Möglichkeit, daß Worley sein Schiff entführt hatte? Manche vermißten Schiffe sind später in russischen Häfen aufgetaucht, und es ist noch nicht allzulange her, da kamen Schiffe, die in asiatischen Gewässern verlorengingen, in nordvietnamesischen Häfen wieder zum Vorschein.

Ein paar Jahre ebbten die Mutmaßungen ab, bis 1972 eine neue Theorie aufkam. Sie stammte merkwürdigerweise von einem Mann, der sich gar nicht speziell mit dem *Cyclops*-Rätsel, sondern mit dem Geheimnis des Bermudadreiecks befaßt hatte.

Dieses von Florida, Puerto Rico und den Bermudas eingeschlossene Meeresgebiet machte Schlagzeilen, als Journalisten entdeckten, daß es offenbar das Grab einer ganzen Reihe von Flugzeugen und Schiffen war. Das Mysterium nahm am 5. Dezember 1945 mit einem seltsamen Fliegerdrama seinen Anfang. Fünf Grumman-Avenger-Torpedobomber der Marine mit 27 Mann Besatzung verschwanden bei schönstem Wetter, nachdem sie gefunkt hatten, sie wüßten nicht mehr, in welche Richtung sie flögen. Auf der Suche nach ihnen verschwand ein Martin-Mariner-Flugboot, und am Ende einer Reihe langwieriger Ermittlungen mußten die Marinebehörden zugeben, jetzt herrsche noch mehr Verwirrung als zu Beginn der Untersuchung und sie »seien nicht in der Lage, auch nur annähernd richtig zu deuten, was eigentlich passiert war«.

1947 verschwand in der gleichen Gegend ein amerikanischer Bomber, dann zwischen Januar 1948 und Juni 1950 zwei britische Verkehrsflugzeuge, *Star Tiger* und *Star Ariel*, eine DC-3 und ein Globemaster.

Mit der Zeit mehrten sich solche Fälle – Flugzeuge aller Größen und Arten verschwanden, Schiffe von kleinen Jachten über große Handelsschiffe bis hin zu zwei Atom-U-Booten, alle in besagtem Gebiet. Das seltsame an der Sache war, daß weder Wrackteile noch Leichen jemals gefunden wurden, und es kursierten Geschichten, in denen von merkwürdigen Phänomenen die Rede war: Angeblich wirbelten Kompaßnadeln wild herum, krümmten sich Funkleitstrahlen oder traten bei ruhigem Wetter heftige Turbulenzen auf.

Sensationshungrige Journalisten machten sogar aus dem Kommentar eines Seeoffiziers, der an der Untersuchung beim Verlust der Avengers mitwirkte – »Sie verschwanden so plötzlich, als wären sie zum Mars geflogen« –, eine große Story. Systematische Nachforschungen enthüllten weitere Begebenheiten, die Flugzeuge wie auch Hochseeschiffe betrafen. Selbst Joshua Slocum, der erste Einhandweltumsegler der Erde, war mit seiner Schaluppe *Spray* bei der Fahrt durchs Bermudadreieck verschollen. Die Zeitungsleute förderten immer mehr zutage, sie stellten fest, daß sogar Kolumbus schon vor der besagten Gegend Angst gehabt hatte, und vom vergangenen Jahrhundert kam eine ganze Liste von Schiffen zusammen, die dort verschwunden waren oder als verlassene Wracks aufgefunden wurden.

Das Gebiet wurde Blickpunkt der Öffentlichkeit und Gegenstand zahlloser Bücher und Zeitschriftenartikel sowie Radio- und Fernsehsendungen. Es gab andere ähnlich gefährliche Ozeangegenden – die Nordsee, die Biskaya, das Gebiet nördlich von Island –, aber sie fanden keine solche Beachtung. Das Bermudadreieck wurde Gegenstand endloser Spekulationen, in Ufo- und Präastronautikgeschichten spielte es eine führende Rolle – nach allem, was man so hörte, ging dort wirklich Seltsames vor.

1972 endlich schlug die Stunde des klugen Handbibliothekars Lawrence Kusche von der Universität von Arizona. Er wurde häufig um seine Mithilfe bei der Auffindung von Informationen über das Thema gebeten, und da er schon einmal dabei war, für alle Interessierten eine Bibliographie zusammenzustellen, reifte in ihm der Entschluß, das Rätsel auf eigene Faust zu erforschen und nach logischen Erklärungen zu suchen, warum dort so vieles verschwand. Wie die anderen untersuchte auch er alle Dokumente und Berichte bis zurück zu Kolumbus, besonders eingehend jedoch solche ab 1840. Er fand heraus, daß für das Verschwinden der Schiffe, die angeblich im Bermudadreieck verlorengegangen oder aufgegeben worden waren – auch die *Mary Celeste* gehörte dazu –, fast immer ein völlig einleuchtender Grund angegeben werden konnte und daß viele der Schiffe überhaupt nicht in jenem Gebiet gewesen waren. Unter den Schiffen, die tatsächlich im Bermudadreieck verschollen sind und die er näher unter die Lupe nahm, war auch das Kohlenschiff *Cyclops*. Als er sich eingehender mit der Sache beschäftigte, entdeckte er, daß das Rätsel in den jüngst vergangenen Jahren eine wesentliche Neuentwicklung erfahren hatte.

Im Juni 1968 machte die U. S. S. *Pargo* auf der Suche nach dem verschollenen Atom-U-Boot *Scorpion* 70 Seemeilen vor Kap Henry, Virginia, in etwa 180 Fuß Wassertiefe ein Wrack aus. Die *Pargo* ließ zwei Taucherteams von jeweils zwei Mann hinab, die das Wrack in ungefähr 40 Grad Schräglage vorfanden. Da sie aber auf der äußersten Bugspitze gelandet waren, konnte es keiner von ihnen mit Sicherheit identifizieren. Im darauffolgenden Jahr wurde die U. S. S. *Kittiwake* eingesetzt, der Sache auf den Grund zu gehen, und der Havariehauptkommissar Dean D. Hawes, ein Meistertaucher, stieg selbst hinunter, um die Überprüfung vorzunehmen.

Es handelte sich eindeutig um ein altes Frachtschiff, und Hawes wunderte sich über seine seltsame Bauart. Die Brücke lag hoch oben über dem Deck und ruhte auf Stahlpfeilern, und dann gab es noch vorn zwei niedergelegte Ladebäume und so etwas wie zwei Schwergutmasten, alles ohne eine Spur von Wanten irgendwelcher Art und ohne Laufstege dazwischen. Bei seinem dreimaligen Hinabtauchen fiel Hawes auf, daß sich eine Reihe von Schwergutmasten und aufrechten Ladebäumen fast über die ganze Länge des Schiffes hinzog »wie das Gerüst eines Wolkenkratzers«. Seines Erachtens datierte das Schiff aus den Anfangsjahren dieses Jahrhunderts, und es sah aus, als sei es etwa hinter der ersten Gruppe von aufrechten Ladebäumen und der Brücke in zwei Teile gebrochen. Die *Pargo* hatte in der Nähe noch ein weiteres Wrackstück gefunden, das der auf einer Seite liegende Heckteil gewesen sein mochte. Nach dem dritten Tauchen war Hawes durch Schlechtwetter gezwungen aufzugeben, und das Schiff mußte die Gegend verlassen.

Die Taucher gaben ihre Eindrücke an einen Graphiker der U-Boot-Streitkräfte weiter, der daraus ein Bild des Schiffes zusammensetzte. Als Hawes später einmal ein Bild von der *Cyclops* sah, war er davon überzeugt, sie müsse das Schiff gewesen sein, auf dem er gestanden hatte. Die Position des Wracks war mittels genauester nautischer Messungen mit exakt 37° 26′ nördlicher Breite und 74° 41′ westlicher Länge ermittelt worden und lag damit haarscharf auf der Route, die die *Cyclops* auf ihrer Fahrt zur Chesapeake Bay einschlagen mußte. Mit Beistand des Kongreßabgeordneten G. William Whitehurst aus Virginia gelang es Hawes, Marinebeamte dazu zu bewegen, der Sache nachzugehen. Schließlich wurden im Rahmen eines Übungseinsatzes Taucher losgeschickt, ihr Glück bei der Auffindung des Wracks zu versuchen.

Bibliothekar Kusche steckte zu diesem Zeitpunkt tief in seinen eigenen Ermittlungen. Als er von der Entdeckung des Wracks hörte, wunderte er sich. Wenn das Wrack die *Cyclops* war, wie kam es dann, daß sie in nächster Nähe ihres Reiseziels gesunken war und nicht schon eher?

Jetzt rechnete er einmal aus, daß bei einer ausgefallenen Maschine die verminderte Geschwindigkeit nur 10 Knoten beziehungsweise 240 Seemeilen am Tag betragen konnte. Das Schiff wäre für etwa 1300 Seemeilen dem mit 15 Meilen pro Tag fließenden Nordäquatorialstrom bis zum Golfstrom gefolgt, der es dann mit 120 Seemeilen am Tag die restlichen 500 Seemeilen mit sich getragen hätte. Aufgrund dieser Berechnungen kam er zu dem Schluß, daß die *Cyclops* nach etwas mehr als sechs Seetagen dort angekommen sein konnte, wo das von Hawes inspizierte gesunkene Schiff entdeckt worden war. Da sie am frühen Abend des 4. März von Barbados ausgelaufen war, hätte sie sich in der Nacht des 10. März Norfolk nähern müssen. Wie einst Sir William Crocker und Dr. Cobb bei der *Mary Celeste* und Admiral Rickover bei der *Maine* hielt sich Kusche nicht mit Legenden auf, sondern untersuchte in allen Einzelheiten die verfügbaren Fakten. In der Überzeugung, nur ein Sturm könne das Verschwinden der *Cyclops* bewirkt haben, machte er sich daran, einen zu finden, auch wenn es hieß, die *Cyclops* hätte Schönwetter gehabt.

Nordwind wird besonders gefährlich, wenn er auf den Golfstrom trifft, und deshalb nahm Kusche an, der von ihm gesuchte Sturm müsse von Norden herangezogen sein. Er fand heraus, daß Nordwind im Gebiet des Golfstroms heftige Gegenströmungen und reißende Strudel verursachen kann, die schon so manchem Schiff zum Verhängnis wurden. Wenn er nun einen solchen Sturm nachweisen konnte, bestand durchaus die Möglichkeit, daß es sich bei dem Wrack um die *Cyclops* handelte.

Kusche verschaffte sich die damaligen Wetterberichte der Ostküste und merkte bald, daß die Feststellung der Marine, es wären keine Stürme aufgetreten, nicht ganz korrekt war. Es stimmte zwar, daß es in der Nähe der Westindischen Inseln, wo die Suchaktion lief, kein Unwetter gegeben hatte, aber nach Kusches Überzeugung war sie zum fraglichen Zeitpunkt gar nicht mehr dort gewesen, sondern längst vor der Küste Virginias, und da lag laut Marinewetterwarte eine Schlechtwetterfront genau über der Position, die er für die *Cyclops* errechnet hatte. Nach den Berichten blies Anfang März 1918 in Norfolk ein steifer Wind, der Spitzengeschwindigkeiten von 30 bis 40 Knoten erreichte. Am 8. März legte er sich, erhob sich aber am Morgen des 9. März wieder, und von Maine bis North Carolina wurden Sturmwarnungen durchgegeben. Der Sturmwind nahm bis zum 10. um 10 Uhr morgens ständig an Stärke zu – das war etwa der Zeitpunkt, zu dem die *Cyclops* nach Kusches Berechnungen auf der Höhe von Kap Henry in der Nähe des von Hawes untersuchten Wracks hätte sein müssen –, bis er eine Geschwindigkeit von 58 Meilen pro Stunde erreicht hatte. Kurz nach Mittag war der Wind umgesprungen und blies jetzt mit 60 Meilen pro Stunde aus Nordwesten. Bis 17 Uhr schwankte seine Geschwindigkeit zwischen 40 und 60 Meilen, blieb dann für den Rest des Abends nahe 40, und um Mitternacht herum flaute er schließlich ab.

Die Sturmfront hatte sich über die gesamte amerikanische Ostküste erstreckt. Winde mit einer Spitzengeschwindigkeit von 84 Meilen pro Stunde führten in New York zu Sturmschäden, und die Sturmwarnungen ergingen weit nach Süden bis Florida. Der Dampfer *Amolco* geriet 375 Seemeilen nordöstlich von Norfolk in den Sturm und mußte vom 9. mittags bis zum 11. nachmittags beigedreht liegen. Der Erste Offizier dieses Schiffes hielt den Sturm für den schlimmsten, den er je erlebt hatte. Die Brecher hatten Schiffsrumpf und Maschinenanlage beschädigt, die Rettungsboote leckgeschlagen und die Brücke zertrümmert. Alles in allem entstand ein Sachschaden von 150 000 Dollar. Steuermann W. J. Riley erzählte später dem *Virginian-Pilot*, die *Cyclops* sei vielleicht dem gleichen Sturm in den Rachen gelaufen und beim »Toben der Sturmwinde« gesunken. Viele Seeleute, die die Tendenz der *Cyclops* zum Schlingern kannten, waren der gleichen Ansicht und fügten noch hinzu, sie müsse untergegangen sein, ehe die Rettungsboote ausgesetzt werden konnten.

In allen Verlautbarungen der Marine nach dem Verlust hieß es aber, die *Cyclops* sei in der Nähe der Westindischen Inseln verschollen. An alle Schiffe dort war der Aufruf ergangen, jedes Eiland im Inselgewirr jenes Meeresabschnitts in Augenschein zu nehmen. Und während die Marine sogar die Vermutung äußerte, einer der »in jenen Gewässern häufiger auftretenden« Hurrikane könnte die Unglücksursache gewesen sein, übersah sie völlig, was sich möglicherweise direkt vor ihrer Nase abgespielt hatte. Rückenstärkung erhielt sie dabei durch die Tatsache, daß schon nach der Verbindung mit der *Vestris* Funkstille auf der *Cyclops* eingetreten war.

In Norfolk sind starke Winde keine Seltenheit, und der Sturm vom 9. bis 11. erregte kaum Aufsehen. Der *Virginian-Pilot* widmete ihm am 10. März einen kurzen Absatz auf Seite 2 unten, der lediglich besagte, von 5 Uhr des vergangenen Nachmittags an seien von Maine bis North Carolina Sturmwarnungen ergangen. In späteren Ausgaben war keine Rede mehr davon.

Als der Verlust der *Cyclops* bekanntwurde, folgerte Kusche, war der Sturm schon in den Meßblättern der Wetterwarten untergegangen und vergessen, bis *er* ihn 56 Jahre später wiederentdeckte.

Damals hatten weder die Wetterwarte noch die Zeitungen die Marine darauf aufmerksam gemacht, und die *Amolco* wurde nur das eine Mal in einem kurzen Artikel erwähnt, der Steuermann Rileys Ansicht zum Fall *Cyclops* wiedergab, danach nicht mehr. Wegen des Krieges fand nie eine offizielle Untersuchung statt. Hätte es eine gegeben, wäre mit Sicherheit das Wetter in Betracht gezogen worden.

Bis 1974, als Kusches Buch gerade in Druck ging, sah es so aus, als hätte er die Lösung des Rätsels gefunden, insbesondere da noch im Juli desselben Jahres der Minenräumer *Exploit* die Suche wiederaufnahm und mit Hilfe komplizierter Navigationsgeräte und moderner Sonarausrüstung das Wrack sondierte. Die Fundstelle wurde durch eine Boje markiert, und Leutnant Douglas Armstrong verkündete dem *Virginian-Pilot*, der als erster den Verlust der *Cyclops* gemeldet hatte, das lange verlorene Schiff sei endlich aufgefunden. Havariehauptkommissar Hawes sah zu, während die Untersuchung des Schiffes mit Unterwasserfernsehkameras vonstatten ging. Aber er mußte feststellen, daß es sich nicht um dasselbe Schiff handelte, das er gefunden hatte. Das Schiff konnte zwar nicht identifiziert werden, aber es war voller Eisenschrott und zudem mit Radar ausgerüstet, woran noch gar nicht zu denken war, als die *Cyclops* verlorenging. Damit war Kusches Theorie hinfällig. Im August 1974 stellte das U-Boot-Rettungsschiff *Opportune* endgültig fest, daß das gesunkene Wrack nicht die *Cyclops* war. Aller Wahrscheinlichkeit nach handelte es sich um *Ethel C.*, einen griechischen Frachter, der am 15. April 1960 gesunken war, ohne daß dabei Menschen ums Leben kamen.

Das war eine verblüffende Wendung der Dinge. Eine Zeitlang hatte es so ausgesehen, als sei die *Cyclops* endlich gefunden worden, und nun war sie anscheinend wieder verschwunden. Drei Tage lang kämmten Taucher die Gegend ab, wo das Wrack zwei Jahre zuvor festgelegen hatte, konnten aber keine Spur mehr von ihm finden. Nach Ansicht der Marine blieb das Verschwinden der *Cyclops* auch weiterhin ein Rätsel.

Doch jetzt trat ein neuer Amateurdetektiv auf den Plan, Konteradmiral a. D. George van Deurs von der Kriegsmarine der Vereinigten Staaten, der eine sehr vernünftige Theorie aufstellte. Seinen Artikel über die *Cyclops* vom Januar 1970 in den *Proceedings* des Marineinstituts hatten weder die Zeitungen noch Kusche beachtet.

Im Oktober 1974 führte er seine Erkenntnisse im *Naval Engineer's Journal* noch genauer aus. Vor der nüchternen Fachsprache der Technik mußten alle romantischen Theorien wieder einmal weichen.

Wie Kusches galt auch Admiral van Deurs' Interesse unrsprünglich etwas ganz anderem: Was war mit den Schwesterschiffen der *Cyclops* passiert, der *Nereus, Proteus, Jason, Orion, Jupiter* und *Neptune*? Er bekam heraus, daß die *Jupiter* in den ersten Flugzeugträger der Vereinigten Staaten, die *Langley*, umgerüstet worden war. Die *Neptune* war 1922, als Kriegsschiffe auf Diesel umgestellt wurden, ausrangiert und 1939 zum Schrottpreis verkauft worden. Die *Orion* lief am 2. Dezember 1925 mit Kohle beladen von Newport News, Virginia, nach Newport, Rhode Island, aus und geriet in einen Atlantiksturm. Ein schwerer Brecher schmetterte sie auf die Sandbank der Chesapeake-Barre und knickte sie mittschiffs ein. Sie schaffte es, sich bis zur Norfolker Marinewerft zu schleppen. Der Bericht über ihren verzogenen Rumpf weckte von neuem das Interesse am *Cyclops*-Rätsel. Marineminister Curtis Wilbur meinte, dieser Schaden könne auch neues Licht auf den Verlust der *Cyclops* werfen, aber das Marineaufsichtsamt gab an, die Beschädigungen am Rumpf seien einwandfrei die Folge des Auftreffens auf die Sandbank. 1933 wurde das Schiff schließlich abgewrackt.

Admiral van Deurs hatte selbst auf einem dieser Schiffe Dienst getan, und zwar auf der *Jason*, die auch auf einem Schrottplatz landete. *Nereus* und *Proteus* rosteten bis 1941 in der Norfolker Marinewerft vor sich hin, dann wurden sie, weil im Krieg alle Schiffe gebraucht wurden, an eine kanadische Firma verkauft. Nach ihrer Instandsetzung gingen sie mit knapper Besatzung auf Fahrt, um Bauxit von den Jungferninseln nach Kanada zu befördern. Wie die *Cyclops* verschwanden sie wenige Wochen hintereinander spurlos, noch dazu beide auf etwa der gleichen Route; die *Proteus* im November 1941, die *Nereus* im Dezember. Das rätselhafte Verschwinden dieser Schiffe machte kaum Wirbel in den Zeitungsredaktionen, weil Amerika zu diesem Zeitpunkt eingehend mit dem japanischen Angriff auf Pearl Harbor beschäftigt war. Man nahm an, sie wären torpediert worden, denn vor der amerikanischen Küste patrouillierten inzwischen deutsche U-Boote.

1970 kam Admiral van Deurs zu einer anderen Ansicht. Ihm war etwas aufgefallen, das die beiden Schiffe mit der *Cyclops* gemeinsam hatten: Bei allen drei wurde nie Treibgut gefunden. Die Ermittlungen hatten zwar ergeben, daß keines der drei Schiffe zur Zeit des Verschwindens in schweren Sturm geraten war, daß jedoch alle drei Gegenden anliefen, in denen mit Winden von 30 bis 40 Knoten und Kopfseen von 16 bis 18 Fuß gerechnet werden mußte. Solche Wellen, die niedriger waren als die Schiffshecks, konnten normalerweise wohl kaum die Schiffe so schnell zum Kentern bringen, daß keine Trümmer übrigblieben. Nun hatte van Deurs während seiner Dienstzeit auf der *Jason* von 1929 bis 1932 bemerkt, daß sich das Schiff auf dem Welldeck und der Brücke wie jedes andere Schiff ausnahm, achtern hingegen, selbst bei der Fahrt durch vollkommen glatte See, die Expansionsfugen zwischen den Aufbauten ächzten und das Heck im Rhythmus der Maschinen 1 Fuß und mehr auf und ab vibrierte. Es war, als ginge man auf einem Sprungbrett, das gleichzeitig von unsichtbarer Hand geschüttelt wurde.

Wie die meisten Handelsschiffe ihrer Zeit hatten diese Schiffe eine Metallbeplattung, die stark genug war, um jahrelang rosten zu können, ohne jemals gefährlich dünn zu werden. Im Gegensatz zu vielen anderen Schiffstypen hatten ihre Laderäume jedoch keine Verstärkungsschotten vorn und hinten, sondern nur eine Reihe schwerer I-Eisenträger, die innerhalb der Außenhaut über die gesamte Schiffslänge liefen. Auf etwa 50 Fuß Länge, zwischen Maschinenraum und Laderaum 10, waren die Träger meist unter den Kohlen der Bunker begraben, die den Feuerungsraum umgaben.

Als van Deurs die *Jason* 1932 für die Heimreise vorbereitete, verlor ein Matrose beim Rostklopfen an der Wasserlinie plötzlich seinen Hammer durch ein Loch, das er in die Seitenwand gestoßen hatte – ähnliches passierte 1939 dem Autor auf seinem Schiff. Etwa um die gleiche Zeit ging Oberleutnant Charlie Allen in den fast leeren, sonnendurchfluteten Feuerungsbunker. Das Innere dieses Laderaums sah irgendwie anders aus als die übrigen Laderäume. Auf einmal kam ihm zu Bewußtsein, daß keiner der I-Träger, die er zu sehen erwartet hatte, mehr da war und nur Roststreifen anzeigten, wo sie hingehörten. Nun war ihm klar, warum die *Jason* so hüpfte: Die schwefelige Kohle hatte die Versteifungsträger des Bunkers vollkommen weggefressen, und auf ungefähr 50 Fuß der Schiffslänge verbanden nur noch dünngerostete Außenhautplatten die Maschinen der *Jason* mit dem Rest des Schiffes.

Als der Oberbefehlshaber der Asienflotte die Meldung über den

Zustand des Schiffes erhielt, untersagte er der *Jason* sofort, die vorgesehene Route in die Staaten zurück einzuschlagen, und empfahl statt dessen eine längere, ruhigere Strecke, auf der sie sich dann, leicht beladen, zwei Monate lang über den Pazifik heimschleppte, um schließlich auf einem Schrottplatz an der US-Küste zu enden. Nach Admiral van Deurs' Überzeugung überlebte sie diese Fahrt nur, weil sie das Glück hatte, nicht mit voller Erzladung gegen Kopfseen anlaufen zu müssen.

Van Deurs betonte, daß man nach 1941 viel über Seegang und die Wellenbewegungen des Wassers dazulernte. Obgleich die *Cyclops, Nereus* und *Proteus* nicht in schwerere Stürme geraten waren, hatten sie doch alle drei eine gemäßigte Schlechtwetterfront mit Winden von 30 bis 40 Knoten passiert, die allerdings normalerweise nicht stark genug waren, um 20000-Tonnen-Schiffe in Schwierigkeiten zu bringen. Das US-Marineinstitut für Meereskunde wies jedoch darauf hin, daß derartige Schlechtwetterfronten sich so schnell voranbewegen können, daß die Schiffe ohne Vorwarnung plötzlich auf Winde von vorn und schwere Seen treffen. In solchen Fällen würden die Wellen oft etwa eine halbe Schiffslänge auseinanderliegen, wodurch Schiffe mit mitschiffs konzentrierter Ladung vorn und achtern von Wellen angehoben würden, in der Mitte jedoch in das Wellental durchsackten. Hatten die *Cyclops* und ihre Schwesterschiffe, wie die *Jason*, eine Schwachstelle, die bei solcher Beanspruchung nachgab? Admiral van Deurs war fest davon überzeugt.

Nereus und *Proteus* hatten sogar noch länger vor sich hingerostet als die *Jason*, und bei der *Cyclops* hatte der einseitige Antrieb durch eine einzige Maschine das Heck Hunderte von Meilen hindurch auf- und niederschlagen lassen. Alle drei schwer beladenen Schiffe waren nach van Deurs' Meinung wahrscheinlich an ihren Feuerungsräumen auseinandergebrochen, als sie gegen grobe Seen anliefen. Wenn das der Fall war, sagte er, hätten sie wohl ein ebenso rasches Ende genommen wie die *Chuky*, ein fünf Jahre alter, in Glasgow gebauter 7000-Tonnen-Frachter, der die gleiche Form wie die *Cyclops* hatte, aber 100 Fuß kürzer war. 1926 war ihr Schwesterschiff *Toco*, das mit Kupferdraht nach Japan unterwegs war, spurlos verschwunden, nachdem es Schönwetter gemeldet hatte. Ein paar Monate später kam die *Chuky* mit Kupferkonzentratladung auf einer ähnlichen Fahrt bei gutem Wetter in dieselbe

Gegend. Ihr Erster Offizier ging nach einem Schwätzchen mit dem Kapitän über den Laufsteg nach achtern. Während er auf das Heck zuschritt, spaltete eine große, heckwärts rollende Woge das Schiff 100 Fuß hinter seinen Hacken in zwei Hälften. Er wirbelte herum und sah gerade noch, wie der Bugteil umschlug und so schnell sank, daß selbst die Männer auf der offenen Brücke mit hinabgezogen wurden. Der rückwärtige Teil blieb eben lange genug über Wasser, bis der Erste Offizier und seine Leute ein Boot ausgesetzt hatten und sich mit dem Schiffshund retten konnten.

Nach van Deurs' Auffassung waren die *Nereus, Proteus* und *Cyclops* mit ihren total durchgerosteten T-Trägern alle drei am Feuerungsraum auseinandergebrochen und so schnell wie die *Chuky* untergegangen. Wie er weiter ausführte, waren nur zwei Männer anwesend, als die Bunker der *Cyclops* mit der zusätzlich bestellten Kohle auf Barbados aus dem längsseits liegenden Kohlenschlepper gefüllt wurden; der eine stand zeichengebend am Geländer, der andere bediente die Dampfwinde. Aber keiner ging in den Bunker hinein, dessen A-förmiger Boden die Kessel auseinanderhielt, und während der Baggereimer seine Tonnenladung durch die Luke entleerte, füllte die herabrutschende Kohle allmählich den Platz rund um den Feuerungsraum, ohne daß jemand das Übel bemerkte. Dann schaukelte das Schiff zwei Wochen lang ohne Zwischenfall durch glatte tropische Gewässer. Einer von seinen drei Zylindern war blindgesetzt, ein normaler technischer Behelf, um einen angeschlagenen Dampfer noch nach Hause zu bekommen. Deshalb kümmerte sich auch niemand um das unausgeglichene Schlagen der Maschine, durch das das hintere Schiffsdrittel so stark schwankte, daß die Männer wie auf einem wippenden Sprungbrett gingen, wenngleich auf der Brücke oder dem Welldeck fast nichts davon zu bemerken war. Wie Nervig aufgefallen war, hatte das Schiff immer »gearbeitet«, genau wie die *Jason* »arbeitete«, und der deformierte Boden der *Jason* war womöglich auch auf mehr zurückzuführen als nur das Aufschlagen auf die Chesapeake-Barre.

Admiral van Deurs zog in seinen Ausführungen die richtigen Schlüsse aus allen Beobachtungen. Wo auch immer die *Cyclops* liegen mag, ob in der Karibik oder vor Norfolk, ihr Schicksal hat sich vielleicht ebenso schnell erfüllt wie das der *Chuky*: Aller Wahrscheinlichkeit nach brach sie bei einem Sturm in der Mitte auseinander.

6. M. V. Joyita († 1955)

Rätsel im Pazifik

Nach der *Cyclops* gingen weiterhin Schiffe verloren, darunter 1928 die *Vestris*, das Lamport & Holt-Linienschiff, das als letztes Funkkontakt mit der *Cyclops* hatte. Auch sie war ein topplastiges Schiff, und als ihre Schlagseite bei Sturm bedenklich zunahm, geriet anscheinend ihr Kapitän, W. J. Carey, der mit ihr umkam, so in Panik, daß er mehrere folgenschwere Fehler beging. Nicht einmal die Hälfte der Passagiere überlebte.

Andere Schiffe folgten. Die Liste wurde immer länger, und wie gewöhnlich war eine ganze Reihe von Schiffen dabei, deren Schicksal ungeklärt blieb: der Dampfer *Asiatic Prince* und die Fünfmastbark *København* (1928); der Tanker *La Crescenta* (1934); die Dampfer *Vardulia* (1935) und *Haida* (1937); das Trampschiff *Anglo-Australian* und das Viermastschulschiff *Admiral Karpfanger* (1938); der Dampfer *Novadoc* (1947); das Liberty-Schiff *Samkey* und der Tramper *Hopestar* (1948); das Unterseeboot *Affray* und das brasilianische 20000-Tonnen-Schlachtschiff *Sao Paolo*, gerade am Schlepptau zur Abwrackwerft unterwegs (1951); das Trampschiff *Pennsylvania*, der Dampfer *Edna*, die brandneue *Melanie Schulte* und fünf norwegische Robbenboote (1952); die *Yewvalley* und acht verschiedene kleinere Schiffe (1953); der riesige argentinische Dampfer *General San Martin*, die zu einem Landungsschiff umgebaute *Southern Districts* und sechs französische Fischereischiffe (1954). So geht es weiter, und nach dem Lloyd's-Register war das Jahr 1978 mit insgesamt 473 Schiffsverlusten bei einer Gesamttonnage von fast zwei Millionen das schlimmste überhaupt. Keines dieser Schiffe wurde etwa im Krieg durch Feindeshand versenkt. In einigen Fällen tippte man auf Alter, Überladen, Topplastigkeit oder Schlechtwetter, aber ein paarmal handelte es sich um ganz neue Schiffe, die bei Schönwetter untergingen. Natürlich mußten auch wieder Wasserhosen, Meteoriten und Seeräuber zur Erklärung herhalten, aber nicht ein einziges Mal fand sich eine vernünftige Deutung, Treibgut oder ein Überlebender.

Der in seiner Rätselhaftigkeit verwirrendste Fall war wohl der des 70-Tonnen-Motorschiffs *Joyita*, der sich im Pazifik abspielte und ein Fall *Mary Celeste* unserer Zeit zu werden verspricht. Das Schiff war so klein und unbedeutend wie die *Mary Celeste*, nur spärlich bemannt und hatte wenige Passagiere an Bord. Bereits einen Monat nach seinem Auslaufen wurde es ohne eine Menschenseele an Bord aufgefunden, und eigenartigerweise war auch die Ladung verschwunden. Wie bei der *Mary Celeste* suchte man nach einer Erklärung, manche Erklärungen erinnerten stark an die Spekulationen im Fall der *Mary Celeste*, und wie bei dieser tauchte nie wieder jemand von Bord des Schiffes auf – das Rätsel ist bis heute nicht gelöst worden.

Die *Joyita* lief am 3. Oktober 1955 mit 25 Personen an Bord von Apia auf Samoa nach den Tokelauinseln aus. Dann verschwand sie für 36 Tage aus dem menschlichen Gesichtskreis und wurde erst nach intensiven Suchaktionen 167 Seemeilen vor der zur Fidschigruppe gehörenden Insel Vanua Levu Hunderte von Meilen von ihrem vermuteten Kurs entfernt treibend aufgefunden, voll Wasser gelaufen und verlassen.

Unter den Passagieren waren drei neuseeländische Regierungsbeamte, zwei europäische Angestellte einer bekannten Kopra-Handelsgesellschaft, Bewohner der Gilbert- und der Tokelauinseln. Geführt wurde sie von Thomas Henry Miller, Korvettenkapitän der Freiwilligenreserve der britischen Marine und ein hocherfahrener Seemann. Zu seiner Mannschaft gehörten ein Bootsmann und ein Maschinist, die schon vorher unter ihm gefahren waren.

Was die Sache vollends rätselhaft machte, war die Tatsache, daß eigentlich niemand das Schiff zu verlassen brauchte, weil es unsinkbar war: Es war als Kühlschiff eingerichtet worden, und sein Laderaum war für den Transport von Tiefkühlgütern mit 640 Kubikfuß Kork ausgekleidet. Warum sollten sich, da keine Rettungsboote vorhanden waren, 25 Leute mit Rettungsflößen in haifischverseuchte Gewässer wagen, wenn es bedeutend sicherer war, an Bord des Schiffes zu bleiben?

Die *Joyita* wurde 1931 von den Wilmington-Schiffswerken in Los Angeles als Hochseejacht gebaut. Ihr robuster Rumpf bestand aus einer schweren 2 Zoll starken Zedernbeplankung mit Eichenspanten. Ihre Gesamtlänge betrug 69 Fuß, ihre Breite 17 Fuß und ihr Tiefgang 7½ Fuß. Sie hatte 70 Tonnen Brutto- und 47 Tonnen Nettoraumgehalt. Gebaut worden war sie für Roland West, einen Hollywood-Regisseur, nach dessen Frau sie *Joyita* (spanisch: »kleines Juwel«) genannt wurde. Da ein erfolgreicher Filmer auch zeigen muß, wie erfolgreich er ist, war sie luxuriös ausgestattet mit den neuesten Navigationsgeräten, darunter einer Steuerautomatik, dieselgetriebenen Doppelschrauben, einer riesigen Tiefkühltruhe, großen Kühlschränken sowie Tanks für gut 11 300 Liter Wasser und über 13 500 Liter Treibstoff. Sie war ein prächtiges Hochseeboot, wie geschaffen zum Kreuzen und Hochseefischen.

Viel Geld war in sie hineingesteckt worden, um sie in ein Luxusschiff zu verwandeln, aber ihre Karriere stand unter einem ungünstigen Stern. Wests Zuneigung zu seiner Frau wie auch zu seinem Schiff hielt offenbar nicht lange an. Er ließ sich mit dem blonden Filmvamp Thelma Todd ein, die unter mysteriösen Umständen an Bord der *Joyita* starb, und verkaufte das Schiff an einen gewissen Milton E. Bacon. Thelma Todds Parfümfläschchen und Toilettenartikel blieben an Bord zurück. Als die Vereinigten Staaten 1941 in den Krieg eintraten, wurde die *Joyita* von der US-Kriegsmarine beschlagnahmt und nach Pearl Harbor gebracht, wo sie als Wachboot patrouillierte.

Ihre Pechsträhne hielt auch während der Marinezeit an. 1943 lief sie vor den Hawaii-Inseln auf Grund. Fast der ganze untere Teil ihres Rumpfes mußte neu beplankt werden. 1946 ging sie in den Besitz der Firma Louis Brothers über und wurde in ein Fischereischiff umgerüstet. Die Firma baute zwei Schiffsdieselmotoren von 225 PS ein und riß den Innenausbau vollkommen heraus, um Fischkühlräume zu schaffen, die mit 640 Kubikfuß Kork in 5 Zoll dicken Platten isoliert wurden.

1953 wechselte sie in die Hände von Dr. Ellen Katherine Luomala über, einer Amerikanerin skandinavischer Abstammung, die an der Universität von Hawaii Anthropologie lehrte. Vierzehn Tage später wurde sie an den Korvettenkapitän Miller vermietet, der eine Firma mit dem Namen »Phoenix-Inselfischerei« betrieb. Miller gab Frau Luomala stets als seine Verlobte aus, und seine Freunde nahmen an, daß die beiden nach seiner Scheidung heiraten würden.

Miller wurde in Cardiff in eine Seemannsfamilie hineingeboren, war 39, ein zäher, tüchtiger Mann voller Optimismus, wenn auch etwas leichtfertig in seiner Lebensart. An Land war er ein starker Trinker, aber auf See rührte er keinen Tropfen an. Nach den Worten eines Mitglieds des Jachtklubs von Suva war er genau der Typ, der eines der Tanger-Schmuggelschiffe hätte kommandieren können, die nach dem Zweiten Weltkrieg in internationalen Gewässern ihr Unwesen trieben.

Er hatte stechende blaue Augen, dunkles, leicht schütteres Haar und ein Grinsen im Gesicht, das oft genug seine Zahnlosigkeit enthüllte, wenn er wieder einmal vergessen hatte, sein künstliches Gebiß zu tragen, und das kam häufiger vor – besonders in seinen letzten Tagen, als sein Glücksstern im Sinken begriffen war. Er war ein wenig nachlässig in seinem Äußeren, schmächtig, drahtig, wirkte männlich, manchmal prahlerisch, ja, beinahe hochmütig, und so beliebt er bei Männern war, so attraktiv wirkte er auf Frauen, blieb aber ihnen gegenüber eher kühl und bezeigte eine größere Vorliebe für Bars und Männergesellschaft. Mit vierzehn Jahren trat er in die britische Handelsmarine ein, der er bis Ausbruch des Krieges angehörte. Dann schloß er sich der Freiwilligenreserve der britischen Kriegsmarine an, in der er bis zum Korvettenkapitän aufstieg.

Während seiner Kriegsdienstzeit im Pazifik lernte er das dortige freie, glückliche Inselleben schätzen; er arbeitete auf verschiedenen Schiffen, hielt immer nach etwas Besserem Ausschau und ging oft seine eigenen Wege. Er stand in dem Ruf, ein tüchtiger Seemann zu sein, wenn auch vielleicht etwas zu streng seiner Mannschaft gegenüber, aber er hatte offenbar kein Glück, denn statt daß sich seine Lage verbesserte, ging es nach dem Krieg allem Anschein nach abwärts mit ihm.

Da er britischer Staatsbürger war, mußte sein Chartervertrag für die *Joyita* nach amerikanischem Recht von der Schiffahrtsverwaltung der Vereinigten Staaten in Washington gebilligt werden. Er erhielt ohne Schwierigkeiten die Zusicherung, auf der pazifischen Cantoninsel der Handelsfischerei nachgehen und Gefrierfisch nach Hawaii transportieren zu dürfen. Im Oktober fing Miller mit dem Fischfang an und machte drei Rundfahrten zwischen der Cantoninsel, den Weihnachtsinseln und Honolulu. Aber die Marktlage war ungünstig, und da er seinen Fisch nicht zu vernünftigen Preisen absetzen konnte, machte er sich im April 1954 nach Westsamoa auf, der ehemaligen deutschen Kolonie, die seit 1920 von Neuseeland verwaltet wurde und 1962 die Unabhängigkeit erhielt. Am 18. Juli kam er in Apia auf Westsamoa an, die Laderäume voller Gefrierfisch, nur um dort festzustellen, daß die Kühlanlage ausgefallen und ein Teil des Fischs verdorben war. Er versuchte, das Zeug in Pago Pago auf Amerikanisch-Samoa loszuwerden, hatte aber keinen Erfolg damit. Am 23. März 1955 kehrte er nach Apia zurück, wo er den Fang losschlug, so gut er konnte. In Pago Pago hatte er sich tief verschuldet und nicht einmal die Hafengebühren bezahlen können, so daß einige seiner Schiffspapiere von den amerikanischen Behörden einbehalten worden waren.

Am Ende dieser Reise, es war die vierte, mußte Miller der Tatsache ins Auge blicken, daß er in ernsten finanziellen Schwierigkeiten steckte. Er fragte Frau Luomala, die Eignerin des Schiffes, was er mit der *Joyita* anfangen solle, die im Hafen von Apia lag. Sie riet ihm, die Jacht zu verkaufen, seine Schulden zu bezahlen und nach Honolulu zurückzukehren. Er versuchte es bei der Fidschi-Regierung, aber seine Forderung von 70 000 Dollar war zu hoch, und außerdem wollte niemand ein Schiff mit unvollständigen Papieren kaufen – diese Sache hatte er offenbar Frau Luomala gegenüber zu erwähnen vergessen.

Bis zu diesem Zeitpunkt war die *Joyita* schon etliche Male umgerüstet worden und sah allmählich recht heruntergekommen aus. Das Funkgerät war unzuverlässig, und die Maschinen taugten kaum noch für ausgedehnte Pazifikexkursionen. Doch dann lernte Miller den jungen Neuseeländer R. D. Pearless kennen, der erst kürzlich zum Bezirksvorsteher der 270 Seemeilen nördlich von Samoa gelegenen Tokelauinseln ernannt worden war. Dem fähigen, enthusiastischen Offizier Pearless lag viel daran, bessere Verbindungen zwischen Westsamoa und den Inseln herzustellen. Durch seine Fürsprache erteilte der Verwaltungsbeamte der Tokelauinseln Miller am 25. März 1955 die Erlaubnis, eine Fischereifahrt in die nähere Umgebung der Inseln zu unternehmen. Pearless fuhr mit und verbrachte einen ganzen Monat auf der *Joyita.*

Pearless war erst 29, hochgewachsen, schlank, blond, voller Pläne und Ideen, energisch und leidenschaftlich. Manchmal war schwer mit ihm auszukommen, denn er konnte taktlos oder sogar hochmütig sein und kehrte in den Tropen bewußt den weißen Herrenmenschen heraus. Auf den Tokelauinseln gehörte es offenbar zu seinen Gewohnheiten, daß ihm ein kleiner Junge überallhin folgte, in der einen Hand eine Tasse Tee, in der anderen die Untertasse. Aber er war auch als gutmütiger Mensch bekannt, der sich nach Kräften für die Inselbewohner einsetzte. Abgesehen von den Verbindungen zwischen den Hauptstädten benachbarter Inselgruppen gab es zwischen den Inseln kaum regelmäßige Beförderungsmöglichkeiten per Schiffs- oder Luftverkehr, und da kaum jemand Geld hatte, um ein Schiff zu chartern, dauerte es manchmal Monate, bis man eine Passage buchen konnte. Die Tokelauinseln waren besonders schwer zugänglich. Pearless glaubte, die *Joyita* könne seine Probleme lösen, während Miller wohl eher daran interessiert war, die seinigen aus der Welt zu schaffen. Nach ihrer Rückkehr machten sie dem amtierenden Verwalter der Tokelauinseln ihre Aufwartung, um über einen Jahresvertrag für die *Joyita* zu verhandeln. Aber wieder einmal zeigte es sich, daß die fehlenden Schiffspapiere ein Hindernis darstellten. Die Regierung war nicht gewillt, die Sache ohne die Dokumente abzuwickeln, und damit war sie vom Tisch. Millers Lage wurde langsam immer verzweifelter, und er konnte keine weiteren Fischereifahrten mehr finanzieren. Über fünf Monate lang lag die *Joyita* im Hafen von Apia und verkam mehr und mehr.

Miller war jetzt so ziemlich pleite. Kommandant Peter Plowman, ein hochgewachsener, in Ehren ergrauter Exmarineoffizier und Berater der Fidschi-Regierung in Seefahrtsangelegenheiten, sah sich einmal gezwungen, ihn zum Essen einzuladen, weil er geäußert hatte, zwei Tage lang nichts gegessen zu haben. Ein andermal lebte Miller drei Tage lang von einem kleinen Brot – er war allein an Bord der *Joyita*, denn er hatte seine Mannschaft nicht bezahlen können. Es gelang ihm jedoch, seine Misere vor Frau Luomala geheimzuhalten, und er schaffte es sogar, nicht auch noch seinen letzten anständigen Anzug verkaufen zu müssen. Er war allerdings häufig auf die Hilfsbereitschaft seiner Freunde angewiesen und mußte Gelegenheitsarbeiten annehmen. Einmal strich er für ein paar Schillinge die Tische und Stühle im Klubhaus des Veteranenvereins an, um sich über Wasser zu halten. Die ihm Geld geliehen hatten, zweifelten nicht daran, daß er es zurückzahlen würde, sobald die Dinge besser standen, machten sich aber doch mit der Zeit Sorgen, und Miller selbst wurde auch immer unruhiger und niedergeschlagener.

Inzwischen verschlechterte sich die Situation auf den Tokelauinseln. Die Insulaner brauchten dringend medizinische Versorgung und Nahrungsmittel wie Mehl und Zucker. Außerdem warteten 70 Tonnen Kopra, das einzige Exportgut der Inseln, auf Verschiffung. Ein Versuch, per Flugboot an Vorräte zu kommen und die Kopra loszuwerden, schlug fehl, weil der Rumpf des Bootes beim Starten in der Lagune von einem Korallenriff aufgerissen wurde.

Pearless war entschlossen, etwas für die Inseln zu tun, und deshalb wandte er sich an Kurt von Reiche, den Geschäftsführer der Kopra-Verschiffungsgesellschaft E. A. Coxon & Co., mit der Bitte, doch herauszufinden, ob seine Gesellschaft die *Joyita* für ein paar Fahrten zu den Tokelauinseln chartern könne. Nach langen Verhandlungen schloß Coxon endlich einen Chartervertrag ab. Miller konnte gar nicht glauben, solches Glück zu haben. Er hatte eben alle Hoffnung aufgeben wollen, als er von der Charter hörte, und wie Pearless einem Freund erzählte, war er vollkommen überwältigt. »Das ist der glücklichste Tag meines Lebens«, sagte er.

Eine Bedingung wurde gestellt: Coxon hatte zwei Beamte, die zu den Tokelauinseln mußten. Das bedeutete, daß die *Joyita* Passagiere befördern mußte, wozu sie nach den für sie geltenden amerikanischen Bestimmungen nicht befugt war. Miller entschied, daß man um dieses Problem herumkommen müsse, aber er hatte sein Schiff auch nicht versichert (wahrscheinlich weil er wußte, daß es wegen des Korks im Laderaum nicht sinken konnte) und außerdem noch keine Mannschaft. Doch konnte er schließlich zwei treue Gilbertinsulaner erneut anheuern, Tekoka, den Bootsmann, und Tanini, den Maschinisten, die ihre Arbeit in Apia aufgaben, um mit ihm zu fahren. Sie waren nicht gerade sehr angetan von der gealterten *Joyita*, hingen aber an Miller, der versprach, Tanini später einmal nach Honolulu mitzunehmen.

Mit seinem Steuermann hatte er besonderes Glück, denn er schaffte es, einen Amerikaner anzuheuern: Chuck Simpson beziehungsweise Kapitän Jah, wie er sich gerne nennen hörte, einen Mann mit gewaltigem Brustkorb und muskulösen Armen wie ein Gorilla. Es war wirklich ein Glücksfall, daß er abkömmlich war, denn nach den US-Bestimmungen mußte wenigstens ein amerikanischer Staatsbürger mit Steuermannspatent an Bord der *Joyita* sein. Simpson, ein Halbblut, hatte ein samoanisches Mädchen geheiratet und arbeitete in Apia in einer Reparaturwerkstatt. Miller trieb noch ein paar weitere Leute auf, was gar nicht so einfach war, da sich der Ruf der *Joyita* herumgesprochen hatte. Im letzten Augenblick lief ihm der Halbsamoaner Henry McCarthy in die Arme, der zwar keine richtige Ingenieurausbildung hatte, aber sehr geschickt war und sich im Krieg profunde Kenntnisse bei der amerikanischen Marine erworben hatte. Seine Mutter hatte genug über die *Joyita* gehört, um wenig erbaut zu sein über sein Heuerverhältnis, aber er beruhigte sie und verbrachte viel Zeit an Bord damit, die vernachlässigten Maschinen wieder flottzumachen. Als der Abfahrtstermin herannahte, erzählte er ihr, alles sei jetzt bestens.

Die *Joyita* übernahm eine beträchtliche Menge Ladung, und neun Fahrgäste begaben sich an Bord, darunter Pearless, Dr. A. D. Parsons, ein Arzt vom Apia-Hospital, J. Hodgkinson, ein Apotheker desselben Krankenhauses, und sechs Tokelauinsulaner, die in Samoa hängengeblieben waren, einschließlich einer Frau und eines Kindes. Die Mannschaft war sechzehn Mann stark; Pearless und die beiden Coxon-Beamten J. Wallwork und G. K. Williams musterten als Supercargo an, weil die *Joyita* nicht für den Fahrgastbetrieb zugelassen war. Hinsichtlich der anderen Passagiere ignorierte Miller einfach die Vorschriften.

Der 41jährige Parsons war ein Ire aus Athlone; er war dunkelhaarig, hatte eine rötliche Gesichtsfarbe und sah gut aus, war aber im Krieg schwer verwundet worden und hinkte. Außerdem hatte er noch Kopfverletzungen davongetragen, die seine Gemütslage derart beeinflußten, daß er zuzeiten schon nach wenigen Drinks gewalttätig und gefährlich wurde. Der 49jährige Hodgkinson war ein ruhiger Mann, verheiratet und hatte drei Kinder. Wallwork und Williams machten die Fahrt mit, um den Koprahandel abzuwikkeln. Williams war Geschäftsführer der Yorkshire-Versicherungsgesellschaft in Neuseeland gewesen, aber jetzt im Ruhestand, 61 Jahre alt und verheiratet. Er führte 1000 Pfund in samoanischer Währung mit sich – 950 Pfund in Banknoten, 50 Pfund in Münzen –, um für die 70 Tonnen Kopra zu bezahlen, die zur einen Hälfte auf dieser Fahrt, zur anderen auf der nächsten transportiert werden sollten. Bestimmungshafen war das nur 270 Seemeilen entfernte Fakaofo, aber trotzdem wurden über 12000 Liter Diesel auf Kredit an Bord genommen, sie erweiterten den Aktionsraum des Schiffes auf 3000 Seemeilen. Auch Proviant und Wasser reichten für eine viel längere Reise.

Am 2. Oktober um 11 Uhr morgens waren alle an Bord. Kurz

nach Mittag sollte die *Joyita* von Apia auslaufen. Die Maschinen wurden angelassen, und dann machte sich das Schiff auf den Weg ins offene Meer. Kommandant Plowman konnte von seinem Haus aus den Hafen überblicken; als die *Joyita* sich der Hafeneinfahrt näherte, sah er, wie aus ihrer Bordwand plötzlich eine Rauchwolke hervorquoll und sie in ihrer Vorwärtsbewegung innehielt. Langsam trieb sie auf das Riff zu, bis in aller Eile der Anker ausgeworfen wurde, so daß sie zum Stillstand kam. Beunruhigt rief Plowman den amtierenden Inselkommissar an, um nachzufragen, ob nicht die Regierungsbeamten lieber von Bord geholt werden sollten, und sorgenvoll besprachen sie die Sache eine ganze Weile, ehe sie sich schließlich darauf einigten, sie auf den nächsten Tag zu verschieben.

Die *Joyita* blieb den ganzen Tag dort liegen und war bei Anbruch der Dunkelheit immer noch da. Einige Passagiere hatten die Unbequemlichkeit an Bord satt, sie kehrten an Land zurück und berichteten, die Backbordmaschine arbeite nicht richtig und die Reparatur werde etliche Stunden dauern. Die Europäer gingen in ihre Klubs. Unterdessen versuchte der Maschinist der *Joyita*, mit dem Problem fertig zu werden. Von Reiche kam zu einer Unterredung mit Miller an Bord und sagte: »Wenn Sie irgendwelche Schwierigkeiten haben, sollten Sie nicht eher in See stechen, als bis diese beseitigt sind.« Miller versicherte ihm, sie hätten diesen Ärger schon öfter gehabt, es handle sich um eine Kleinigkeit, die sich leicht beheben ließe, auch auf der Fahrt. Ohne Zweifel machte ihm der Gedanke zu schaffen, die amerikanischen Behörden könnten Wind von dem geplanten Unternehmen bekommen, wenn er nicht rechtzeitig verschwand, und ihn womöglich davon abhalten, diese entscheidende Fahrt zu unternehmen, durch die sich sein Schicksal wenden sollte.

Gegen Mitternacht schifften sich die Fahrgäste wieder ein. Zwar lief die Steuerbordmaschine, aber die Backbordmaschine war teilweise demontiert. Am Montag, dem 3. Oktober, um 5 Uhr morgens stach die *Joyita* endlich nordwärts in See. Die Mannschaft war völlig erschöpft, und die Passagiere zeigten erste Anzeichen von Ärger und Nervosität. Als Plowman aufwachte, entschlossen, die Regierungsbeamten auf jeden Fall von Bord zu holen, war von dem Schiff nichts mehr zu sehen.

Es muß ein unangenehmes Gedränge auf der *Joyita* geherrscht haben, mit den vollen Laderäumen und 25 Personen samt all ihrem Gepäck, gar nicht zu reden von den Nahrungsmittelvorräten für so viele Menschen. Ich habe selbst einmal zwei Jahre lang auf Schiffen von der Größe der *Joyita*, die allerdings nur eine zwölf- oder dreizehnköpfige Besatzung hatten, Dienst getan, und selbst das konnte schon sehr unangenehm sein, insbesondere beim Schlafen.

Die Wartenden in Fakaofo atmeten auf, als sie hörten, das Schiff, das ihnen die heißbenötigten Vorräte bringen und die gesammelte Kopra mitnehmen sollte, sei unterwegs. Aber als die Zeit verstrich, ohne daß es auftauchte, fragen sie sich, was wohl geschehen sein mochte. Ein weiterer Tag verging, und noch immer war es nicht aufgekreuzt. Allmählich kam Besorgnis auf, und als es schließlich überfällig gemeldet wurde, informierten die samoanischen Behörden die neuseeländische Luftwaffe in Laucala Bay auf Fidschi. Eine Sunderland-Maschine flog am 6. Oktober, drei Tage nachdem die *Joyita* Samoa verlassen hatte, nach Apia und von dort nach Fakaofo. Auf dem Rückflug schlug sie einen um 20 Meilen von ihrer nordgerichteten Route nach Westen abweichenden Kurs ein, aber trotz guter Sichtverhältnisse und einer Radarreichweite von 10 Meilen nach jeder Flugzeugseite hin fand man nichts. Von da an bis zum Abbruch der Suchaktion am 12. Oktober wurden nahezu 100 000 Quadratmeilen Meeresfläche abgesucht. Nicht eine Spur von der *Joyita* wurde entdeckt. Alle Schiffe und Funkstationen innerhalb des Gebietes, in dem sie möglicherweise trieb, wurden informiert, aber niemand hatte eine Nachricht empfangen. Schließlich wurde die Suche abgeblasen.

Wer Miller kannte, konnte sich des Eindrucks nicht erwehren, jetzt hätten ihn zu guter Letzt doch sein Pech und sein Leichtsinn, mit zwei schadhaften Maschinen auszulaufen, zugrunde gerichtet.

Die *Joyita* war schon gänzlich abgeschrieben, da ging am 10. November um 6.54 Uhr Fidschizeit, 37 Tage nach ihrer Abfahrt von Samoa, in Suva auf Fidschi eine Nachricht von der *Tuvalu*, dem Versorgungsschiff der Gilbert- und Elliceinseln, ein:

Joyita vollgeschlagen aufgefunden auf Position 14° 42′ Süd, 179° 4′ Ost. Boote hinübergeschickt, aber niemand an Bord, möglicherweise jedoch in überfluteten Abteilungen. Backborddecksaufbau einschließlich Schornstein abgesprengt oder weggespült. Leinenes Sonnensegel offenbar nach Unfall angeschlagen. Weder Logbuch noch Nachricht gefunden.

Gerald Douglas, der Kapitän der *Tuvalu*, hatte das Wrack etwa 3 Seemeilen östlich von seinem Kurs ausgemacht, 167 Seemeilen nördlich von Vanua Levu, Fidschi, und 450 Seemeilen westsüdwestlich von Apia. Als er näher herangekommen war, hatte er auf dem Bug den Namen *Joyita* lesen können. Sie hatte 55 Grad Schlagseite nach Backbord, ihre Backbordreling war ganz untergetaucht, und ihre Steuerbordseite ragte nur 3 Fuß aus dem Wasser. Ihr Rumpf war zwar unbeschädigt, aber das Peildeck und der Ruderstand über dem Deckshaus waren weggebrochen, und ein leinenes Sonnensegel war aufgespannt. Sie hatte offenbar einen den Tokelauinseln entgegengesetzten Kurs gesteuert. Obwohl sie eigentlich 270 Seemeilen nach Norden hätte steuern müssen, wurde sie über 600 Seemeilen von ihrem Bestimmungsort entfernt in westsüdwestlicher Richtung aufgefunden. Eine mäßige Dünung schlug gegen ihre Steuerbordseite, so daß sie schwerfällig schlingerte. Douglas beorderte das Boot unter seinem Ersten Offizier zurück. Es war keine Menschenseele an Bord, und nichts deutete an, was geschehen sein mochte.

Der Fidschitender *Degei* wurde ausgesandt, das Wrack einzuschleppen. Als Kapitän Robert James es untersuchte, fand er weder Leichen noch Rettungsboote, auch keinerlei Nahrungsmittel in der Kombüse oder irgendeiner anderen über Wasser befindlichen Abteilung und weder Log noch Sextant. Das Wrack wurde nach Vanua Levu geschleppt, einem recht armseligen Hafen, und auf den nächsten Strand gepackt. Dort ging man daran, es auszupumpen.

Ein unangenehmer Modergeruch lag über dem Schiff, der von den durchnäßten, in der Kajüte verstreuten Sachen herrührte, aber die Sachverständigen waren sich einig, daß es im wesentlichen noch in Ordnung sei. Muscheln an der Bordwand oberhalb der normalen Wasserlinie zeigten an, daß es eine Zeitlang starke Schlagseite gehabt hatte. Man glaubte jedoch, daß die Beschädigungen an Deck erst nachträglich durch die ständig anbrandenden Wellen entstanden waren. Was auch immer geschehen war, es mußte wohl nachts passiert sein, denn die Uhr war auf 22.25 Uhr stehengeblieben, und die Schalter für das Kajütenlicht und die Topplichter standen auf »an«. Anzeichen sprachen für eine Maschinenpanne, denn

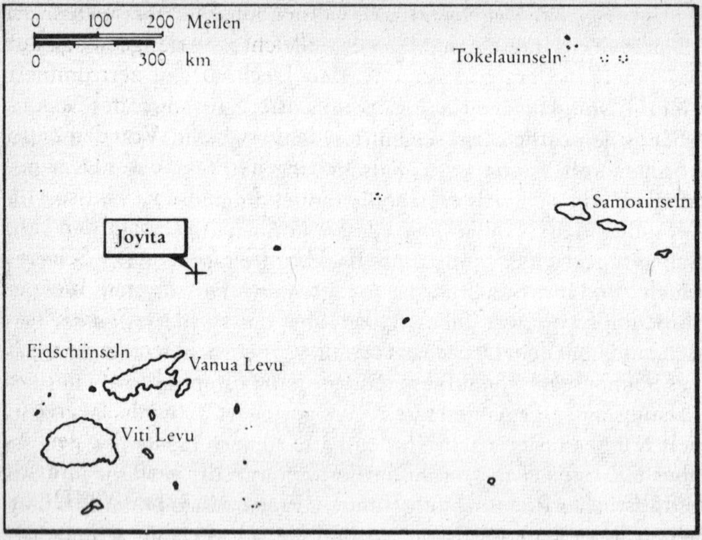

eine Maschine war mit Matratzen bedeckt, während an der anderen offensichtlich gerade Reparaturen vorgenommen worden waren. Das Sonnensegel an Deck schien zunächst ein Beweis dafür zu sein, daß Fahrgäste wegen der tropischen Hitze oder aus Mangel an Kojen auf dem Deck geschlafen hatten. Nahezu jeder bewegliche, auf See gebräuchliche Gegenstand war verschwunden, auch die Rettungsmittel, ein kleines Beiboot mit Außenbordmotor, ein Sechzehn-Personen-Rettungsfloß und zwei Zehn-Personen-Flöße, fehlten samt und sonders.

In der Zwischenzeit war auf Douglas' Nachricht hin in dem Gebiet, in dem das Wrack aufgefunden wurde, wie auch in der Nähe der Ringgoldinseln nach Südosten zu eine neue Luftsuche angelaufen. Es fand sich keine Spur von den drei Rettungsflößen, die die *Joyita* nachweislich an Bord hatte, als sie Apia verließ.

Journalisten, wie immer auf der Jagd nach einer guten Story, stürzten sich begierig auf die Neuigkeit und beschworen wieder einmal den Geist der *Mary Celeste* herauf. Wie fast zu erwarten, fanden die Suchmannschaften keinerlei Spur. Mit Leichtigkeit hätten ein paar flüchtige Worte an das Deckshaus oder auf das angeschlagene Sonnensegel gekritzelt werden können, aber nichts von alledem. Man fragte sich, ob nicht vielleicht eine riesige Woge auf das Schiff niedergegangen war, den Decksaufbau zertrümmert und alle Menschen von Bord gerissen hatte. Aber sowie der Gedanke aufkam, wurde er auch schon wieder verworfen. Von den 25 an Bord befindlichen Personen wäre sicherlich jemand unter Deck gewesen, hätte sich am Schiff festgeklammert und überlebt, so voll Wasser gelaufen es auch war. Im März 1907 gab es einmal den Fall, daß Leute etliche Wochen an Bord eines vollgeschlagenen Schiffes überlebten. Da war der amerikanische Schoner *Everest Webster* von dem Viermaster *Quevilly* als offenbar verlassenes Wrack aufgefunden worden, fast völlig überflutet, nur sein Heck ragte noch aus dem Wasser. Doch an Bord in den Kojen fand man ein paar Menschen, die sich kaum noch bewegen konnten und halb verhungert waren. Das Schiff war Anfang des Jahres schiffbrüchig geworden und seitdem halb überflutet dahingetrieben, allseits bekannt als Gefahrenpunkt für andere Schiffe, und ein Küstenwachschiff hatte bereits im Auge, es baldigst zu versenken.

Aber welcher Grund konnte überhaupt bestanden haben, die *Joyita* zu verlassen? Diese Frage stellte sich wieder und wieder, als schon die verschiedensten Theorien gereift waren. Miller wußte, daß sein Schiff unsinkbar war und daß es in jedem Fall sicherer war, an Bord zu bleiben und darauf zu hoffen, bei einer Luftrettungsaktion entdeckt zu werden. Er hatte auch tatsächlich oft gesagt, wenn es Schwierigkeiten gäbe, würde er auf seinem Schiff bleiben, und seine Freunde waren der festen Überzeugung, freiwillig wäre er nie von Bord gegangen. Daß die *Joyita* wirklich unsinkbar war, lag auf der Hand, denn sie war halb unter Wasser treibend aufgefunden worden, ein Zustand, der bei anderen Schiffen mit Sicherheit längst zum Untergang geführt hätte.

Im Verlauf des Auspumpens schlug einmal ein Fidschiarbeiter Alarm und schrie gellend, er habe eine Leiche gefunden. Aber es stellte sich heraus, daß er beim Herumtasten im Dunkeln mit der Hand an den Gummiball eines Kindes gekommen war, der sich weich und kalt anfühlte und ihn zu dem Trugschluß verleitete, es handle sich um eine Leiche.

Da das Schiff keine Leckstellen aufwies, war es zunächst schwierig, eine Erklärung für die Überflutung zu finden. Im Maschinenraum war eine zusätzliche Pumpe montiert und an einem langen

Balken festgezurrt worden, der über den zwei Hauptmaschinen lag. Sie war jedoch nicht angeschlossen, obgleich die vier Matratzen im Maschinenraum ein deutlicher Hinweis darauf waren, daß hier wirklich eine Störung vorgelegen hatte. Die Kupplung der Backbordmaschine war außer Betrieb und teilweise abmontiert. Das Funkgerät war auf eine Wellenlänge von 2182 Kilohertz eingestellt, die Seenotwellenlänge für kleine Schiffe; anscheinend hatte jemand den fruchtlosen Versuch unternommen, SOS zu senden.

Zuerst einmal galt es, eine Antwort auf die Frage zu finden, warum die *Joyita* voll Wasser gelaufen war. Kapitän E. L. James, der stellvertretende Hafenmeister in Suva, und Rob Wright, der Fotograf des Touristenbüros, saßen plaudernd an Bord der *Joyita*, als sie das Geräusch von eindringendem Wasser hörten. Verwundert, weil sie doch glaubten, daß das Schiff dicht war, fingen sie an zu suchen. Im Maschinenraum entdeckten sie dann, daß durch ein zolldickes Rohr in der Backbordbilge, reichlich unterhalb der Fußbodendielen, Wasser hereinströmte. Dieses galvanisierte Rohr war mit einem messingnen T-Stück an das Salzwasser-Kühlsystem angeschlossen, aber aufgrund der Tatsache, daß eisenhaltige und nichteisenhaltige Metalle in Verbindung miteinander in tropischem Seewasser einen elektrolytischen Prozeß in Gang setzen, war das Rohr vollkommen durchgerostet, und ein Stück war sogar ganz abgefallen. Wright machte sofort Aufnahmen.

Damit stand zumindest die Ursache für die Überflutung fest. Als das Schiff aufgefunden worden war, hatten die Matratzen im Maschinenraum Verwunderung erregt, aber nun vergegenwärtigte man sich, daß sie wahrscheinlich gebraucht werden sollten, um ein Leck abzudichten. Da sich das Rohr 9 Zoll unter dem Fußboden des Maschinenraums befand und zudem die Dieselmotoren einen Höllenlärm machten, wurde die eigentliche Leckursache offenbar gar nicht entdeckt. Die Leute auf der *Joyita* hatten wohl erst etwas gemerkt, als das Wasser über die Bodendielen stieg, und zu diesem Zeitpunkt wäre es schwierig gewesen, die Quelle des Übels ausfindig zu machen.

Ebenso schnell fand man heraus, warum kein SOS ergangen war. 50 Zentimeter über dem Funkgerät war ein Bruch in der Antennenzuleitung. Bestimmt hatte jemand versucht, einen Notruf zu funken, aber der Bruch, der wohl unbemerkt blieb, weil die Stelle beim Anstrich des Deckshauses mit grüner Farbe überstrichen worden war, hatte wahrscheinlich die Reichweite auf etwa 2 Seemeilen herabgesetzt.

Warum war die *Joyita* nicht von einem Suchflugzeug aus gesichtet worden? Wer je an Such- und Rettungsaktionen zu Luft oder Wasser teilgenommen hat, weiß nur zu gut, wie schwierig es ist, ein kleineres Schiff auszumachen, insbesondere wenn es kaum aus dem Wasser ragt. Zudem war die *Joyita* aus Holz und längst nicht so gut mit Radar auszumachen wie ein Eisenschiff. Als sie von dem Tender *Degei* geschleppt wurde, konnte man feststellen, daß das Stahlschiff auf 20 Seemeilen deutlich auf dem Radarschirm zu sehen war, während sich von der *Joyita* selbst dann noch kein Radarbild abzeichnete, als das Flugzeug in ihre Nähe kam.

Für das Verschwinden der 25 an Bord befindlichen Menschen fehlte allerdings noch immer jede Erklärung. Es war jedoch mit ziemlicher Sicherheit anzunehmen, daß das Schiff schon zu Beginn der Reise aufgegeben wurde. Die Strömung in jenem Gebiet nimmt eine südwestliche Richtung, so daß die *Joyita*, wenn sie erst gegen Ende der Reise verlassen worden wäre, weiter nördlich hätte aufgefunden werden müssen.

Im Auftrag der Regierung von Samoa kam Kommandant Plowman, um die *Joyita* als Sachverständiger in Augenschein zu nehmen. Als er das Schiff untersuchte, machte er ein paar interessante Entdeckungen und schloß daraus, daß kein Versuch unternommen worden war, einen Treibanker auszuwerfen. Wahrscheinlich war kein fertiger Treibanker an Bord gewesen, aber er hätte leicht mit Hilfe von Tauen und einem Stück Bauholz, das in Mengen an Deck lag, hergestellt werden können. Plowman folgerte weiter, das Sonnensegel, das hinter der Brücke festgemacht war, habe vermutlich als Sonnenschutz oder zum Auffangen von Regenwasser gedient. Seines Erachtens war es erst nach dem Unfall, bei dem die Backbordseite des Decksaufbaus zertrümmert wurde, angebracht worden, denn es war an einer abgebrochenen Deckstütze festgezurrt. Da die Knoten halbe Schläge waren, nahm er an, daß sie wohl von einem Berufsseemann geknüpft wurden.

Seltsamer war ein Fund in den Speigatten, eine durchnäßte Arzttasche, die ein verrostetes Stethoskop, ein Skalpell, ein paar Nadeln samt Faden und vier blutbefleckte Verbandstreifen enthielt. Plowman vermutete, daß jemand verletzt war, und schloß weiter, das müsse Miller gewesen sein, denn nur bei Ausfall Millers konnten sich die übrigen der Rettungsflöße bemächtigt haben – Miller, der ja wußte, daß das Schiff praktisch unsinkbar war, hätte dazu nie seine Einwilligung gegeben.

Mittlerweile hatte sich die Neuigkeit in der ganzen Welt verbreitet. In den Bars von Suva kursierten die absonderlichsten Gerüchte, und die widersprüchlichen Äußerungen der Regierung waren nur noch Wasser auf die Mühle. Da hieß es zunächst einmal, die *Joyita* sei von einem Schiff gerammt worden und die erste Untersuchung des Wracks hätte einen Backbordschaden ergeben. Schon am nächsten Morgen hingegen verkündete die Regierung, die *Joyita* sei endlich leergepumpt und schwimme aufrecht. Bei der Untersuchung habe sich gezeigt, daß weder Leckstellen noch Brandspuren vorhanden und auch keine Leichen an Bord seien. Indessen war jedoch die gesamte Ladung weg! Sieben Kisten Aluminiumdraht – der für Rattenschutzgitter an Kokospalmen gebraucht wurde – waren aus dem Mittschiffsladeraum verschwunden, und 44 Pfund Mehl, fünfzehn 70-Pfund-Säcke Zucker, elf 56-Pfund-Säcke Reis sowie 460 leere Koprasäcke fehlten im Achterraum. Darüber hinaus waren auch noch die 1000 Pfund Sterling, die Williams bei sich gehabt hatte, weg.

Als die *Joyita* nach Suva geschleppt und an Land gezogen worden war, wurde sie sofort im Fidschiklub, im Verteidigungsklub und im Königlich-Suvanischen Jachtklub zum Hauptgesprächsthema. Warum hatte niemand Zeit gefunden, vor Verlassen des Schiffes noch eine Nachricht irgendwohin zu kritzeln? Warum war die *Joyita* überhaupt aufgegeben worden? Lag ein Verbrechen vor? Was war mit der Ladung passiert? War das Sonnensegel wirklich erst nach dem Unfall, der den Decksaufbau zerstört hatte, angeschlagen worden – und wenn ja, von wem?

Drei Theorien machten die Runde. Ein Seebeben konnte das Schiff auf die Seite geworfen haben. Es war allgemein bekannt, daß das sechs Monate zuvor dem Tonga-Schiff *Fifofua* widerfahren war und dabei vierzig Fahrgäste ins Meer geschleudert wurden. Bis auf ein Kind, das ertrunken war, hatten jedoch alle Passagiere an Bord zurückklettern können. Da verkohlte Planken und eine geschwärzte Tür gefunden worden waren, lautete die zweite Theorie, an Bord habe eine Explosion stattgefunden. Sie wurde aber gleich wieder verworfen, als herauskam, daß diese Beweisstücke von einem kleinen Brand herrührten, der noch vor der letzten Fahrt an Bord ausgebrochen war. Nach der dritten Theorie, die sich auf die Zerstörung des Ruderhauses gründete, war die *Joyita* gerammt und dann geplündert worden.

Auch der Verdacht auf eine Wasserhose kam auf. Die Besatzung des Schoners *John Williams VI* wollte in derselben Gegend und etwa zu dem Zeitpunkt, als die *Joyita* preisgegeben wurde, sieben Wasserhosen beobachtet haben, aber das stellte sich bald als Irrtum heraus. Seeungeheuer, riesige Flutwellen und Schmuggler hatten wieder einmal Hochkonjunktur, und alle möglichen Erklärungen wurden an den Haaren herbeigezogen. Beispielsweise wurde spekuliert, die *Joyita* sei verlassen worden, weil die an Bord befindlichen Leute sich aus irgendeinem Grunde ohne Millers Beistand sahen und zu der Überzeugung kamen, das Schiff sei dabei zu sinken. Laut Leslie Hobbs von der Zeitschrift *Life* hatten sie versucht, zum Schiff zurückzukehren, es aber in der Dunkelheit nicht mehr ausmachen können und waren schließlich bei dem Versuch, Land zu erreichen, umgekommen. Hobbs war es auch, der Piraterie als Möglichkeit in Betracht zog. Er erwähnte beiläufig, die Suchmaschine der neuseeländischen Luftwaffe hätte die Schiffe einer japanischen Fischereiflotte fotografiert, als sie ebendie Route kreuzten, die die *Joyita* eingeschlagen haben mußte.

Jeder auf Fidschi hatte seine eigene Theorie. Die *Fiji Times and Herald* verbiß sich in die Geschichte wie ein Hund in seinen Knochen. »Daß die *Joyita* wiedergefunden wurde, verdichtet nur mehr den Schleier des Geheimnisses, der über den Umständen ihres Verschwindens liegt«, verkündete das Blatt und unterzog gleich darauf die Regierung schärfster Kritik. »Es gibt eine Menge Geheimniskrämerei von offizieller Seite ... Was soll das alles? Wo unsere Reporter auch hingehen in dem Bemühen, der Öffentlichkeit das wahre Bild eines welterschütternden Ereignisses zu zeichnen, werden ihnen von seiten der Beamten Steine in den Weg gelegt.«

Die westliche Presse, wohl versorgt durch Agenturberichte, hatte eigene Ansichten. Der *News Chronicle* vertrat die Auffassung, das zertrümmerte Ruderhaus sei ein Zeichen dafür, daß die *Joyita* einem Blitzüberfall zum Opfer fiel. Ganz offensichtlich nahmen es die Zeitungsleute nicht allzu genau mit ihren Darlegungen, denn sie gingen von falschen Tatsachen aus. Da sie keine Ahnung von dem Kork hatten, mit dem die Kühlräume der *Joyita* ausgeschlagen waren, berichteten sie fälschlich, das Schiff sei nur durch die leeren Ölfässer an Bord schwimmfähig geblieben. Des weiteren hieß es in den Berichten noch, die Kajüte sei nach einem schweren Brand ganz verkohlt gewesen und die Überlebenden hätten sich wahrscheinlich auf einem Floß aus Bauholz und Ölfässern davongemacht, da von den Fässern und den 2000 Fuß Nutzholz, die eigentlich hätten an Bord sein müssen, keine Spur mehr zu finden war.

Der *Daily Telegraph* äußerte die Vermutung, japanische Land- oder Seesoldaten, die noch immer nicht kapituliert hätten, seien verantwortlich zu machen. 1955 hielten sich nämlich noch etliche im Pazifikraum auf, darunter einige, die in ihrem einsamen Inselversteck glaubten, der Krieg dauere noch an. Einem Gerücht zufolge sollten sie gar ein U-Boot in einem getarnten U-Boot-Bunker in einer Inselbucht versteckt haben, und es wurde gemunkelt, andere seit dem Krieg im Pazifik verschwundene Schiffe hätten womöglich ein gleiches Ende genommen.

Wieder eine andere Vermutung, die auf die Andeutung von Leslie Hobbs in der *Life* anspielte, war die, an Bord japanischer Fischereischiffe hätten sich auf Seeräuberei sinnende Leute befunden; sie stammte von der *Fiji Times and Herald*. Das Blatt ging sogar so weit, von einem Massaker zu reden. »ALLE AN BORD DER JOYITA ERMORDET«, verkündete es und gab zu verstehen, das sei eine offizielle Erkenntnis. Die *Joyita*, hieß es, sei vermutlich mitten durch eine japanische Fischereiflotte hindurchgefahren; am 4. Oktober wären 48 derartige Schiffe in der näheren Umgebung gesichtet worden und es sei anzunehmen, daß die *Joyita* irgendeine Entdeckung gemacht hätte, die den Japanern nicht angenehm gewesen sei; wahrscheinlich hätten daraufhin die aufgebrachten Japaner die *Joyita* geentert, die Passagiere ermordet oder gefangengenommen und das Flutventil geöffnet. Dann wurde in dem Bericht noch darauf hingewiesen, daß auf einer Seite der *Joyita* eine Ruderkette gerissen wäre, was wohl auch auf Konto der Japaner ginge; der Sachschaden sei nicht auf eine Kollision zurückzuführen, sondern der Beweis für einen vorsätzlichen Anschlag mit dem Ziel, das Schiff zu zerstören. Weiter hieß es:

Wie vom Informanten der *Fiji Times and Herald* verlautete, ist die *Koyo Maru*, das Mutterschiff der japanischen Flotte, eines der modernsten Schiffe der Welt und mit der modernsten Radaranlage der Seetechnik ausgestattet. Es sei daran erinnert, daß bei ihrem letzten Aufenthalt in Suva, als sie sich so ostentativ für die Bergung einsetzte, ihrer Mannschaft kein Landurlaub gewährt wurde, die doch bei einem früheren Besuch über ganz Suva geschwärmt war.

Die Japaner waren recht unbeliebt, und man hatte allgemein etwas dagegen, daß sie nach all den Greueltaten, die sie im Krieg begangen haben sollten, ihre Fangflotte in den Gewässern des Südpazifik fischen ließen, aber die *Fiji Times and Herald* trug doch entschieden zu dick auf. Die Regierung war aufgebracht über die Äußerung, die Theorie entspreche einer offiziellen Erkenntnis. Mr. A. F. H. Stoddart, der Kolonialminister auf Fidschi, ließ sich sogar herbei, die Geschichte in einer Sendung von Radio Suva entschieden zu dementieren. Er sagte, es sei unbesonnen, die Japaner zu beschuldigen, und empörend, zu behaupten, diese Ansicht würde offiziell vertreten. Er betonte, die Regierung hätte vielmehr bei allen Verlautbarungen über die Katastrophe äußerste Zurückhaltung bewahrt und sei auch nicht geneigt, anders zu verfahren, ehe nicht eine eingehende Untersuchung des Schiffes stattgefunden habe; weder sei das Flutventil geöffnet worden, noch hätten Suchflugzeuge japanische Schiffe fotografiert. Er fügte hinzu, daß eigentlich alles auf natürliche Ursachen hindeute und die *Joyita* wahrscheinlich bei einem Unwetter voll Wasser lief, als ihre Maschinen gestoppt waren. Und er wies nachdrücklich darauf hin, daß auch diese Darstellung reine Vermutung sei.

Aber die offizielle Stellungnahme machte den Spekulationen beileibe nicht den Garaus. Die Zeitungsleute hatten Blut geleckt und preßten noch den letzten Tropfen Dramatik aus der Sache heraus. Weltweit kursierten Waffenschmuggelgerüchte, und als der *Fiji Guardian* berichtete, an Bord der *Joyita* seien japanische Messer gefunden worden, erfuhr auch die Version eines Massakers durch Japaner eine dramatische Auffrischung. Diese Meldung wurde nicht von offizieller Seite dementiert, weil sie der Wahrheit entsprach. Zwei Männer hatten beim Säubern der *Joyita* Messer mit der Prägung »Made in Japan« gefunden und der Polizei ausgehändigt, die sie auf Blutspuren untersuchte. Die Story starb eines natürlichen Todes, als die Überprüfung negativ verlief und die Polizei einräumte, die Messer seien alt und schartig und könnten gut schon an Bord der *Joyita* gewesen sein, als sie noch auf Fang ausfuhr.

Indessen war auch bekannt, daß Williams 1000 Pfund Sterling in bar mit sich geführt hatte, und irgend jemand behauptete sogar, auch der in Geldnöten steckende Miller hätte eine größere Summe mit sich herumgetragen. Wieder aus anderen Quellen verlautete, vom Schiff fehlten zwei Kompasse und zwei Funkgeräte, dafür seien aber die Kühlschränke voller Fleisch gewesen, das die Überlebenden eigentlich hätten mitnehmen müssen, als sie sich davonmachten. Auch die Saloneinrichtung sollte angeblich weg sein, dabei konnte es bei so vielen Leuten an Bord und dem Zustand des Schiffes wirklich nicht weit her damit sein. War die Mannschaft darauf verfallen, die Bodenventile zu öffnen? Dieser Gedanke war ziemlich abwegig, wo sich doch so viele andere Leute an Bord befanden. Zu guter Letzt wurde auch noch Mary Pickford, der Filmstar, mit in die Geschichte hineingezogen, als man darauf stieß, daß die *Joyita* einmal ihr gehört hatte.

Dann verfiel man auf Rauschgiftschmuggel als Unglücksursache, denn ein Brief tauchte auf, der besagte, dem Briefschreiber habe sich ein fünfzigjähriger Chinese genähert und erzählt, an Bord der *Joyita* sei Opium gewesen. Der Brief kam aus Sandringham in Victoria und trug eine unleserliche Unterschrift. Dem Umschlag entfiel noch ein Fetzen Papier mit ein paar Worten, die der unbekannte Chinese geschrieben haben sollte. Sie lauteten: »Ich wissen *Joyita* viel Opium in Kartoffelsack. Ich Chinamann, sie viel große Menge.«

Eine Mrs. E. Cromer aus der Toongabbiestraße 42 in Toongabbie, Neusüdwales, schrieb, sie habe mit dem Planeten Mars in Verbindung gestanden, kenne jetzt die wahren Zusammenhänge und hoffe, man gebe nicht den Japanern die Schuld. Laut Mrs. Cromer war ein Faß Schießpulver explodiert und der Qualm so erstickend gewesen, daß alle über Bord sprangen. Das klang fast so, als hätte sie etwas über die *Mary Celeste* gelesen. Das Pulverfaß, führte sie weiter aus, sei mit einer Tonne Glyzerin zusammen durch die Bordwand geflogen und danach wären Fischer an Bord gekommen. So hatte angeblich einer der Toten die Geschichte an Mrs. Cromer übermittelt.

Stoddart, der Kolonialminister von Fidschi, erhielt gar einen Brief von einem Menschen, der sich »Bischof Bridge« nannte und von sich behauptete, er sei sein »Schöpfer und Erlöser«. Bridge lebte offenbar in Westor, Neusüdwales, und er gab Stoddart zu verstehen, er würde, wenn er der Sache nur richtig auf den Grund ginge, alle Leute von der *Joyita* auf den Salomonen wiederfinden, »glücklich geheilt von all ihren Krankheiten wie Krebs und TB«. Durch ein »Wunder« des Bischofs seien sie »wie der Blitz« dorthin gelangt.

Das war längst nicht alles. Man erinnerte sich an Millers dubiose Geschäfte, und schon hieß es, er habe nie die Absicht gehabt, je die Tokelauinseln anzulaufen. Warum hätte er soviel Wasser, Treibstoff und Proviant für eine so kurze Fahrt übernehmen sollen? Man nahm vielmehr an, Miller wäre, da er in Samoa keinen Kredit mehr hatte, in Richtung Honolulu gefahren. Dann besann man sich darauf, daß lange vor der Katastrophe Mrs. Ismay Beatrice Matilda Miller, seine geschiedene Frau, in seiner Heimatstadt Cardiff das Scheidungsverfahren gegen ihn eingeleitet hatte, und argwöhnte nun, er sei verschwunden, um keine Unterhaltszahlungen leisten zu müssen. Aber wie konnte er nach Honolulu abgedampft sein, wenn 24 andere Leute unbedingt zu den Tokelauinseln wollten und gegen sein Vorhaben protestierten? Die Position der *Joyita* bei ihrer Auffindung sprach eigentlich nicht dafür, daß sie Nordnordost Richtung Hawaii gesteuert war. Dennoch hatte man allgemein das Gefühl, Miller sei zu allem fähig und hätte in seiner ausweglosen Lage auch Grund genug gehabt, es auf einen Versuch ankommen zu lassen. Die Regierung war mittlerweile so entnervt, daß sie sich zu einer Stellungnahme mit dem Inhalt genötigt sah, »unsachliche Spekulationen« über die *Joyita*-Katastrophe seien vor Eröffnung des Ermittlungsverfahrens »alles andere als zweckdienlich«.

Am 3. Februar 1956 tagte in Apia auf Westsamoa die Untersuchungskommission unter Vorsitz von Richter Carsack. Kommandant Plowman beschrieb den Fehlstart der *Joyita*, und Kurt von Reiche, der Geschäftsführer von Coxon, schilderte, wie er an dem Sonntag, an dem sie auslaufen sollte, an Bord gegangen war und Miller ersucht hatte, nicht mit Maschinenschaden abzulegen. Höchstwahrscheinlich, sagte er, sei Miller mit nur einer Maschine abgedampft, da die Kupplung der Backbordmaschine zum Teil demontiert war. Wie er weiter ausführte, hatte Miller ihm erzählt, nach zwei weiteren Reisen dieser Art sei er aus allem heraus und könne endlich Treibstoff kaufen, um nach Honolulu zu fahren.

Es habe einige Aufregung gegeben, fuhr er fort, als man bemerkte, daß eine der an Bord verfrachteten Kisten die Aufschrift »Hochfeuergefährlich. Explosionsgefahr!« trug, aber dem Ladungsverzeichnis war zu entnehmen, daß die Kiste keine Sprengstoffe enthielt, sondern Rattenfallen, und das stimmte dann auch. Durch von Reiche kam auch heraus, daß Miller sich entschlossen hatte, das motorgetriebene Beiboot des Schiffes nicht mitzunehmen. Er hatte es bei von Reiche zurückgelassen und dazu gesagt, es sei wohl nicht nötig für die Reise. Von Reiche hatte dann mit Dr. Parsons einen Drink zu sich genommen und auch Miller dazu eingeladen, aber der hatte abgelehnt und bemerkt, auf See trinke er niemals Alkohol.

Direktor Bentham von der Apia-Funkstation erzählte, er habe, als die geplante Abfahrt der *Joyita* bekannt wurde, ohne daß seine Station um Zusammenarbeit ersucht worden war, Miller eine Nachricht zukommen lassen, daß die Funkstelle sich täglich um 10 Uhr morgens und 16 Uhr nachmittags für den Funkkontakt mit seinem Schiff bereithalte. Er habe keine Befugnis, die Zusammenarbeit zu erzwingen oder die Funkausrüstung der *Joyita* einer Prüfung zu unterziehen, halte es aber für ratsam für die *Joyita*, in Funkverbindung zu bleiben. Er schlug Miller auch vor, sein Funkgerät vor der Abfahrt zu überprüfen.

Als er keinerlei Antwort erhielt, ging Bentham zum Kai und bat Pearless, Miller doch zu einer Überprüfung zu veranlassen und herauszufinden, ob die für die Zusammenarbeit mit dem Schiff vorgesehene Zeit genehm sei. Wieder kam keine Antwort. In dem Glauben, die Ausrüstung der *Joyita* würde inzwischen überprüft, wartete er bis zum Sonntagabend um 19 Uhr auf der Funkstation. Nichts tat sich. Am Montag gegen Mittag endlich, als die *Joyita* schon ausgelaufen war, rief von Reiche die Station an und unterrichtete Bentham davon, das Funkrufzeichen des Schiffes sei WNIM und Miller sei mit der vereinbarten Zeit einverstanden. Von da an, auch während des gesamten Suchzeitraums, blieb die Apia-Funkstation auf Empfang und rief die *Joyita* immer wieder an, aber ohne Erwiderung.

Als nächstes kam ans Licht, daß die *Joyita* gar nicht für Passagiere zugelassen war und daß sowohl Pearless als auch Miller davon Kenntnis hatten. Miller wußte es mit Gewißheit, und Pearless mußte es eigentlich dem Chartervertrag mit Miller entnommen haben. Und da sich die beiden Coxon-Beamten als Supercargo an Bord befanden, war es durchaus möglich, daß auch Coxon & Co. Bescheid wußte. Der Fahrpreis betrug 13 Pfund für Verwaltungsbeamte, 6 Pfund, 10 Shilling für Insulaner und 3 Pfund, 5 Shilling für das eine Kleinkind unter drei Jahren.

Aus Miller, dem angesehenen, tüchtigen Seemann, wurde jetzt auf einmal ein Mann, der in seiner Verzweiflung sehr wohl falsch gespielt haben mochte, um zu gewinnen, weil das seine letzte Chance war. Nicht genug damit, daß er von Reiche erzählt hatte, die Maschine könne leicht in Ordnung gebracht werden, obgleich er genau wußte, daß es nicht so war, und daß er sich weigerte, sein Funkgerät testen zu lassen, weil er wahrscheinlich wußte, wie reparaturbedürftig es war, er hatte darüber hinaus auch noch den Hafenmeister von Apia angelogen und vorgegeben, im Besitz einer Zulassung für 25 Passagiere zu sein, die das Schiffahrtsbüro in Honolulu ausgestellt haben sollte. Ohne Zweifel hatte er die Befürchtung, diese Charter, an die er seine letzte Hoffnung knüpfte, könne platzen, wenn es irgendeinen Aufschub gäbe. Die Untersuchungskommission gestand ihm allerdings zu, daß er immer noch ein guter Seemann war und im Notfall unbedingt bei seinem Schiff geblieben wäre.

Mr. T. R. Smith, der amtierende Hohe Kommissar, hatte genauestens über alle Ereignisse, die die Suche nach der *Joyita* betrafen, Buch geführt. Durch ihn erfuhr das Gericht, daß Miller von Frau Luomala gedrängt worden war, nach Honolulu zurückzukehren, und vielleicht tatsächlich dorthin unterwegs gewesen war. Ferner deckte er auf, daß Miller darauf bestanden hatte, sechzig Fässer Treibstoff statt der vorgesehenen dreißig an Bord zu nehmen, die mehrfach für die Strecke zu den Tokelauinseln gereicht hätten. Seine Aufzeichnungen enthüllten auch, daß die Frau des Steuermanns Chuck Simpson – und in diesem Fall sicher auch er selbst – wußte, daß die Funkanlage außer Betrieb und kein Ersatzgerät an Bord war. Sowohl ihr Mann als auch Miller hatten jedoch gesagt, sie wären am folgenden Freitag wieder von den Tokelauinseln zurück, und da Miller überdies einen Anzug und mehrere Hemden dagelassen hatte, sah es eigentlich nicht so aus, als habe er vorgehabt zu verschwinden.

Des weiteren eröffnete Smith nun, er habe von von Reiche einen Brief Millers an Frau Luomala in Honolulu erhalten und es unter den gegebenen Umständen für gerechtfertigt angesehen, diesen zu öffnen. Der Brief besagte, daß Miller keineswegs vorhatte, nach Honolulu aufzubrechen, ehe er nicht die Fahrt zu den Tokelauinseln hinter sich gebracht hatte, von der er sich genug Geld versprach, um seine Schulden bezahlen zu können. Er schien darauf versessen zu sein, den Tokelauinsulanern zu helfen, und hoffte auf weitere Charter für die Zukunft. Zieht man in Betracht, was für einen ungeheuren Aufwand es bedeutet hätte, alle an Bord der *Joyita* (die samt und sonders schnellstens zu den Tokelauinseln wollten) von der Notwendigkeit zu überzeugen, statt dessen nach Honolulu zu fahren, ist ein Versuch Millers in dieser Richtung wohl auszuschließen.

Weiter gab Smith in seiner Aussage zu verstehen, daß Dr. Parsons wie auch der Apotheker Hodgkinson kaum in eine Änderung des Reiseplans eingewilligt hätten, da sie zu einer Notfalloperation unterwegs waren. Damit stand letztendlich ziemlich eindeutig fest, daß Miller kaum die Absicht gehabt haben dürfte, nach Honolulu zu fahren.

Über die Ursache der Überflutung, den Ausfall von Maschinen und Pumpen, das Verlöschen des elektrischen Lichts und die Unbrauchbarkeit der Funkanlage äußerten sich 28 Zeugen, darunter viele Experten. Der Gerichtsbefund vom 22. Februar 1956 verwarf all die phantastischen Theorien, die aufgestellt worden waren, und führte das Unglück auf das Vollaufen des Schiffes nach Durchrosten und Brechen des galvanisierten, zum Kühlsystem der Backbord-Hilfsmaschine gehörigen Rohrs zurück. Wesentlich zur Katastrophe beigetragen habe der Ausfall der Lenzpumpen, deren Einlaßrohre vermutlich durch Unrat verstopft waren, weil Filter fehlten. Da keine wasserdichten Schotten vorhanden waren, konnte sich das Wasser einen Weg durch das Schiff bahnen, und als die Maschine stillstand und die Steuerfähigkeit verlorenging, war das Schiff manövrierunfähig und legte sich quer zur See, so daß Kapitän und Mannschaft machtlos waren. Die natürliche Schwimmfähigkeit in Verbindung mit den leeren, in die Laderäume gezwängten Fässern reichte aber aus, die *Joyita* über Wasser zu halten.

Allerdings konnte sich niemand von der Untersuchungskommission erklären, was mit den Menschen an Bord des Schiffes geschehen sein mochte. Man glaubte sich zwar in der Lage, ein Urteil darüber abzugeben, was mit dem Schiff passiert war, sah sich aber »außerstande, das auch im Hinblick auf die Schiffsbesatzung zu tun«. Man neigte zu der Auffassung, das Schiff sei freiwillig aufgegeben worden, konnte aber nicht begründen, warum, denn das an dem zertrümmerten Decksaufbau festgezurrte Sonnensegel war doch offenbar ein Anzeichen dafür, daß sich nach dem Vollaufen des Schiffskörpers noch Überlebende an Bord befanden. Daß die Funkanlage nicht einsatzbereit und kein vorschriftsmäßig ausgestattetes Rettungsboot vorhanden war, machte die Sache noch schlimmer. Das Gericht zog zwar in Erwägung, daß unter Umständen auf einigen der Hunderte von Inseln, von denen das Fundgebiet der *Joyita* übersät ist, noch Überlebende zu finden seien, hielt diese Chance jedoch für ausgesprochen gering.

Überdies befand es, auf Miller laste eine schwere Verantwortung, weil er versäumt habe, für ein einsatzbereites Funkgerät und ein Rettungsboot oder andere Rettungsmittel Sorge zu tragen; auch hätte er sich fahrlässig verhalten, da er vor dem Auslaufen von Apia keine Probefahrt unternommen habe, denn dabei wären einige der Mängel zutage getreten, die sich während der fünfmonatigen Liegezeit der *Joyita* eingestellt hatten.

Die Untersuchung galt als ehrlich und unparteiisch, aber in Wirklichkeit war nicht alles Beweismaterial ans Licht gebracht worden. Von Reiche hatte vor Gericht nicht erzählt, daß er der *Joyita* am Sonntagabend noch einen zweiten Besuch abstattete und Miller erneut fragte, ob wirklich alles in Ordnung sei, worauf Miller erwiderte: »Keine Angst. Es geht alles klar. Und außerdem, sollte diesem Schiff irgend etwas zustoßen, wäre man ein Narr, es zu verlassen, denn es ist unsinkbar.« Daran zeigte sich deutlich, daß Miller es nur aufgrund dieser ihm bekannten Tatsache wagte, mit einem derart vernachlässigten Schiff in See zu stechen.

Eine viel gewichtigere Unterlassung aber war die, daß niemand zu den Funden in den Speigatten vernommen wurde, über das Skalpell, die Nadeln, Faden, Stethoskop und die vier blutbefleckten Verbandsstreifen aus der Arzttasche. Kommandant Plowman hatte seine Entdeckungen immerhin für aufschlußreich gehalten und erwartet, in den Zeugenstand gerufen zu werden, aber am letzten Verhandlungsabend hatte ihm der Staatsanwalt William Watson mitgeteilt, die Sache sei bereits abgehandelt worden. Plowman glaubte das nicht. Seiner Ansicht nach versuchte das Gericht, die Behörden zu decken, die nie hätten zulassen dürfen, daß die *Joyita* auslief, was sie auch sehr wohl wußten.

Was war denn nun eigentlich passiert?

Immer wieder hat der Pazifik Rätsel aufgegeben. 1940 wurde die Ketsch *Wing On* mit drei angeschlagenen Segeln und festgezurrter Ruderpinne in Schräglage auf einem Riff in der Nähe von Vanua Levu aufgefunden. Sie war offenbar verlassen, aber als die Männer des Bergungsschiffes an Bord gingen, fanden sie in der Kajüte eine halbverhungerte weiße Frau, die nur noch mit dem Kopf aus dem Wasser ragte, das den Raum fast ganz füllte. Sie zogen die Frau heraus, und da sahen sie, daß sie versucht hatte, eine andere Frau hochzuhalten. Dann war noch die schon in Verwesung begriffene Leiche eines Mannes an Bord. Die Frau war die einzige Überlebende von zwei jungverheirateten Paaren, die von San Franzisko zu den Marquesasinseln segeln wollten. Sie waren ungenügend ausgerüstet, ihr Boot war leck, hatte fehlerhafte Pumpen und einen unbrauchbaren Chronometer, und als sie sich in der Weite des Ozeans verirrten, ging ihnen der Proviant aus, so daß drei von ihnen verhungerten.

1956 verließ das 130-Tonnen-Doppelschrauben-Motorschiff *Melanesian* mit 64 Personen an Bord im regulären Inselverkehr das Sikiana-Atoll, meldete sich noch einmal aus der Nähe von Sikerane und wurde nie wiedergesehen. Einige Zeit später wurde ein Stück Bauholz gefunden, ferner die Leiche des Bootsmanns und ein Bunkertank, die beide ungeheurem Druck ausgesetzt gewesen sein mußten. Der mit dieser Sache befaßte Untersuchungsausschuß kam zu dem Schluß, das Schiff sei nicht, wie vermutet wurde, durch eine Mine versenkt worden, sondern müsse von einer unbekannten, nicht näher identifizierbaren Kraft zermalmt worden sein. Man hatte Detonationsgeräusche vernommen, und die Einheimischen waren der Meinung, das Schiff sei infolge einer Explosion im Batterieraum untergegangen, aber es geschahen allerlei seltsame Dinge in dem betreffenden Zeitraum im Pazifik. Zum Beispiel war zwei Jahre zuvor – etwas westlich von da, wo die *Melanesian* verschwand, und nur etwas weiter nördlich von da, wo die *Joyita* ihr Schicksal ereilte – das japanische Fischereischiff *Lucky Dragon* mitten in die radioaktive Wolke eines Atombombenversuchs vom Bikini-Atoll gefahren.

1958 wurde die Jacht *Annette*, die von Apia nach Suva unterwegs war, gesunken auf dem Dibble-Riff gefunden, etwa 10 Seemeilen nördlich von Vanua Levu. Unter den Männern, die Nachforschungen anstellten, war auch Rob Wright, der Fotograf des Touristenbüros, der die *Joyita* fotografiert hatte. Die Wanten der *Annette* waren intakt, aber sie wies von Korallen verursachte Leckstellen auf. Alles schien an seinem Platz zu sein, nur von dem Ehepaar, das an Bord gewesen war, fehlte jede Spur, und das Beiboot der Jacht trieb schließlich 60 Seemeilen vom Fundort entfernt an Land. Sein Außenbordmotor fehlte, aber im Boot lagen noch ein paar Riemen und eine Plastikwasserflasche, eine merkwürdige Sache, falls das Boot wirklich umgeschlagen sein sollte und seine Insassen ertrunken waren.

1960 verschwand auf dem Weg von Tonga nach Samoa das brandneue 114-Tonnen-Fischereifahrzeug *Teiko*. Niemand hatte einen Funkspruch aufgefangen, und von der 22köpfigen Besatzung wurde nie wieder etwas gesehen.

Und was war nun mit der *Joyita*? Hatte Miller vorgehabt, nach Honolulu abzudampfen (wie sonst ließen sich die Extramengen Treibstoff und Proviant erklären?), und diente der Brief, der dem amtierenden Hohen Kommissar in die Hände fiel, nur mehr der Verschleierung seines Vorhabens? Wußte Miller, daß der Brief geöffnet würde, wenn er sich nicht mehr blicken ließ? Und doch war es eigentlich undenkbar, daß er 24 Leute hätte überreden können, irgendwohin zu fahren, wo sie gar nicht hinwollten, es sei denn, der Kurs wäre nach Einbruch der Dunkelheit gewechselt worden, als alle schliefen.

Eins begreift jeder Seemann sehr schnell, nämlich daß es Dummheit ist, es auf See darauf ankommen zu lassen. Dennoch gibt es immer wieder alte Seebären, die aus einer Zwangslage heraus doch ihr Glück herausfordern. Kommandant Plowman war der Meinung, Miller hätte sich nichts daraus gemacht, alle guten Seemannsgrundsätze über Bord zu werfen, nur um das Geld aus dem Chartervertrag zu verdienen – ganze 70 Pfund am Tag. Seines Erachtens wäre Miller am Auslaufen gehindert worden, wenn er am Montagmorgen noch im Hafen gewesen wäre. Sonntag nacht war Plowman aufgewacht, hatte festgestellt, daß der Wind mit einer Geschwindigkeit von etwa 40 Meilen pro Stunde blies, und im stillen gedacht: »Gott sei Dank bin ich nicht an Bord der *Joyita*.«

Kapitän S.B. Brown von der 100-Tonnen-Ketsch *Maroro*, ein Freund Millers, war davon überzeugt, daß Miller die *Joyita* nie verlassen hätte. Er glaubte, Miller habe Streit mit seinem amerikanischen Maat bekommen, der zu einer Prügelei ausartete, und bei dem Handgemenge seien wohl beide über Bord gefallen, so daß kein einziger erfahrener Offizier mehr an Bord war. Miller hätte sein Schiff nie aufgegeben, solange er am Leben war, da war Brown ganz sicher.

Bis Juli 1956 lag die *Joyita* in der Walu Bay in Suva, dann ließ Frau Luomala sie versteigern. Sie ging für 2425 Pfund an David Simpson, einen Pflanzer aus Vanua Levu, wurde überholt und instand gesetzt. Noch im selben Jahr ging sie wieder in See, begleitet von dem Gerücht, die US-Regierung wolle sie beschlagnahmen, weil Frau Luomala sie ohne Einwilligung der Vereinigten Staaten in Großbritannien hatte registrieren lassen. Noch immer vom Pech verfolgt, lief sie am 8. Januar 1957 mit dreizehn Passagieren an Bord in der Korosee am Horseshoe-Riff, einem etwa 1 Meile breiten Korallenring, auf Grund. Sie wurde schließlich gehoben und nach Levuka geschleppt. Jetzt glaubten die Insulaner wirklich langsam, sie sei verhext. Im Oktober 1958 wurde sie wieder in Dienst gestellt und pendelte regelmäßig als Handelsschiff zwischen Levuka und Suva hin und her, lief jedoch am 20. November 1959 erneut am Riff von Vatuvula auf Grund. Diesmal schaffte sie es allerdings, bei Flut aus eigener Kraft freizukommen. Eine Überprüfung in Levuka hatte nur geringen Sachschaden ergeben, doch bei Fortsetzung der unterbrochenen Fahrt nach Suva übernahm das Schiff Wasser. Die Pumpen wurden angeworfen, aber das Wasser strömte nur um so schneller nach. Die *Joyita* mußte nach Levuka zurückkehren, und dort stellte man fest, daß der Ingenieur das Ventilgehäuse der Pumpe falsch herum eingebaut hatte, so daß das Wasser nicht hinaus-, sondern hereingepumpt wurde.

Das war ihr Ende. Sie war ganz eindeutig ein Unglücksschiff. Ihre Besitzer ließen sie einfach am Strand liegen und überließen es ihren Gläubigern, sie auszuschlachten. So kam es, daß sie nur noch ein abgetakeltes Wrack war, als Lord Maugham sie fand – Robin Maugham, der Schriftsteller und Neffe von Somerset Maugham, aus dessen Feder so viele Pazifikgeschichten stammen. Die Sache nahm ihn sofort gefangen; er führte nicht nur auf eigene Faust Ermittlungen durch, sondern kaufte die *Joyita* auch gleich.

Maugham kam zu dem Schluß, daß abends, nachdem die *Joyita* von Apia ausgelaufen war, rauhe Witterung aufkam, der die Backbordmaschine nicht gewachsen war. Sie stand still, und dann brach das zolldicke galvanisierte Rohr unter dem Maschinenraum-Fußboden. Die Lenzpumpen waren nicht dazu in der Lage, mit den hereinströmenden Wassermassen fertig zu werden, zudem waren die Saugleitungen ohnehin mit Baumwollabfällen und anderem Zeug verstopft, das sich unter den Fußbodendielen angesammelt hatte. Als das Schiff allmählich vollief, wurden die vier Matratzen mit nach unten genommen, entweder um das Leck abzudichten, nachdem man es endlich gefunden hatte, oder um zu verhindern, daß das vom Schwungrad hochgewirbelte Spritzwasser einen Kurzschluß im Elektrosystem auslöste.

Das Funkgerät stand auf der Notsignalfrequenz, aber der Bruch in der Antenneneinführung verhinderte die Übermittlung. Als die Stampfbewegung des Schiffes zunahm und das Wasser weiter anstieg, wurde eine Hilfspumpe an einen Holzbalken gebunden, der über den beiden Hauptmaschinen lag, aber es war keine Zeit, sie anzuschließen. Der Wasserstand erreichte schließlich eine Höhe von 18 Zoll über dem Fußboden, und da fiel auch noch die Steuerbordmaschine aus; das Schiff wurde in Dunkelheit gehüllt und lag manövrierunfähig quer zur See.

Der Decksaufbau der *Joyita* war bei ihrer Umrüstung auf ein Fischereischiff aus leichtem Holz gezimmert worden und nicht so stabil wie alles übrige. Maugham kam zu der Überzeugung, daß um 22.25 Uhr, als die Uhr stehenblieb, eine gewaltige Woge auf das Schiff niederging und die Backbordseite des Aufbaus davontrug. Wasser strömte in den Laderaum, und langsam lief das Schiff voll.

Wenig später wurde seiner Meinung nach von einem Besatzungsmitglied etwas oberhalb des Ruderhauses das leinene Sonnensegel angeschlagen, und zwar mit halben Schlägen. Jemand hatte sich inzwischen schwer verletzt und wurde von Dr. Parsons – möglicherweise auch von Apotheker Hodgkinson – behandelt; dabei kamen das aufgefundene ärztliche Besteck und das Verbandszeug zur Anwendung. Irgendwann danach war es soweit, daß die drei Rettungsflöße ausgesetzt wurden und alle Mann mitsamt der Decksladung, dem Chronometer und den 1000 Pfund in samoanischer Währung von Bord gingen oder gebracht wurden.

Eine erweiterte Fassung seiner Theorie legte Maugham Richter Carsack dar, dem Vorsitzenden der Untersuchungskommission, der sie durchaus einleuchtend fand. Nach Maughams Auffassung arbeitete die Steuerbordmaschine noch, als die *Joyita* nach der anfänglichen Betriebsstörung zum zweitenmal auslief, während an der Backbordmaschine Reparaturen vorgenommen wurden und die Kupplung zum Teil abmontiert war. Gegen Mittag erhob sich eine steife Brise, und das Schiff, mit nur einer Maschine in Betrieb, fing an zu stampfen. Die Inselbewohner lagen durchnäßt an Deck; Simpson und Tanini arbeiteten im Maschinenraum, wobei ihnen Miller gelegentlich Hilfe leistete.

Das Wetter verschlechterte sich zusehends. Als Miller zur Brükke hochging, half an seiner Statt McCarthy, der in der US-Marine ausgebildete Halbsamoaner, den beiden Maschinisten. Nach Anbruch der Dunkelheit legte der Sturm los, und heftige Windstöße hämmerten auf das Schiff ein. Parsons versuchte, Miller dazu zu bewegen, umzudrehen, aber der weigerte sich, und als Parsons ihn unter Druck setzen wollte, kam es zum Handgemenge, in dessen Verlauf Miller sich zwar freirang, dann jedoch stolperte, von der Brücke aufs Deck hinunterfiel und sich eine schwere Kopfverletzung zuzog. Zuerst dachte man, er sei tot, merkte aber bald, daß noch Leben in ihm war. Hodgkinson holte Parsons' Arzttasche, und Parsons nähte die Wunde mit Nadel und Faden, die Plowman gefunden hatte, zu und stillte das Blut mit dem aufgefundenen Verbandszeug. Die ganze Zeit über, während sie beim Schein einer kleinen Lampe arbeiteten, beobachtete sie Tanini, der Maschinist und treue Freund Millers.

Inzwischen war das Wasser weiter gestiegen, und das Schiff lag im Dunkeln. Man unternahm den Versuch, ein Notsignal zu senden, erfuhr aber keine Bestätigung, weil der Bruch in der Antennenleitung die Reichweite auf knappe 2 Seemeilen herabsetzte. Da niemand sonst sich verantwortlich zeigte, versuchten Pearless und Parsons, daß Kommando an sich zu reißen, als eine Sturzsee auf die Backbordseite des Schiffes niederging, das Ruderhaus zerschmetterte und den Decksaufbau hinwegriß.

Die *Joyita* schien zu sinken, und so wurden die Rettungsflöße ins Wasser geworfen und mit einem Tau an dem Schiff, das jetzt schwere Schlagseite hatte, festgemacht. Unter den Passagieren breitete sich Panik aus. Alles kletterte in die Flöße, nur ein paar Insulaner und Europäer wie auch der treue Tanini, der Miller nicht verlassen wollte, blieben an Bord.

Dann erblickte Simpson im Mondschein so etwas wie ein Riff. Ein Riff konnte nur Land bedeuten, und da der Wind darauf zublies, mußten sie es eigentlich gut erreichen können. Jetzt stiegen auch die übrigen in die Flöße. Williams überlegte, ob er die 1000 Pfund mitnehmen sollte, bis ihm zu Bewußtsein kam, daß die Bank von Samoa sie ersetzen würde, selbst wenn sie verlorengingen – was sie später auch wirklich tat.

Er gesellte sich zu den anderen, während die *Joyita* nach Backbord überholte und tiefer in die Fluten tauchte. Damit die Flöße treiben konnten, wurden die Leinen gekappt. Unglücklicherweise hatte niemand daran gedacht, daß die Strömung nach Westen verlief und die Flöße, statt sie näher an Land zu treiben, davon wegtragen würde – niemand sah sie jemals wieder.

Miller, der unter der Obhut des getreuen Tanini noch an Bord der *Joyita* weilte, starb kurze Zeit, nachdem sich der Sturm gelegt hatte. Jetzt trieb das preisgegebene Schiff mit seinem einzigen lebenden Passagier über das weite Meer. Es kam schließlich einem japanischen Fischereischiff von 80 Tonnen in Sicht und wurde von dessen Mannschaft geentert. Die Japaner fanden Millers Leiche und dabei Tanini, der zwar noch lebte, aber halb verhungert war und den Verstand verloren hatte. Er fiel über den ersten besten Japaner her, um ihn von der Leiche wegzutreiben, verlor während des Kampfes das Gleichgewicht und stürzte ins Meer.

Allein an Bord der *Joyita*, von deren Korkausfütterung sie keine Ahnung hatten, glaubten die hilfsbereiten, keineswegs seeräuberischen Japaner, das Schiff sei dem Untergang nahe. Es wäre Dummheit gewesen, Ladung und Proviant mit zugrunde gehen zu lassen, also plünderten sie das Schiff aus und rollten Millers Leiche ins Meer. Dann fuhren sie davon, fest davon überzeugt, die *Joyita* würde bald versinken. Als das Schiff überraschenderweise geborgen wurde, hatten sie ein zu schlechtes Gewissen, um ein Geständnis abzulegen.

Eine spannende Geschichte, aber reine Theorie, wie Maugham bestimmt als erster zugeben würde, und selbst als solche nicht ganz schlüssig. Bewohner von Pazifikinseln haben nämlich offenbar ein besonderes Talent zum Überleben. Im Juli 1962 hielten sich von einer sechzehnköpfigen Mannschaft zwölf Insulaner drei Monate in dem halb überfluteten Wrack eines auf ein Riff aufgelaufenen japanischen Fischerbootes am Leben. Zwei von dreien überlebten den Versuch, in einem selbstgebauten Auslegerboot Hilfe zu holen. Und warum sollte der verletzte Miller überhaupt zurückgelassen worden sein? Wenn die Japaner nur Hilfe leisten wollten, warum sollte Tanini sie dann bekämpfen? Einigermaßen gewiß scheint lediglich dies zu sein: daß eine Woge über das Schiff hereinbrach, daß jemand verletzt war und daß das Schiff bei Auffindung *wirklich* von japanischen Fischern geplündert wurde. Zumindest stimmen diese Vermutungen mit den bekannten Fakten überein. Aber die Fakten ergeben zusammengenommen auch eine viel einfachere Theorie – daß Miller verletzt wurde, als eine Sturzsee auf das Schiff niederging und auf Deckshaus und Aufbauten herunterschmetterte. Man versuchte, seine Wunden zu nähen, aber er blieb bewußtlos und war nicht mehr in der Lage, den anderen mitzuteilen, für wie sicher er die *Joyita* hielt, und so brachten die Europäer einfach alle dazu, die Flöße zu besetzen, ohne sich um die Einwände Simpsons, McCarthys und Taninis zu kümmern, und auch der bewußtlose Miller mußte mit hinein. Geld und Schiffschronometer wurden mitgenommen. Als die Japaner auf das Schiff stießen, war es bereits verwaist, und die Leute in den Flößen waren schon tot, umgekommen durch Ertrinken, Verhungern oder Verdursten.

Waren sie das wirklich? Im Juni 1958 wurden in einer Höhle auf der unbewohnten Hendersoninsel, der Insel von Fletcher Christians Meuterern von der *Bounty*, sechs menschliche Skelette gefunden. Sie waren allem Anschein nach jüngeren Datums, und man erwog die Möglichkeit, daß es sich um Überlebende von der *Joyita* handle. Beamte in Pitcairn plädierten dafür, den Fund zur Untersuchung und Identifizierung in luftdichten Särgen nach London oder Neuseeland zu bringen, aber die britischen Behörden sahen keinen Sinn in einer solchen Unternehmung und lehnten das Gesuch ab. Ein Pathologe in Suva untersuchte ein paar Haare von einem der Gerippe, kam jedoch zu keinem beweiskräftigen Ergebnis. Trotzdem hielt sich der Glaube hartnäckig, sechs Leute von der *Joyita* wären gefangengenommen, an Bord irgendeines Schiffes zur Hendersoninsel gebracht, dort ausgesetzt worden und umgekommen.

Indessen ist das nicht sehr wahrscheinlich, denn die Hendersoninsel ist nahezu 2000 Seemeilen von den Fidschiinseln entfernt, wo die *Joyita* aufgefunden wurde. Dr. Edward Hunt, Anthropologe an der Harvard-Universität, schloß die Möglichkeit immerhin nicht ganz aus, obgleich es sich seiner Meinung nach eher um die Skelette von Polynesiern handelte – Pazifikhöhlen wurden tatsächlich oft zur Bestattung Toter benutzt. Nichts konnte bewiesen werden, und das Geheimnis blieb so undurchdringlich wie eh und je.

Wie sich auch bei anderen Rätseln, die das Meer aufgegeben hat, immer wieder bewahrheitet hat, hätte ein einziger Überlebender genügt, um den Schleier des Geheimnisses zu lüften, und dann wären wahrscheinlich all die glänzenden Theorien angesichts einer verblüffend einfachen Lösung in sich zusammengefallen. Das einzige, was als sicher anzunehmen ist, sind die Qual und das Entsetzen der Menschen, die sich in Dunkelheit, vom Sturm umtost, an Bord der havarierten *Joyita* befanden und keine Funkmöglichkeit hatten, um Hilfe zu rufen.

7. Teignmouth Electron († 1969)

Tragödie der Einsamkeit

Katastrophen auf See haben die verschiedensten Ursachen. Manchmal liegen sie sogar im Charakter des Schiffsführers begründet. Befehlshaber wie Kapitän Carey von der *Vestris* haben versagt, so mancher Seeoffizier hat sich als unfähig erwiesen, und Mannschaften wie Passagiere sind in Panik geraten. Zweifellos starben viele Menschen bei der *Titanic*-Katastrophe, weil allzu diensteifrige Stewards den Zwischendeckspassagieren nicht gestatten wollten, das Erste-Klasse-Deck zu betreten, und noch mehr starben, weil die Angst, der Sog des untergehenden Schiffes würde die Boote mit hinabziehen, die Retter davon abhielt, Überlebende aus dem Wasser zu fischen, so daß viele durch Erschöpfung und Kälte umkamen.

Auch das *Joyita*-Unglück wurde ohne Zweifel durch die Persönlichkeit Millers geprägt. 1969 kam es wieder zu einem Unglück, dessen Ursache nicht zuletzt im Charakter des einzigen Opfers zu suchen war – im Fall der *Teignmouth Electron.*

Das Rätsel nahm am Morgen des 10. Juli 1969 seinen Anfang. Da kam dem britischen Postschiff *Picardy* von der Furness-Withy-Linie auf dem Weg von London in die Karibik eine kleine Jacht in Sicht, die nur ein Besansegel gesetzt hatte und mit etwa 2 Knoten dahingeisterte. Es war 7.50 Uhr in der Frühe. Die *Picardy* befand sich weit draußen im Atlantik auf einer Position von 33° 11′ Nord und 40° 26′ West – in einer Gegend, in der man, gelinde gesagt, so gut wie nie auf kleine Segeljachten stößt. Joseph Clark, der Erste Offizier, rüttelte den Schiffsführer Kapitän Richard Box in seiner Koje wach, damit auch er einen Blick auf die Jacht warf. Auf ihrem Deck war niemand zu sehen, und da anzunehmen war, daß die Mannschaft schlief, änderte Box seinen Kurs, passierte die Jacht hinter ihrem Heck und ließ das Nebelhorn dreimal erschallen. Keine Antwort. Jetzt war der Name der Jacht, eines Trimarans, zu erkennen: *Teignmouth Electron* aus Bridgwater. Box hatte das Gefühl, als sei etwas faul da drüben, und so ließ er die Maschinen stoppen und ein Boot aussetzen. Clark machte sich mit einer dreiköpfigen Mannschaft daran, die Sache zu erforschen. Er kletterte an Bord und steckte seinen Kopf zur Kajütentür hinein, aber das Boot war offenbar verlassen.

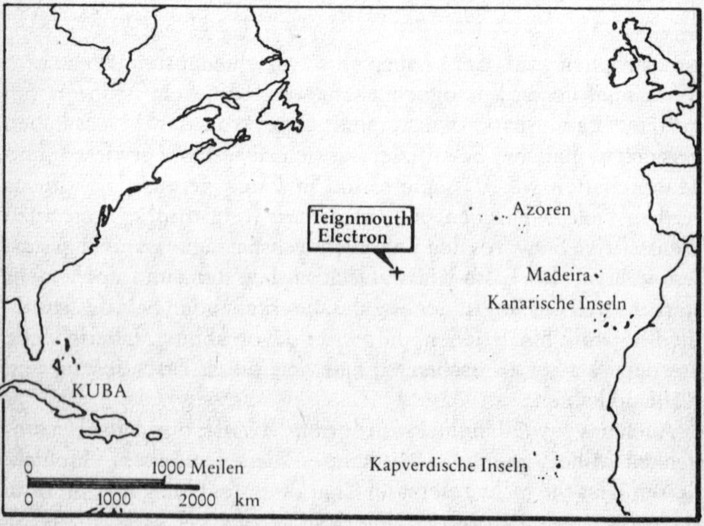

Obwohl aufgegeben, war die Jacht in ziemlich guter Verfassung. Nur die Kajüte war unordentlich; schmutziges Geschirr von zwei Tagen stand im Spülbecken, und auf dem Tisch lagen drei Funkempfänger herum, zwei davon auseinandergenommen mit überall verstreuten Teilen. Auf einer Dose Milch lag ein Lötkolben, ein Zeichen dafür, daß das Boot seit seiner Preisgabe kein Unwetter erlebt hatte. In der vorderen Koje befand sich ein schmutziger alter Schlafsack. Allem Anschein nach waren ausreichend Proviant und Trinkwasser vorhanden, und auch die Ausrüstung schien vollständig zu sein, bis auf das Chronometer, das nicht in seinem Kasten lag. Nach dem Geruch zu urteilen, hatte die Kajüte einige Zeit leer gestanden. An Deck befand sich ein fest an seinen Platz gezurrtes Rettungsfloß, und die Ruderpinne schwang frei. Niedergeholte Segel waren ordentlich zusammengelegt und sofort gebrauchsbereit. Nichts an Bord ließ erkennen, was vorgefallen sein mochte.

Auf dem Kartentisch waren drei Logbücher sauber aufgestapelt. Sie waren systematisch geführt worden, und der letzte Eintrag stammte vom 24. Juni, lag also zwei Wochen zurück. Die letzte Eintragung im Funktagebuch bezog sich auf den 29. Juni.

Jemand erinnerte sich plötzlich, daß die *Teignmouth Electron* am Golden-Globe-Nonstop-Einhandsegelrennen um die Welt teilgenommen hatte, das seinerzeit von der Londoner *Sunday Times* organisiert worden war. Man grub eine alte Ausgabe der *Sunday Times* aus und brachte in Erfahrung, daß die *Teignmouth Electron* von einem gewissen Donald Crowhurst aus Bridgwater, Somerset, gesegelt wurde, der am 31. Oktober 1968 als letzter Wettkampfteilnehmer von Teignmouth, Devon, aus gestartet war. Jetzt erinnerte man sich auch wieder daran, daß über ihn berichtet worden war, er habe in den »Roaring-Forties« – einer stürmischen Meeresgegend auf der Südhalbkugel – eine hervorragende Zeit gemacht und sei schließlich der einzige noch im Rennen liegende Teilnehmer gewesen.

Nun wurde ein Schwergutbaum aufgetakelt und die Jacht an Bord gehievt. Als der Mast umgelegt und auf der vorderen Ladeluke plaziert war, schickte Kapitän Box ein Kabeltelegramm an seine Reeder in London. Diese informierten dann Lloyd's und die britische Marine, die daraufhin die US-Luftwaffe ersuchten, doch in dem betreffenden Gebiet eine Suchaktion in Gang zu setzen. Nach der Ortszeit war es jetzt 10.30 Uhr morgens, in London hingegen früher Nachmittag. Box postierte Ausguckmänner und wies sie an, nach einem Schwimmer Ausschau zu halten, aber es bestand nur geringe Hoffnung, denn nach den Daten im Logbuch hatte Crowhurst die Jacht vor mehr als zehn Tagen verlassen, und so lange konnte er nicht überlebt haben. Durch Lloyd's hatte die Presse Wind von der Sache bekommen und fragte über Funk nach Einzelheiten über den Vorfall, aber Box war auf der Hut und entgegnete nur, die ganze Geschichte sei ein Rätsel.

Am nächsten Tag stellten sowohl die *Picardy* als auch die Amerikaner die Suche ein. Als die *Picardy* ihre Fahrt nach Santo Domingo in der Dominikanischen Republik wiederaufgenommen hatte, begann Box in der Hoffnung, eine Antwort auf das Rätsel zu finden, die Logbücher zu lesen. Die Eintragungen im Funktagebuch waren peinlich genau, und nach der akkuraten Navigation zu urteilen, schien die Reise gut verlaufen zu sein.

Aber das machte die Tragödie nur um so schlimmer. Denn Crowhurst hatte anscheinend nach einem schlechten Start eine ungeheuer gute Zeit gemacht. Schon war er der Jacht vor ihm dicht auf den Fersen, da sank sie und ließ ihn mit der Gewißheit, den 5000-Pfund-Preis für die schnellste Weltumrundung entgegennehmen zu dürfen, allein im Rennen. Der Preis für das Boot, das als erstes ans Ziel kam, war bereits vergeben.

Die Nachricht von der Auffindung des Bootes erreichte Crowhursts Frau am 10. Juli. Anfänglich war sie nicht sonderlich beunruhigt, denn sie dachte, ihr Mann sei in seinem Dingi. Sie fragte nach, ob sein Gummianzug an Bord sei, andernfalls schwimme er vielleicht irgendwo unter Wasser. Jemand anders fragte, ob er durch den Genuß verdorbener Nahrungsmittel erkrankt sei. Aber der Proviant war in Ordnung und der Gummianzug noch an Bord.

Als immer offensichtlicher wurde, daß sich auf irgendeine Weise eine Tragödie abgespielt haben mußte, eröffnete die *Sunday Times* mit 5000 Pfund ein Spendenkonto für die Familie Crowhursts. Robin Knox-Johnston, der als erster Wettkampfteilnehmer wieder heimgekehrt war und als einziger die Weltumsegelung geschafft hatte, kam jetzt auch für den Preis des Schnellsten in Frage. Aber großmütig stellte er seinen 5000-Pfund-Gewinn ebenfalls dem Spendenkonto zur Verfügung.

Alle möglichen Leute, die sich mit den Geheimnissen des Bermudadreiecks befaßten, waren schnell mit dem Hinweis zur Hand, auch die *Teignmouth Electron* sei ebenda aufgefunden worden. Darüber hinaus tischten sie die Neuigkeit auf, innerhalb von elf Tagen seien noch vier andere Schiffe dort verlorengegangen. Aber Lloyd's wußte es besser: Eines der vermißten Schiffe war in Wirklichkeit viel näher bei Afrika verlorengegangen, eins tauchte wieder auf, das dritte trieb anscheinend schon lange verlassen umher, und nur der Verlust des vierten blieb unerklärlich. Auch die *Teignmouth Electron* war, wie sich herausstellte, meilenweit vom Bermudadreieck entfernt. Wie gewöhnlich brachte die Presse wieder Seeungeheuer ins Spiel, und da die Begleitumstände ähnlich waren, natürlich auch die *Mary Celeste.* Crowhurst und seiner Familie schlug eine Welle von Sympathie entgegen, die allerdings nicht verhinderte, daß sich die üblichen Gerüchte verbreiteten.

Eines besagte, Crowhurst sei am Leben und in Südamerika, während der *Daily Express* einen Reporter zu den Kapverdischen Inseln auf die Suche nach ihm schickte. Auch die obligate Flaschenpost tauchte auf, diesmal an einem französischen Strand. Sie lautete: »Hilfe, an Insel in der Ägäis gestrandet.« Dann behauptete ein Fotograf, er hätte Crowhurst in Barnstaple gesehen, gestand jedoch im nachhinein ein, er hätte sich wahrscheinlich geirrt. Anderen Gerüchten zufolge sollte Crowhurst ans nächste Ufer geschwommen sein – ganze 700 Seemeilen! – oder heimlich auf den Azoren an Land gegangen sein und dort sein Boot wieder ins Wasser gestoßen haben. Angeblich hatte es dann sein Boot vermocht, aus eigener Kraft gegen Wind und Wellen anzusegeln – bis zu der Stelle, wo es geborgen wurde. Eine Theorie war immerhin relativ realistisch im Vergleich zu den anderen. Sie gründete sich auf die Tatsache, daß Crowhurst für seine Unbeholfenheit an Bord bekannt war, und lautete, er sei einfach über Bord gefallen. Dagegen sprach nur der fehlende Chronometer.

Crowhursts Fahrt war alles andere als leicht gewesen, denn er hatte dauernd mit Problemen zu kämpfen. Sein Start in England war gerade noch rechtzeitig erfolgt – wenige Stunden später, und er wäre wegen Terminüberschreitung disqualifiziert worden. Freunde und BBC-Kameras verfolgten, wie er aus dem Hafen von Teignmouth geschleppt wurde, in heller Aufregung, weil sich seine Falleinen vertörnt hatten und die Segel falsch angeschlagen waren. In den ersten vierzehn Tagen auf See war er anscheinend kaum vorangekommen, hatte auch keine Funksprüche übermittelt. Er war zwar etwa 1300 Seemeilen gesegelt, was aber auf der vorgeschriebenen Route nur eine Strecke von 800 Seemeilen ausmachte. Über Funk hatte er durchgegeben, er sei in der Nähe von Madeira. Dann jedoch, am 10. Dezember, ließ er die vorherrschenden Südwestwinde hinter sich und holte auf. An diesem Tage stellte er angeblich mit 243 Seemeilen einen Segelrekord auf. Die Presse, ewig auf der Jagd nach einer guten Story, war entzückt und sah bereits seinen Sieg voraus, da nämlich andere Wettkampfteilnehmer allmählich zurückfielen. Chay Blyth und John Ridgway, die schon einmal zusammen über den Atlantik gerudert waren, hatten bereits aufgeben müssen, und auch andere ließen jetzt nach. Alex Carozzo, bekannt als der »italienische Francis Chichester«, war wegen eines Magengeschwürs ausgeschieden. Bill Leslie King war gekentert und gerade mit zerknicktem Mast nach Kapstadt geschleppt worden. Robin Knox-Johnston in seinem alten Boot, dem kleinsten mit von der Partie, befand sich auf der Höhe von Neuseeland, aber sein Boot war übel zugerichtet. Er hatte jetzt zwar schon Francis Chichesters Langstreckenrekord im Nonstopsegeln gebrochen, dabei jedoch seine Selbststeueranlage eingebüßt, und das Ruder taugte nichts. Der Franzose Bernard Moitessier, ein bekannter Langstreckensegler und Autor zweier Seefahrtsklassiker, holte ihn allmählich ein, während sich Nigel Tetley in seinem Trimaran dem Kap näherte, nachdem er bereits den Rekord für die längste Fahrt in einem Multirumpfboot gebrochen hatte. Loick Fougeron, auch ein Franzose, hatte sich mit seinem erprobten Stahlboot einen Weg durch die »Roaring Forties« erkämpft, aber dann kenterte sein Boot und war nur mehr ein Wrack, so daß er aufs Festland zuhalten mußte. Soviel war im Verlauf weniger Tage passiert, daß keine Rennwette mehr stimmte, denn die Favoriten verschwanden, und dafür lagen Außenseiter vorn; wie die *Sunday Times* in einem Artikel über diesen Abschnitt des Rennens bemerkte: »Die Woche hatte es in sich.« Crowhurst machte plötzlich eine so hervorragende Zeit, daß es schließlich gar nicht mehr so abwegig war, ihn trotz all der Schwierigkeiten, die er vor seinem Start zu überwinden hatte, als Favoriten zu betrachten.

Die Zeitungsleute, die seine Funknachrichten abhörten, bestärkten seine Anhänger in ihrem Optimismus. Sie glaubten ihn schon fast im Indischen Ozean, obwohl Crowhurst nur sehr ungenaue Positionen durchgab; am 8. März sollte sich angeblich der Abstand zu Tetley bereits merklich verringert haben. Da Knox-Johnston mit seinem kaputten kleinen Boot kaum noch eine Chance eingeräumt wurde, die Fahrt vollenden zu können, kam Crowhurst mehr und mehr als möglicher Sieger in Betracht, denn inzwischen hatte Moitessier beschlossen, nur noch zu seinem Vergnügen zu segeln, statt heimwärts zu steuern; er ließ, ohne mit der Wimper zu zucken, sowohl den Preis als auch die Ehrenlegion, die ihn im Falle seines Sieges erwartet hätte, fahren und schied aus dem Rennen aus. Jetzt blieben nur noch Knox-Johnston, Nigel Tetley und Crowhurst übrig, und es hatte den Anschein, als würde das Rennen sich zu einem Duell der beiden Trimarane entwickeln, denn Knox-Johnston war anscheinend bei der Umsegelung Kap Hoorns verlorengegangen. In Wirklichkeit war er längst wieder im Atlantik und trieb seine angeschlagene kleine *Suhaili* nach Norden. Am 6. April kam er endlich einem Tanker in Sicht, und gleich ging man daran, Feiern für seine Rückkehr vorzubereiten. Höchstwahrscheinlich würde er als Erster heimkehren, aber da er auch sehr früh gestartet war und zeitlich nicht so gut abgeschnitten hatte, galt es als sicher, daß einer der Trimarane den 5000-Pfund-Preis für die beste Zeit gewinnen würde. Am 8. März sah es wirklich so aus, als ob Crowhurst es trotz seines schlechten Starts zu einem Kopf-an-Kopf-Rennen bringen würde, denn er holte ständig auf. Am 20. März kämpfte sich Tetley um Kap Hoorn herum. Crowhurst hingegen befand sich, nach seinen Funksprüchen zu urteilen, in der Nähe von Diego Ramirez, genau südlich vom Hoorn.

Tetleys Anhänger waren verblüfft über Crowhursts an ein Wunder grenzendes Wiedererscheinen und spornten ihren Mann dazu an, alle Kraft in Schnelligkeit zu setzen. Dann, am 21. Mai, nur 1200 Seemeilen vom Ziel seiner 30 000-Meilen-Fahrt entfernt, sank Tetleys Boot. Von seinen Anhängern unter Druck gesetzt, war er durch alle Stürme hindurch aufs Äußerste gegangen, und das machte sein Boot nicht lange mit. Am 21. Mai brach der Backbordschwimmer ab und krachte in den Mittelrumpf, und als das Boot voll Wasser lief, mußte Tetley sein Gummifloß besteigen.

Jetzt war Crowhurst der Preis so gut wie sicher. Alles, was ihm noch zu tun blieb, war heimzukehren, und dabei brauchte er keinerlei Risiko einzugehen. In Teignmouth bereitete man sich auf seine Rückkehr vor. Er sollte durch den Kanal eskortiert, dann das letzte Stück an der Küste entlang geschleppt und an Land von Würdenträgern des öffentlichen Lebens begrüßt werden, die BBC und ITV wollten Fernsehaufzeichnungen machen. Selbst diejenigen, die zuerst lauthals über seine offensichtlich tölpelhaften Anstrengungen bei der Abfahrt gelacht hatten, bekundeten ihm jetzt widerwillig ihre Bewunderung, und die Firmen, die ihn ausgerüstet hatten, rührten bereits eifrig die Werbetrommel.

Am 18. Juni übermittelte die BBC Crowhurst ihre Glückwünsche, ersuchte ihn, seine Filme und Tonbänder bereitzuhalten und fragte an: »Sehen Sie irgendeine Möglichkeit, wie wir das Material mindestens vier Tage vor ihrer Ankunft in Teignmouth bekommen können? Organisieren gern Boot oder Hubschrauber. Wie nahe an den Azoren, der Bretagne oder den Scilly-Inseln? Erbitten sofort Antwort!«

Am 25. Juni sichtete der norwegische Frachter *Cuyahoga* die *Teignmouth Electron.* Crowhurst, bärtig und offenbar topfit, winkte fröhlich. Der Trimaran befand sich auf nördlichem Kurs etwa 750 Seemeilen südwestlich der Azoren; seine Position war 30° 42′ Nord und 39° 55′ West.

Crowhursts Funksprüche blieben weiterhin munter, um nicht zu sagen launig. Am 26. Juni empfing er von seinem Presseagenten die Nachricht, die BBC, der *Daily Express* und seine Frau wollten vor der englischen Küste bei den Scilly-Inseln mit ihm zusammentreffen, und in Teignmouth würden ihn wohl an die 100 000 Menschen willkommen heißen; außerdem warteten auf ihn zusätzliche 1500 Pfund und weitere Siegesprämien.

Crowhurst antwortete heiter und gab seine Position durch, aber seltsamerweise wollte er nicht, daß seine Frau zu dem vereinbarten Treffen käme. Am 30. Juni nahm er noch einmal Kontakt auf. Danach ließ er nichts mehr von sich hören, doch da auch vorher schon öfters längere Zeit Funkstille geherrscht hatte,war niemand beunruhigt. Wahrscheinlich war er ermüdet von der langen Reise oder zu sehr damit beschäftigt, sein Boot in Ordnung zu halten. Nur seine Frau machte sich Gedanken darüber, wie ihn die Weltumsegelung wohl gewandelt haben mochte.

Am 10. Juli traf dann völlig unerwartet die Nachricht von der *Picardy* ein. Die *Teignmouth Electron* war 250 Seemeilen von dort, wo sie die *Cuyahoga* gesichtet hatte, verlassen aufgefunden worden. Crowhurst war anscheinend in dem Augenblick, als ihm der sichere Sieg winkte, über Bord gefallen und verschwunden.

Seine Anhänger waren niedergeschmettert, aber vielleicht ließ sich noch etwas aus der Katastrophe herausholen. Crowhursts Presseagent, Rodney Hallworth, der vom Fund der Logbücher wußte, verkaufte das Copyright für 4000 Pfund an die *Sunday Times* und organisierte eine Gruppe, die losfliegen und sie holen sollte; Hallworth und Nicolas Tomalin von der *Sunday Times* waren mit von der Partie. Als sie die Stelle überflogen, wo das Boot aufgefunden worden war, fühlte Hallworth immerhin ein menschliches Rühren und plädierte für eine Schweigeminute.

Als sie an Bord der *Picardy* ankamen, wurde ihnen die Tragödie erst richtig bewußt, und sie fragten sich, was Crowhurst nach einem so glorreichen Wettkampf zugestoßen sein mochte. Schließlich rief Box leise Hallworth in seine Kajüte. Auf die Logbücher deutend, die der Erste Offizier Clark gefunden hatte, sagte er, daraus habe er entnehmen können, daß Crowhurst möglicherweise Selbstmord begangen habe. Dann drang er in den bestürzten Hallworth, doch die betreffenden Seiten aus den Büchern herauszureißen, damit Crowhursts Familie nichts davon erfahre. Hallworth war bereit, seinem Wunsch nachzukommen, behielt sich aber vor, die Blätter wenigstens dem Herausgeber der *Sunday Times* zu zeigen. Doch schon am nächsten Tag machte er bei eingehender Lektüre der Logbücher eine Entdeckung, die er nicht länger für sich zu behalten vermochte. Er las die letzte Eintragung seinen Gefährten vor.

Hallworth' Entdeckung war eine Sensation, aber anders, als er erwartet hatte. Die *Sunday Times* hielt den Knüller des Jahres in Händen, war aber alles andere als glücklich darüber, denn man würde der Presse vorwerfen, sie organisiere aus purer Sensationsgier lebensgefährliche Wettbewerbe.

Als die Gruppe wieder nach England zurückgekehrt war, versuchte man deshalb in einer Redaktionskonferenz die weiteren Schritte abzuklären. Crowhursts außergewöhnliche Aufzeichnungen enthüllten eindeutig, was geschehen war, und warfen darüber hinaus kein sehr gutes Licht auf die Schirmherren des Rennens. Auch mußte auf Mrs. Crowhurst Rücksicht genommen werden, aber andererseits konnte man die Geschichte keinesfalls unter den Tisch fallen lassen. Schließlich traf man die mutige Entscheidung, einen vollständigen Bericht zu veröffentlichen.

Mrs. Crowhurst erhielt Bescheid, und die BBC, die gerade einen Film über Crowhursts heldenhafte Fahrt in Vorbereitung hatte, wurde ersucht, mit ihrer Sendung noch zu warten. Über den Grund wurde nur der Generaldirektor in Kenntnis gesetzt.

Als die Geschichte erschien, schlug sie ein wie eine Bombe. Box hatte beim Durchblättern der Logbücher die Entdeckung gemacht, daß Crowhurst überhaupt nicht Kap Hoorn umsegelt hatte – und schon gar nicht das Kap der Guten Hoffnung! Er war die gesamten achteinhalb Monate seiner Abwesenheit im Atlantik umhergekreuzt. Weit davon entfernt, sich im harten Wettkampf tapfer zu schlagen, hatte er seine Funkmeldungen und Positionen gefälscht, und die Fleet Street war ihm vollkommen auf den Leim gegangen.

Das Golden-Globe-Festbankett wurde abgesagt. Knox-Johnston jedoch bestand auch weiterhin darauf, seinen 5000-Pfund-Gewinn auf das Crowhurst-Spendenkonto zu überweisen, was ihm hoch angerechnet wurde. Tetley erhielt einen Trostpreis von 1000 Pfund. Knox-Johnstons Äußerung: »Keiner von uns sollte ihn zu hart verurteilen« war nicht nur großherzig, sondern sie zeigte auch menschliches Verständnis. Denn die Tragödie der *Teignmouth Electron* war vor allem eine menschliche Tragödie.

Achteinhalb Monate ununterbrochenen einsamen Wachens waren eine ungeheure Belastung. Sowohl Francis Chichester als auch Knox-Johnston hatten das gemerkt, aber sie waren beide psychisch sehr stabil und hatten bereits Erfahrung mit dem Alleinsein. Crowhurst hingegen war der Herausforderung allem Anschein nach psychisch nicht gewachsen gewesen, und so war seine wohl nie sehr stabile Persönlichkeit unter der Last der Hochstapelei, die er selbst inszeniert hatte, zusammengebrochen.

Donald Crowhurst wurde 1932 in Indien geboren. Seine Mutter war Lehrerin, sein Vater, John Crowhurst, ein hoher Eisenbahnbeamter. Abgesehen davon, daß er gelegentlich über den Durst trank, war John Crowhurst ein hochintelligenter Mann, und sein Sohn war selbstbewußt und unerschrocken. 1947, zur Zeit der Teilung Indiens, brachte Crowhurst seine Familie nach England und steckte seine Ersparnisse in eine kleine Sportartikelfabrik in Pakistan, die ein pakistanischer Partner leiten sollte.

Sie ließen sich in Tilehurst in der Nähe von Reading nieder, merkten aber bald, daß es hier ganz anders war als in Indien. Sie hatten keine Dienstboten, und als die Fabrik in Pakistan bei den Unabhängigkeitskrawallen niederbrannte, mußte Crowhurst sogar bei einer Marmeladenfabrik als Pförtner arbeiten gehen. Sein Sohn mußte die Schule verlassen, sobald er die Schulpflicht erfüllt hatte. Wenig später, 1948, starb der Vater.

Donald Crowhurst durfte in die britische Luftwaffe eintreten und studierte an der Technischen Hochschule von Farnborough Elektrotechnik. Innerhalb der nächsten sechs Jahre bestand er verschiedene Fachprüfungen und wurde in den Offiziersrang erhoben. Plötzlich mit Geld in der Tasche, kaufte er einen Lagonda-Sportwagen aus zweiter Hand. Plötzlich entdeckte er seine Unabhängigkeit, wurde prahlerisch und tendierte dazu, Risiken einzugehen. Das ging nicht lange gut, und schließlich wurde ihm nahegelegt, seinen Abschied von der Luftwaffe zu nehmen – es hieß, er sei in Farnborough mit einem schweren Motorrad durch die Schlafräume der Kasernen gefahren. Eine andere Version lautete, er hätte eine wichtige Parade verpaßt, weil er gerade seinen Lagonda in Brands Hatch ausprobieren wollte. Was immer es auch war, es war jedenfalls nicht schwerwiegend genug, um seine sofortige Indienststellung beim Heer zu verhindern, wo er noch einen Elektronikkurs absolvierte. Sein Temperament blieb jedoch unverändert, er neigte zur Übertreibung und lebte weiterhin riskant. Dann wurde er geschnappt, weil er ein unversichertes Auto fuhr. 1956 schließlich wurde er auch aus der Armee entlassen.

Ohne geregelte Tätigkeit, entschloß er sich, es mit Cambridge zu versuchen, aber er fiel in Latein durch die Aufnahmeprüfung. Daraufhin arbeitete er in Reading im Forschungslabor der Universität. 1957 lernte er auf einer Party seine Frau Clare kennen, eine Irin. Im Oktober desselben Jahres heirateten sie, und Crowhurst ging zu Mullards, einer Firma für Elektroteile, arbeitete dort aber nicht im Entwicklungsbereich, wie er eigentlich erwartet hatte, sondern als eine Art Handelsvertreter. Als er nach einem schweren Unfall im Firmenwagen einen Verweis erteilt bekam, warf er das Handtuch. Er war jetzt 26, und was immer er anfing, schlug fehl, fast wie bei Miller von der *Joyita.* Er arbeitete schließlich in Maidenhead und dann bei einer Firma für Elektrotechnik, fest entschlossen, sich selbständig zu machen.

Ungefähr in diesem Zeitraum kaufte er eine kleine 20-Fuß-Schaluppe, die er in der Nähe von Bridgwater stationierte, und sein Interesse am Segeln verhalf ihm zu einer gut durchdachten, obschon nicht ganz originellen nautischen Erfindung, dem Navicator. Seine Familie war inzwischen um drei Söhne und eine Tochter angewachsen. Er war beliebt, lebhaft und klug, nur leider gab es in Bridgwater niemanden, der es an Klugheit mit ihm aufnehmen konnte und ihn in seine Schranken gewiesen hätte, denn obgleich er eine Menge guter Ideen hatte, schoß er doch oft über sein Ziel hinaus. Schreibfehler und erstaunlich unlogische Schlußfolgerungen beeinträchtigten seinen Schriftverkehr, und bei mathematischen Berechnungen ruinierte oft ein simpler Addierfehler einen genialen Gedankengang. Auf solche Fehlschläge reagierte er stets mit Niedergeschlagenheit, die allerdings nicht lange anhielt, sondern meist bald wieder in gehobene Stimmung umschlug. Er strebte nach oben und wollte beweisen, daß etwas in ihm steckte, aber er hatte nicht die Geduld, den Erfolg abzuwarten.

1962 unternahm seine Mutter einen Selbstmordversuch und kam in eine Klinik. Ihr Haus wurde verkauft, und mit ihrem Einverständnis verwendete ihr Sohn einen Teil des Verkaufserlöses dazu, eine eigene Firma zu gründen. Er ging mit gewohnter Energie ans Werk, und die Sache versprach auch erfolgreich zu sein. Bald darauf trat er als Liberaler in den Stadtrat von Bridgwater ein, weil er die Auffassung vertrat, seine Kenntnisse in Betriebsführung könnten die industriellen Probleme der Stadt lösen helfen.

Er erstand einen nagelneuen Jaguar, fuhr aber wieder zu schnell und zog sich bei einem Unfall eine Kopfverletzung zu, die ihm fortan zu schaffen machte, denn sie verursachte starke Stimmungsschwankungen. Jetzt begann er, sich für Übernatürliches zu interessieren, was seine Frau nicht sonderlich gern sah. Seiner Firma schien eine Zeitlang Erfolg beschieden zu sein, und er konnte sechs Leute fest einstellen. Pye Radio verhandelte sogar schon um eine Übernahme und zahlte 8500 Pfund an ihn, aber aus dem Geschäft wurde nichts. Dann ging es wieder bergab mit ihm, bis er schließlich in Geldnöte geriet, seine gepachtete Fabrik aufgeben und mit einem Halbtagsmonteur auskommen mußte.

Zu der Zeit lernte er einen Mann namens Stanley Best kennen, einen Geschäftsmann aus Taunton, der mit Wohnwagen handelte. Best steckte Geld in die Firma, merkte aber bald, daß Crowhurst zwar ein glänzender Erfinder war, vom harten Finanzwesen jedoch nicht viel verstand. »In der Werkstatt«, sagte Best über Crowhurst, »war er einsame Klasse. Als Geschäftsmann hingegen war er ein hoffnungsloser Fall. Er hatte offensichtlich die Veranlagung, sich selbst einzureden, alles würde wunderbar laufen und ausweglose Situationen seien nur vorübergehende Rückschläge.« Seine Begeisterung wirkte ansteckend, entsprang jedoch im Grunde seiner allzu üppigen Phantasie und der Neigung, die Dinge so zu sehen, wie er sie haben wollte.

In diesem Lebensabschnitt Crowhursts, 1966/67, unternahm Francis Chichester seine Solofahrt um die Welt. Er wurde danach geadelt, und plötzlich kamen Weltumsegelungen in Mode. Sie waren zwar nichts Neues, denn Joshua Slocum hatte von 1895 bis 1898 als erster die Erde umsegelt, und andere hatten es ihm gleichgetan, aber die *Sunday Times* entfachte das Feuerchen erst richtig. Crowhurst hatte nur den einen Wunsch, die gleiche Leistung zu erbringen. Vielleicht sah er darin auch einen Weg, seine Firma zu retten, denn Chichester hatte mit Tantiemen, Vortrags- und Fernsehhonoraren ordentlich Geld gescheffelt. Gegen Ende des Jahres waren zumindest vier Sportsegler fest entschlossen, Chichesters Leistung zu übertreffen. Bill Leslie King, ein ehemaliger U-Boot-Kommandant, wollte mit einem Boot teilnehmen, das glatt und abgerundet wie ein U-Boot aussah, aber zwei Masten mit Dschunkentakelung hatte. Der 28jährige Robin Knox-Johnston, ein außerordentlich charakterfester ehemaliger Offizier der Handelsmarine, stand im Begriff, die Fahrt mit seiner *Suhaili*, einem winzigen 22-Fuß-Bermudaketsch aus Teakholz, zu wagen. Fachleute hielten die *Suhaili* für viel zu klein und anfällig, aber sie hatte schon eine Indienfahrt hinter sich und war leicht zu handhaben. Dann war da noch Bernard Moitessier, der legendäre Franzose, der auf Tausende von Segelmeilen im Pazifik zurückblicken konnte, und schließlich John Ridgway, früher beim Special Air Service, der zwar keine besondere Eignung zum Sportsegler hatte, aber trotzdem den Versuch machen wollte. Crowhurst ließ der Gedanke nicht los, auch er müsse sein Glück versuchen, und er setzte alles daran, Chichesters *Gypsy Moth IV* zu bekommen. Das schaffte er jedoch nicht, denn Chichester traute ihm nicht.

Crowhurst wandte sich nun an Lord Thomson, den Inhaber der *Times*, mit dem Vorschlag, eine seiner Zeitungen sollte doch die Schirmherrschaft für eine Nonstop-Weltumsegelung übernehmen oder sogar ein Rennen veranstalten. Zufällig war derselbe Vorschlag auch schon von anderer Seite gekommen. Als die *Sunday Times* ihn zwei Wochen später bekanntmachte, war Crowhurst der Überzeugung, das sei auf seine Anregung zurückzuführen.

In Wahrheit hatte die *Sunday Times* Wind davon bekommen, daß ein paar Enthusiasten dabei waren, eine Solo-Weltumsegelung in Angriff zu nehmen, und daraufhin ein Rennen anberaumt, bei dem die Teilnehmer starten sollten, wo und wann sie wollten. Sie brauchten sich nicht einmal als Teilnehmer eintragen zu lassen, es genügte, wenn Start und Ankunft jeweils von einer Lokalzeitung oder einer Zeitschrift annonciert wurden. Prämiert werden sollte zum einen, wer die beste Zeit machte, und zum anderen, wer zuerst wieder daheim anlangte. Da keine Zeitung imstande sein würde, alle Wettkampfteilnehmer im Auge zu behalten, die ja von verschiedenen Ausgangspunkten starteten, wurde eine Expertenjury gebildet, zu der auch Francis Chichester gehörte.

Noch ein weiterer Wettkampfteilnehmer war aufgetaucht, ein australischer Zahnarzt namens Howell, der einen Trimaran besaß und dem man gute Gewinnchancen einräumte. Eine ganze Reihe Möchtegernsportler, darunter einer mit selbstgebautem Boot, mußten an ihrer Teilnahme gehindert werden, nur Chay Blyth, der zwar kaum Segelerfahrung besaß, aber mit John Ridgway über den Atlantik gerudert war, wurde gleich zugelassen. Als das Rennen im März 1968 offiziell angekündigt wurde, meldete sich auch Crowhurst als Teilnehmer. Er hatte zwar noch kein Boot, aber so viele Leute davon überzeugt, daß er eigentlich Chichesters *Gypsy Moth IV* hätte bekommen müssen, daß er nicht zurückgewiesen wurde.

Im Mai waren die ersten beiden, Blyth und Ridgway, schon fast startbereit, so auch Knox-Johnston. Noch ein zweiter segelkundiger Franzose, Loick Fougeron, hatte sich mit seinem Stahlboot dem Rennen angeschlossen. Crowhurst hatte sich dazu durchgerungen, in einem Trimaran zu segeln, obwohl dieser Bootstyp bei Einhandseglern nicht beliebt war, weil eigentlich ständig jemand die Ruderpinne bedienen mußte und weil er zwar vor dem Wind schnell war, am Wind jedoch nur schwache Leistungen erbrachte. Kentern war selten bei Trimaranen, aber wenn es doch einmal vorkam, war es unmöglich, sie wiederaufzurichten.

Jetzt hatte Crowhurst sogar etwas Glück. Stanley Best, in Sorge um das Geld, das er in Crowhursts Firma gesteckt hatte, wollte sich aus dem Geschäft zurückziehen, aber statt dessen konnte ihn Crowhurst dazu überreden, den Bau eines Trimarans zu finanzieren. Bests Frau meinte, ihr Mann sei verrückt geworden. »Ich habe mich von der Idee, der Publicity und der Spannung mitreißen lassen«, gestand Best ein, »und von Donalds Überzeugungskunst. Er ... hatte eine ungemein beeindruckende, überzeugende Art.«

Crowhurst tat so, als würden noch andere sich an den Auslagen beteiligen, und war damit einverstanden, daß seine Firma, die Electron Utilisation, das Boot aufkaufte, falls etwas schiefging. Alles klang recht vernünftig. Das Boot sollte mit elektronischen Geräten, die Crowhurst entwickelt hatte, ausgerüstet werden. »Wenn ich den praktischen Nutzen der von mir zusammengestellten Ausstattung durch eine so spektakuläre Sache wie den Sieg im Golden-Globe-Rennen der *Sunday Times* beweisen kann«, schrieb er, »und meine Erfindungen gesetzlich geschützt sind, steht dem lukrativen Aufschwung dieser Firma nichts mehr im Wege.«

Die Bootsrümpfe wurden in Brightlingsea, Essex, gebaut und von der Firma L. J. Eastwood Ltd. aus Brundall, Norfolk, montiert, die sich für einen sehr günstigen Preis zu dieser Arbeit bereit fand. Im Verlauf der eilig vorangetriebenen Bootsbauarbeiten stellte sich heraus, daß von Kommandant Nigel Tetley ein weiterer Trimaran zur Teilnahme angemeldet worden war, ein großes Boot, auf dem Tetley und seine Frau mehrere Jahre gelebt hatten. Auch Crowhurst wollte am 1. Oktober starten. Er zweifelte nicht an seinem Sieg und legte sogar schon die Plazierungen für den Endkampf fest, bei dem die beiden anderen Multirumpfboote den zweiten und dritten Platz belegen sollten.

Jetzt ging er daran, seine Bootsausstattung, von der sein Leben abhängen konnte, genauestens zu überdenken. Angeblich hatte er Mittel und Wege gefunden, den Hauptnachteil des Trimarans – die Schwierigkeit, ihn nach dem Kentern wiederaufzurichten – auszuschalten. Er hätte zu diesem Zweck ein elektronisches System entwickelt, sagte er, das ihn bei ungewöhnlicher Belastung der Takelung rechtzeitig warnen und die Segel fieren sollte; darüber hinaus sollte im Falle des Kenterns ein Computer durch Abfeuern eines am Mast angebrachten Kohlendioxydzylinders dafür sorgen, daß sich das Boot wiederaufrichten konnte. In Wirklichkeit hatte er noch nicht einmal einen Entwurf gemacht.

Wegen all der elektronischen Errungenschaften, die er angeblich vorbereitet hatte, beharrte Crowhurst auf einem großen Antriebsgenerator und traf dann, wie sich später herausstellte, eine Fehlentscheidung, indem er diesen unter den Plichtluke montierte. Es gab noch verschiedene andere Risikofaktoren, in der Hauptsache deshalb, weil Crowhurst und die Bootswerft einen Wettlauf mit der Zeit abhielten und Crowhurst auch noch einen Kursus in Funktelegrafie mitmachen wollte. Einen Presseagenten für sich hatte er schon gefunden: Rodney Hallworth, früher bei *Daily Mail* und *Daily Express*, inzwischen jedoch Inhaber der Devon-Nachrichtenagentur. Aber er fand keine Firma, die willens war, seine Fahrt zu finanzieren, weil er sich viel zu spät darum kümmerte, und so sah sich Stanley Best gezwungen, die Ausgaben für einen Großteil der Ausrüstung auf sich zu nehmen, wenn auch die BBC, die die Film-, Funk- und Fernsehrechte erworben hatte, eine Kamera und ein Tonbandgerät zur Verfügung stellte. Das Boot erhielt den Namen *Teignmouth Electron*.

Die Arbeiten verzögerten sich, und erst am 23. September lief die *Teignmouth Electron* endlich vom Stapel, nur gut einen Monat vor Ablauf der Frist. Howell, den sein Boot beim Transatlantikrennen des *Observer* enttäuscht hatte, war inzwischen ausgefallen, aber andere Wettkampfteilnehmer waren bereits unterwegs, und höchste Eile tat not.

Man hoffte, die Jungfernfahrt der *Teignmouth Electron* von Brundall nach Teignmouth, für die Crowhurst eine Crew genommen hatte, würde drei Tage beanspruchen. Tatsächlich brauchte das Boot jedoch ganze zwei Wochen, und wegen etlicher Verzögerungen mußte die Crew zweimal gewechselt werden. Schon hier bewahrheitete sich das, was diesem Bootstyp nachgesagt wurde, denn der Trimaran war wirklich schwer am Wind zu segeln.

Als man in diesem Zeitraum einmal auf die bevorstehenden Probleme zu sprechen kam und Crowhurst gefragt wurde, was er täte, wenn es ihm nicht gelingen sollte, das Boot den Atlantik hinab bis in den Pazifik zu bringen, antwortete er: »Nun ja, man kann schließlich ein paar Monate auf dem Atlantik herumpendeln. Es gibt genug Plätze abseits der Schiffahrtswege, wo ein Boot wie dieses nie entdeckt würde.« Dann zeigte er, wie er sich das vorstellte, und entwarf eine Route rings um die Falklandinseln und Tristan da Cunha herum. Man sah die Sache als reinen Spaß an.

Mittlerweile waren auch Blyth und Ridgway aus dem Rennen geschieden, aber Knox-Johnston befand sich schon im Indischen Ozean und näherte sich Australien, und Moitessier, King und Tetley jagten den Atlantik hinunter hinter ihm her, aber Crowhurst war immer noch auf dem Weg nach Teignmouth. In Cowes lernte er den spät hinzugekommenen Wettkampfteilnehmer Alex Carozzo kennen. Der hatte eine riesige 66-Fuß-Ketsch, und Crowhurst war so beeindruckt, daß er ihn als seinen gefährlichsten Rivalen einschätzte. In Cowes gabelte er auch ein neues Crewmitglied auf, Peter Eden, dem auffiel, wie unbeholfen Crowhurst war, wie leicht er das Gleichgewicht verlor und ins Wasser fiel. Der Trimaran konnte zwar nicht hoch am Winde segeln, schien aber doch sehr schnell zu sein. Nur vibrierte er bei höherer Geschwindigkeit so stark, daß sich die Schrauben der automatischen Ruderanlage dauernd lockerten und die Crew sich über die Gillung lehnen mußte, um sie wieder festzudrehen.

Eden riet, die Befestigungen zu verschweißen, damit das Ruder die Belastung aushalte. Er war es auch, der bemerkte, wie schlampig Crowhurst in der Navigation war, obgleich er sonst ein guter Segler war.

Knappe sechzehn Tage vor Ablauf der letzten Teilnahmefrist kamen sie in Teignmouth an, und dabei hatten sie noch eine Menge zu tun. Die Zeit lief ab, und Crowhurst geriet abwechselnd in Panik oder war wie betäubt. Trotzdem machte er auf andere einen zuversichtlichen Eindruck. Doch eben jetzt beschlich den BBC-Mann, der für das Filmen der Startvorbereitungen zuständig war, die dunkle Ahnung, daß sie die Aufnahmen wohl kaum für einen triumphalen Sieg, sondern eher für eine abgrundtiefe Tragödie machten. Am letzten Abend vor dem Start herrschte schließlich eine derartige Hektik, daß das BBC-Team mit dem Filmen aufhörte und lieber half, einzukaufen und das Nötigste an Bord zu schaffen. Ein Freund, der die Schwierigkeiten erkannt hatte, riet Crowhurst mehrmals, nicht zu fahren, aber der erwiderte jedesmal, es gäbe kein Zurück mehr. Nach Angaben seiner Frau war er sich längst darüber im klaren, daß ihm kein Erfolg beschieden sein würde, mochte aber sein Scheitern nicht zugeben. Im Grunde genommen hatte er jedoch nur die eine Hoffnung, sie möchte ihn durch inständige Bitten von seinem Vorhaben abbringen. Zu allem Unglück ließ sie sich von seiner zur Schau getragenen Zuversicht vollkommen irreführen, und in Unkenntnis seiner wachsenden Selbstüberschätzung glaubte sie, ihn ermutigen zu müssen.

Crowhurst brachte es fertig, genau neun Stunden vor Fristablauf abzulegen, überall lagen Vorräte und Ersatzteile verstreut, und vieles war unbrauchbar oder fehlte ganz. Statt es nun so zu machen wie Carozzo – zur Erfüllung der Rennregeln Segel zu setzen, aber dann zu ankern, bis er seine Ausrüstung geprüft und gut verstaut hatte und sicher war, daß alles in Ordnung war –, hielt er geradewegs auf Kap Finisterre zu. Von jetzt an war er vollkommen allein, und was er fortan dachte oder tat, darüber geben nur noch seine Logbücher Aufschluß, die Kapitän Box achteinhalb Monate später an Bord der *Picardy* las.

Crowhurst war schon nach kurzer Zeit der Verzweiflung nahe. Da saß er nun mutterseelenallein, eingesperrt in eine winzige Kajüte, um sich herum den ganzen elektronischen Zauber, dessen er sich so gerühmt hatte und der nur mehr ein Haufen Drähte und Einzelteile war, und dabei hatte er nicht einmal Zeit gefunden, sich eine Fahrtroute zurechtzulegen. Aus seiner Ruderanlage fielen noch immer Schrauben heraus, die er laufend durch Schrauben aus anderen Bootsteilen ersetzen mußte. »Dieses verdammte Boot fällt einfach auseinander«, schrieb er vierzehn Tage nach seinem Start ins Logbuch. Das waren schreckliche Aussichten. Er fürchtete, das wilde Gieren, das die automatische Steuerung verursachte, würde das Boot zum Kentern bringen, dabei hatte er noch keine Funkverbindung, geschweige denn einen der Mastspitzenschwimmer, mit denen er so angegeben hatte. Dann entdeckte er zu allem Überfluß, daß der Backbordschwimmer leckte und er keine Möglichkeit hatte, ihn leerzupumpen, weil das Rohr, das er dafür brauchte, nicht an Bord war. Da die Plichtluke Wasser einließ, lief auch noch die Maschinenkammer voll, so daß der im letzten Augenblick in größter Eile tief unten montierte Generator ausfiel. Jetzt hatte er nicht einmal mehr Strom, dafür aber undichte Luken, falsch geschnittene Segel, schwache Wanten und Stagen, und darüber hinaus war alles schlecht verstaut. Längere Zeit hindurch dachte er ernsthaft daran, aufzugeben oder allenfalls noch bis Kapstadt zu segeln, um sein Gesicht zu wahren.

Auch als er schließlich den Generator wieder in Gang gebracht und die Nachricht durchgegeben hatte, er halte auf Madeira zu – was die Presse in »nah Madeira« ummünzte –, war seine Lage nicht gerade rosig. In einem Funkspruch an seine Frau kaschierte er seine Zweifel, aber er war wie gelähmt und völlig unschlüssig, ob er überhaupt weitermachen sollte. Er war in einem schrecklichen Dilemma. Schließlich hatte er doch ja und amen gesagt, und der Gedanke auszusteigen war ihm gräßlich, aber andererseits war ihm sonnenklar, daß er bei der schlechten Verfassung seines Bootes ein furchtbares Risiko auf sich nahm, wenn er den Versuch wagte, das Kap der Guten Hoffnung oder Kap Hoorn zu umsegeln.

Er haderte noch mit sich, als er auf einmal merkte, daß er die vorherrschenden Südwestwinde hinter sich gelassen hatte und daß es jetzt schneller voranging. An diesem Punkt etwa fing sein Betrug an, denn er begann, zwei Logbücher zu führen, ein wahres und ein falsches. Seine gute Fahrzeit schien ihm zu Kopf gestiegen zu sein, gab er doch am 10. Dezember über Funk bekannt, er habe an einem Tag mit 243 Seemeilen einen neuen Rekord aufgestellt. Seine Anhänger waren begeistert. »EINHANDSEGLER STELLT NEUEN REKORD AUF«, lautete die Titelschlagzeile im *Daily Mirror*, und weiter hieß es, Crowhurst sei jetzt südlich des Äquators und steuere auf Kapstadt zu. Die *Sunday Times* ließ vernehmen, »die Leistung sei angesichts der schlechten Zeiten in den ersten drei Wochen seiner Fahrt um so bemerkenswerter«. Francis Chichester hingegen ließ sich nicht so leicht hinters Licht führen, er hielt Crowhurst für einen »rechten Spaßvogel«, den man im Auge behalten müsse.

Crowhurst hatte mittlerweile angefangen, Sonnenbeobachtungen zu fälschen, damit das Schiffstagebuch echt wirkte, machte sich allmählich aber auch Sorgen über seine Falschmeldungen. Er fragte sich, ob er am Ende seiner Reise vor so erfahrenen Leuten wie Chichester würde bestehen können, und begann schließlich, eine Scheinreise zu entwerfen. Die Funkpositionen, die er durchgab, blieben immer verschwommen.

Etwa um diese Zeit stellte er fest, daß sein Steuerbordschwimmer geborsten war, und dabei wurde ihm klar, daß ihm, wenn er baden ging, aufgrund seiner Vereinbarungen mit Best der sichere Ruin und jetzt auch noch seine Entlarvung als Betrüger drohten. Aber daheim wurden seine Nachrichten jedesmal viel zu positiv bewertet, man glaubte ihn immer für viel weiter gekommen, als es tatsächlich der Fall war, und so verstrickte er sich langsam mehr und mehr in sein Lügengewebe.

Obwohl aus den Tonbandaufnahmen für die BBC reine Zuversicht sprach, machten die Logbucheintragungen der Weihnachtszeit deutlich, welchen Strapazen er in Wahrheit ausgesetzt war. Er war allein, innerlich zerrissen und zweifelte an sich selbst; er trödelte ziellos dahin und war voller Sorgen über sein Boot, dessen lekke Schwimmer er baldigst reparieren mußte. Er hatte jetzt begonnen, sich ausführliche Notizen von Rundfunksendungen zu machen, die Schiffahrt, Kabelverkehr, Tagesnachrichten und Wetterberichte zum Thema hatten, alles nur, um in dem gefälschten Logbuch die Witterungsverhältnisse der Gegenden, die er hätte durchqueren müssen, und andere Details richtig wiedergeben zu können. Seine eigenen Meldungen nach Hause wurden immer ungenauer, und die Presseleute unterstützten seinen Betrug noch, weil sie ständig viel zuviel hineinlasen. Nur Chichester blieb ungerührt und meinte sogar, die Angaben Crowhursts müßten überprüft werden.

Crowhurst, in seine winzige Kajüte gepfercht, fühlte sich in der Stille und Einsamkeit immer elender. Er fing an, Gedichte und lange Prosastücke zu schreiben, um sich die Sorge um die dringende Reparatur des lecken Backbordschwimmers zu vertreiben. Der Riß und damit das Leck wurde immer größer. Während er versuchte, das Leck über Wasser zu halten, war es ihm natürlich unmöglich, einen vernünftigen Kurs zu steuern, und dank des Durcheinanders an Bord fand er nichts, womit er Abhilfe schaffen konnte. Wenn er an Land fuhr, würde er hingegen disqualifiziert werden und sicherlich riskieren, daß sein Betrug aufgedeckt wurde.

Lange Zeit kämpfte er mit sich, bis er schließlich in letzter Verzweiflung das einsame Rio Salado in Argentinien ansteuerte, wo er am 6. März bei Ebbe vor Anker ging. Er fand sich sofort auf Grund. Als er dann von einem einheimischen Bootsschiffer abgeschleppt wurde, hatte er die Regeln des Rennens zum erstenmal gebrochen. Bisher war seine Fahrt ein unorthodoxes Umherschweifen gewesen, ohne daß er sich jedoch einer Regelverletzung schuldig gemacht hätte. Jetzt hatte der Betrug erst richtig begonnen.

Auf die Argentinier wirkte er abgemagert, aber gesund, redete allerdings unzusammenhängendes, wirres Zeug. Der einzige Mensch, der ihn hätte verraten können, war ein Leutnant zur See in der La-Plata-Präfektur, den der Unteroffizier der örtlichen Küstenwache telefonisch um Erlaubnis zur Hilfeleistung ersuchte. Dieser Leutnant aber hielt die Angelegenheit für viel zu unbedeutend, um seine Vorgesetzten damit zu behelligen. Crowhurst verließ Rio Salado am 8. März, nachdem er sein Boot repariert hatte, und niemand zu Hause ahnte, daß er den Fuß an Land gesetzt hatte. Wahrscheinlich machte dieser kurze mitmenschliche Kontakt das Alleinsein nur um so schwerer. Auch Chichester hatte auf seiner Weltumsegelung gemerkt, daß ihn das Alleinsein viel härter ankam, nachdem er in Australien mit jemandem geredet hatte. Crowhurst litt immer mehr unter dem Gewicht der Lügengeschichten, die er aufgetischt hatte, unter den gefälschten Eintragungen in seinem Logbuch und jetzt auch noch unter der Angst, sein Landgang könnte entdeckt werden. Und so segelte er weiter nach Süden, in der Hoffnung, von Kap Hoorn Aufnahmen machen zu können, die als Beweis gelten würden, daß er es umrundet hatte.

Unterdessen waren Carozzo, King, Moitessier und Fougeron aus dem Rennen, nur Knox-Johnston und Tetley waren noch übrig, und Crowhurst wurde von den Presseleuten seiner Heimatstadt dicht hinter Tetley plaziert. Er war einsam und niedergeschlagen und hing in zunehmendem Maße Gedanken an Gott und die

Welt nach, die sich in immer weitschweifigeren, unzusammenhängenden Schreibereien niederschlugen.

Als Knox-Johnston sicher heimgekehrt war, setzte Crowhurst alles daran, Tetley nicht zu schlagen. Seine Logbücher enthüllten deutlich, daß er hoffte, als guter Verlierer durchzukommen, denn dann würde er als Held bejubelt werden, ohne daß die Notwendigkeit bestand, seine Logbücher zu überprüfen. Pro forma lag er zwar noch im Rennen, aber in Wirklichkeit bummelte er nur herum und hatte nur den einen Wunsch, Tetley möchte vor ihm zu Hause ankommen. Als Tetleys Boot sank, fand er sich wieder in einem schrecklichen Dilemma.

Einerseits hatten seine Erfolgsmeldungen Tetley so unter Druck gesetzt, daß dieser schließlich die Risiken einging, denen er den Untergang seines Bootes zu verdanken hatte. Andererseits wurde ihm blitzartig klar, daß ihn nun daheim nicht nur ein triumphaler Empfang erwartete, sondern auch eine eingehende Überprüfung der Logbücher, eine Vorstellung, die ihn entsetzte, denn alle seine gefälschten Positionen würden herauskommen und die Sachverständigen würden ihn als Betrüger entlarven.

Irgendwann stieß seine Scheinroute wieder mit seiner tatsächlichen Position zusammen, und er gab vor, auf dem Heimweg zu sein. Da drängte ihn Hallworth, sich zu beeilen. »Die Aufnahmen vom Finish werden ein Riesenerfolg«, kabelte er, und Crowhurst war krank vor Angst. Ihm als dem einzigen noch segelnden Wettkampfteilnehmer konnte sich eigentlich nichts mehr in den Weg stellen, der Preis für die beste Fahrzeit war ihm sicher. Jetzt stand er im Blickpunkt der Öffentlichkeit. Seine beruflichen Fehlschläge hatte er immer durch einen Wechsel des Jobs verbergen können, aber diesmal hatte er keine Möglichkeit mehr, etwas zu verschleiern. Wahrscheinlich hatte Chichester bereits Verdacht geschöpft, denn er hatte eine Aufstellung seiner Funksprüche und definitiven Positionsmeldungen angefordert und nachgefragt, warum ausgerechnet bei einem Elektroingenieur so häufig in wichtigen Augenblicken Funkstille herrschte.

Um den 24. Juni herum hatte Crowhursts Gemütsverfassung offenbar ihren Tiefpunkt erreicht. Während in Teignmouth die Vorbereitungen für seine Heimkehr getroffen wurden, schrieb er verschwommene, zusammenhanglose Selbstgespräche voller Unterstreichungen, Großbuchstaben und Ausrufezeichen nieder. Einen

Tag zuvor war er dem norwegischen Frachter *Cuyahoga* auf nordöstlichem Kurs in Sicht gekommen, allem Anschein nach fit und gesund, dabei hatte er in Wahrheit alle Fühlung mit der Realität verloren. Er vermochte nur noch darüber zu grübeln, wie er den Konsequenzen seiner Scheinweltumsegelung entgehen könne.

In seinem Logbuch ließ er sich weitschweifig über Gott, den Katholizismus, das kosmische Bewußtsein und den Teufel aus. Er hatte jegliches Zeitgefühl verloren.

»Ich sehe, was ich bin«, schrieb er, »und ich erkenne die Art meines Vergehens ... Es ist vollbracht – es ist vollbracht. ES IST DIE GNADE.«

Etwa um diese Zeit holte er die Leine ein, die er normalerweise als Rettungsmaßnahme beim Überbordfallen achtern nachschleppte, und verbrachte seine Stunden nur noch mit Schreiben. Er suchte verzweifelt nach einem Ausweg und nach so etwas wie Vergebung, aber niemand war da, um ihm zu helfen. Die letzten drei Seiten seines Logbuches enthüllen seine schreckliche Geistesverfassung. Unter den hingekritzelten philosophischen Betrachtungen waren seltsame, rätselhafte Formulierungen:

Die Natur erlaubt Gott nicht, Sünden zu begehen, außer einer. – Das ist die Sünde der Verheimlichung ... Mein Spiel ist aus ... Die Wahrheit ist an den Tag gekommen, und es wird geschehen, was meine Familie von mir zu tun verlangt ... Jetzt seid ihr am Zug ... Ich habe es nicht nötig, das Spiel zu verlängern ... Es war ein gutes Spiel, das beendet werden muß ... Ich spiele dieses Spiel mit, wenn ich beschließe, das Spiel aufzugeben ... Es besteht keine Notwendigkeit für nachteilige ...

An einem der Tage nach dem 29. Juni hörte er um 11.18 Uhr morgens auf zu schreiben, stapelte seine Logbücher aufeinander und legte sie neben die Navigationsaufzeichnungen, aus denen seine angebliche Rekordfahrt hervorging. Im Spülbecken türmte sich schmutziges Geschirr, und nach Haarbüscheln zu urteilen, die auf dem Deck gefunden wurden, schnitt er sich noch einmal die Haare. Dann nahm er vermutlich das Chronometer und ließ sich vom Heck seines Bootes ins Meer fallen.

Monate nach Crowhursts Verschwinden glaubten noch einige, er sei am Leben, er wäre mitten im Atlantik von einem spanischen oder norwegischen Frachter aufgenommen worden und hätte sich von dessen Besatzung unverbrüchliches Schweigen schwören lassen. Man nahm allgemein an, er sei zu so etwas fähig, denn man erinnerte sich an seine ungemein überzeugende Art, hatte er doch auch den realistischen Stanley Best dazu überredet, statt sein Geld aus Crowhursts Firma zu ziehen, ein weiteres, viel gewagteres Unternehmen zu finanzieren, nämlich den Bootsbau.

Aber wenn er auch ein gewagtes Spiel gespielt hatte, so war Crowhurst doch weder ein Narr noch ein Schurke. Immerhin hatte er großen Mut bewiesen, indem er sich mit seinem dubiosen lecken Boot in den Südatlantik und bis auf 500 Seemeilen an das gefürchtete Kap Hoorn heranwagte. Seine Leistung war recht beträchtlich, denn er hatte sich als erstklassiger Rudergänger bewiesen. Kapitän Craig Rich, Dozent an der Seefahrtschule und Berater der Wettkampfveranstalter, der Crowhursts Logbücher durchsah, hielt ihn für einen durchaus fähigen Seemann, der das Zeug zu einer Weltumsegelung gehabt hätte. »Die Tatsache, daß er über 16000 Seemeilen im Alleingang segelte, ist für sich genommen schon eine sehr beachtliche Leistung«, sagte er. Drei Jahre zuvor wäre sie ausgezeichnet worden. Bevor er in Rio Salado an Land ging, hatte er schon 8155 Seemeilen zurückgelegt und war damit für einen Trimaran-Einhandsegeler weiter gekommen als jeder andere, ausgenommen Nigel Tetley.

Die Ironie bei der ganzen Sache ist die, daß Crowhurst, wenn er den eingeschlagenen Kurs um die Welt beibehalten hätte, es womöglich geschafft hätte und heimgekehrt wäre, vielleicht nicht gerade als Sieger, aber gewiß als der Held, der er sein wollte. Und nach Angaben der Bootswerft, die ihn ausgerüstet hatte, enthielten seine originellen Projekte ein paar wesentliche Neuerungen und hätten ihm wahrscheinlich viel Geld eingebracht. Leider war bei der Hetze der Abfahrt keine Zeit geblieben, sie bis zur Reife zu entwikkeln und zu testen.

Zu der Tragödie der *Teignmouth Electron* kam es sicher nicht, weil es Crowhurst an Geschicklichkeit oder Mut gefehlt hätte. Vielmehr hatte sie ihre Ursache darin, daß Crowhurst weder die moralische Kraft besaß, seinen Fehler einzugestehen, noch die stabile Gemütsverfassung besaß, die ein Langstrecken-Alleinsegler braucht. Wie ein Zeitungsmann sagte, hielt er es mit der Wahrheit genauso wie John Stonehouse oder Richard Nixon: Er überzeugte andere, weil er von sich selbst überzeugt war, und das veranlaßte immer wieder Leute dazu, ihm den Rücken zu stärken und ihn zu unterstützen, nicht nur bei seinen Elektronikprojekten, sondern letztlich auch bei seiner katastrophalen Fahrt. Er war paranoid, aber ließ es niemand merken, und sein Leben lang bildete er sich zwanghaft etwas auf eine Sachkenntnis und Befähigung ein, die er nur zur Schau trug.

Es war wahrscheinlich weniger die Einsamkeit, die ihn fertigmachte, als seine Desorientierung. Hätte er nach etwas streben können, und sei es auch nur, die Welt zu umrunden, hätte er vielleicht überlebt. Aber wie es nun einmal war, stand er nach den allzu hastigen Vorbereitungen mit einem unfertigen, schlecht gerüsteten Boot da, und bei dem ziellosen Herumsegeln auf dem Atlantik konnte er zu sehr seinen Gedanken nachhängen. Trotz aller anderslautenden Theorien besteht kaum ein Zweifel daran, daß Crowhurst am Ende den Verstand verlor. Er schrieb 25 000 Wörter nieder, planlos und unzusammenhängend, für einen gesunden Menschen eine Unmöglichkeit. »Versuchen Sie es«, schlug ein Psychiater vor.

Trotz der eingehenden Nachforschungen der *Sunday-Times*-Leute Nicolas Tomalin und Ron Hall, die mit ihrem Buch über Crowhurst eine maßvolle, einsichtige Darstellung der Tragödie gebracht haben, bleibt das Ende immer noch ein Rätsel. Es sieht zwar ganz so aus, als hätte Crowhurst Selbstmord begangen, aber andererseits wissen wir auch, daß er zerstreut und unbeholfen an Bord war. Seine Freunde haben ihn oft ins Wasser fallen sehen, und es besteht immerhin die Möglichkeit, daß ihm das auch zuletzt noch passierte.

Danksagung

Mein Dank gilt vor allem Kommandant a. D. John Manning von der Königlichen Marine, der von Anfang an viel zu den Nachforschungen beigetragen hat; ferner den Mitarbeitern verschiedener Zeitungen Durbans und Kapstadts, die mir geduldig Rede und Antwort standen, insbesondere Mr. George Young, dem Schifffahrtsredakteur der *Cape Times*; Mr. James R. Henderson, der mir Informationen über die *Cyclops* verschaffte; Konteradmiral a. D. Kemp Tolley von der US-Marine, der mir *Proceedings*-Ausgaben des Marineinstituts der Vereinigten Staaten wie auch die detaillierten Schriften Admiral Rickovers zugänglich machte; und schließlich der Bibliothek des Londoner Seefahrtsmuseums.

Bildnachweis

ABBILDUNGEN NACH SEITE 32

Sir John Franklin: National Portrait Gallery, London

Lady Franklin: Queen Victoria Museum, Launceston, Tasmania

H. M. S. Erebus und Terror: Scott Polar Research Institute, Cambridge

Von Kapitän McClintock aufgefundene Nachricht: Illustrated London News

»Sie gaben ihr Leben hin für die Nordwestpassage«: Seefahrtsmuseum, London

Sir Robert McClure: National Portrait Gallery, London

Mary Celeste wird gesichtet: Atlantic Mutual Insurance Company, New York

Mary Celeste unter voller Besegelung: Peabody Museum, Salem, Massachusetts

Kapitän Morehouse von der Dei Gratia: Peabody Museum, Salem, Massachusetts

ABBILDUNGEN NACH SEITE 128

Kapitän Charles Sigsbee: US-Marine

Das Wrack der Maine: Peabody Museum, Salem, Massachusetts

William Randolph Hearst: BBC Hulton Picture Library

Linienschiff Waratah: P & O-Archive

Kapitän, Erster Offizier und Mannschaft der Waratah: La-Trobe-Bibliothek, Melbourne

U. S. S. Cyclops: Peabody Museum, Salem, Massachusetts

Joyita bei ihrer Auffindung: Informationsministerium, Fidschi

Joyita wird nach Suva geschleppt: Informationsministerium, Fidschi

Donald Crowhurst startet in Teignmouth: Sunday Times, London

Teignmouth Electron wird nach Santo Domingo geschleppt: Associated Press Ltd.

Bibliographie

Armstrong, W. Last: Last Voyage. Frederick Muller, London 1956

Barnaby, K. C.: Some Ship Disasters and Their Causes. The Hutchinson Publishing Group, London 1968

Breed, Bryan: Famous Mysteries of the Sea. Arthur Barker, London 1965

Crocker, Sir William: Far From Humdrum. A Lawyer's Life. The Hutchinson Publishing Group, London 1967

Cyriax, R. J.: Sir Franklin's Last Arctic Expedition. Methuen & Co., London 1939

Fay, Charles Edey: Mary Celeste. The Odyssey of an Abandoned Ship. Peabody Museum und Atlantic Mutual Assurance Co., 1942

Freidel, Frank: A Splendid Little War. Galley Press 1958

Hastings, MacDonald: Mary Celeste. A Centenary Record. Michael Joseph, London 1972

Hawkey, Arthur: H. M. S. Captain. G. Bell & Sons, London 1963

Hoehling, A. A.: They Sailed Into Oblivion. Thomas Yoseloff, London 1959

Hoehling, A. A.: The Great War at Sea. Arthur Barker, London 1965

Hough, Richard: Admirals in Collision. Hamish Hamilton, London 1959

Keating, Lawrence J.: The Great Mary Celeste Hoax. Heath Cranton 1921

Kusche, Lawrence D.: Die Rätsel des Bermudadreiecks sind gelöst. Kilda, Greven 1978

Lockhart, J. G.: Strange Adventures of the Sea. George Allen & Unwin, 1929

Lockhart, J. G.: The Mary Celeste and Other Strange Tales of the Sea. Hart-Davis, St. Albans 1952

Lundberg, Ferdinand: Imperial Hearst. Arno Press, New York 1927 und 1970
McKee, Alexander: Death Raft. Souvenir Press, London 1975
Markham, A. H.: Life of Sir John Franklin. George Philip & Son, London 1889
Markham, Sir Clements: The Land of Silence. Cambridge University Press, Cambridge 1921
Maugham, Robin: The Joyita Mystery. Walter Parrish, London 1962
Mielke, Otto: Disaster at Sea. Souvenir Press, London 1958
Mirsky, Jeannette: To the Arctic. Allan & Wingate, 1949
Ortzen, Len: Strange Mysteries of the Sea. Arthur Barker, London 1976
Osborn, Sherard: The Career, Last Voyage and Fate of Franklin. London 1860
Owen, Roderic: The Fate of Franklin. Hutchinson, London 1978
Post, Charles Johnson: The Little War of Private Post. Little, Brown & Co., Boston 1960
Rickover, H. G.: How the Battleship »Maine« was Destroyed. Marineministerium, Washington, D. C., 1976
Ruhen, Olaf: Minerva Reef. Angus & Robertson, Lewes 1963
Sigsbee, C. D.: The Maine. A Personal Narrative. Century 1899
Smith, G. W., und Judah, C. (Hrsg.): Life in the North During the Civil War. University of New Mexico Press, Albuquerque 1966
Swanberg, W. A.: Citizen Hearst. Charles Scribner's Sons, New York 1961
Tolley, Kemp: The Cruise of the Lanikai. Naval Institute Press, Arco Pub., New York 1973
Tomalin, Nicolas, und Hall, Ron: The Strange Voyage of Donald Crowhurst. Hodder & Stoughton, Sevenoaks 1970
Villiers, Alan: Posted Missing. Hodder & Stoughton, Sevenoaks 1974
Wright, Noël: The Quest for Franklin. William Heinemann, London 1959
Zeitungen, Zeitschriften und andere Quellen: *Cape Argus; Cape Times; Century Magazine; Cornhill Magazine; Daily Express; Daily Mirror; Daily News,* Durban; *Fortnightly Review; Hampshire Gazette; Illustrated London News; Mariners' Mirror; Natal Mercury; National Star; Nautical Magazine; Portsmouth Evening*

News; Scientific American; Strand Magazine; The Sunday Times; Sunday Tribune, Durban; *The Times; Proceedings* des US-Marineinstituts von 1969, 1970, 1973 und 1974; *Virginian-Pilot and Norfolk Landmark* und das Schiffahrtsmuseum von Greenwich, England

Register

Knaur

Sachbuch

Büdeler, Werner: Faszinierendes Weltall
Das moderne Weltbild der Astronomie. 272 S. mit 100 Abb. Band 3700

Berlitz, Charles: Das Atlantis-Rätsel
196 S. mit 15 Fotos, 23 Abb. Band 3561

Berlitz, Charles: Weltuntergang 1999
Droht der Menschheit die Apokalypse?
192 S. Band 3703

Berlitz, Charles/ Manson, Valentine J.: Das Bermuda-Dreieck
Augenzeugen von bisher ungeklärten Phänomenen im Bermuda-Dreieck kommen zu Wort.
216 S. mit 53 Abb. Band 3500

Fischer-Fabian, S.: Die deutschen Cäsaren
Triumph und Tragödie der Kaiser des Mittelalters. 320 S. mit 50 Abb. Band 3606

Fischer-Fabian, S.: Die ersten Deutschen
Der Bericht über das rätselhafte Volk der Germanen.
319 S. mit 50 Abb. Band 3529

Fischer-Fabian, S.: Preußens Gloria
Der Aufstieg eines Staates.
352 S. mit 31 Abb. Band 3695

Fischer-Fabian, S.: Preußens Krieg und Frieden
Der Weg ins Deutsche Reich.
320 S. Band 3720

George, Uwe: In den Wüsten dieser Erde
Ein packender Report über die Geheimnisse der Wüste.
432 S. Band 3714

Kersten, Holger: Jesus lebte in Indien
Kersten verfolgte die Spuren Jesu und kommt zu sensationellen Schlüssen.
280 S. Band 3712

Kerremans, Chuck/ Kerremans, Marlies: Wundern inbegriffen
Die Weltwunder unserer Zeit.
223 S. Band 3694

Ogger, Günter: Kauf dir einen Kaiser
Die Geschichte der Fugger.
352 S. Band 3613

Sagan, Carl: Signale der Erde
Unser Planet stellt sich vor.
301 S. mit 320 z.T. farb. Abb. Band 3676

Sagan, Carl: ...und werdet sein wie Götter
Das Wunder der menschlichen Intelligenz.
272 S. mit 81 Abb. Band 3646

Knaur®

Sachbuch

Champdor, Albert:
Das Ägyptische Totenbuch
In Bild und Deutung.
208 S. Mit zahlr. Abb.
Band 3626

Cotterell, Arthur:
Der Erste Kaiser von China
Der größte archäologische Fund unserer Zeit.
240 S. Band 3715

Charroux, Robert:
Vergessene Welten
Auf den Spuren des Geheimnisvollen.
288 S., 53 Abb.
Band 3420

Eisele, Petra:
Babylon
Pforte der Götter und Große Hure.
368 S. Mit 77 z. T. farb. Abb. Band 3711

Hovin, Thomas:
Der Goldene Pharao
Tut-ench-Amun.
319 S. Band 3639

Keller, Werner:
Und wurden zerstreut unter alle Völker
Die nachbiblische Geschichte des jüdischen Volkes.
544 S. 38 Abb.
Band 3325

Mauer, Kuno:
Die Samurai
Ihre Geschichte und ihr Einfluß auf das moderne Japan.
384 S. Mit 29 Abb.
Band 3709

Pörtner, Rudolf:
Operation Heiliges Grab
Legende und Wirklichkeit der Kreuzzüge (1095–1187).
480 S. Mit zahlr. Abb.
Band 3618

Stingl, Miloslav:
Den Maya auf der Spur
Die Geheimnisse der indianischen Pyramiden.
313 S. Mit Abb.
Band 3691

Stingl, Miloslav:
Die Inkas
Ahnen der »Sonnensöhne«.
288 S. Mit zahlr. Abb.
Band 3645

Stingl, Miloslav:
Indianer vor Kolumbus
Von den Prärie-Indianern zu den Inkas.
336 S. Mit 140 Abb.
Band 3692

Tichy, Herbert:
Weiße Wolken über gelber Erde
Eine Reise in das Innere Asiens.
416 S. Mit 16 Abb.
Band 3710

Tompkins, Peter:
Cheops
Die Geheimnisse der Großen Pyramide, Zentrum allen Wissens der alten Ägypter.
296 S. Mit zahlr. Abb.
Band 3591

Vandenberg, Philipp:
Nofretete, Echnaton und ihre Zeit
272 S. Mit z. T. farb. Abb.
Band 3545